梁啓超 著

# 飲冰室合集

專集

第十八冊

中華書局

# 飲冰室專集之七十七

## 莊子天下篇釋義

吳其昌筆記

古人著書敍錄皆在全書之末。如淮南子要略。太史公自序。漢書敍傳。其顯例也。天下篇卽莊子全書之自序。

近人胡適疑此篇爲非莊周作。（中國哲學史大綱二三六及二五四葉）莊子書有後人羼附之作。外篇雜篇可疑者更多。無容爲諱。惟天下篇似無甚懷疑之餘地。懷疑論最大之理由。因篇中有『桓團公孫龍辯者之徒』一語。謂莊周與公孫龍年代不應相及。欲解決此問題。當先研究惠施公孫龍之年代。以定莊周之年代。莊周與惠施爲友。屢見本書。可認爲確定之事實。惠施相梁惠王。惠王死時。參與喪禮。事見戰國策。實西紀前三一九年也。其後尚生存若干年無可考。而莊周之卒。又在施後。本書徐無鬼篇有『莊子送葬過惠子之墓』語可證。公孫龍爲平原君客。見戰國策呂氏春秋及史記平原君相趙惠文王及孝成王。見史記本傳。趙惠文王以周赧王十七年卽位。卽以弟勝爲相。封平原君。見六國表。實西紀前二九八年。上距魏惠王之死二十一年耳。公孫龍當信陵君救趙破齊時。前二五七年。尙生存。見戰國策。假令龍其年八十歲。則當梁惠王死時。龍年已三十。況施之死在惠王後。而莊周之死又在施後耶。然則莊周上與惠施爲友。而下及見公孫龍之辯。更何足怪。胡氏一則曰『天下篇定是戰國末年人造的。』再則曰『天下篇決不是莊子自作的。』此種決絕的否定。未免過於武斷。此篇文體極樸茂。與外篇中淺薄圓滑之各篇不同。故應認爲莊子書中最可信之篇。

批評先秦諸家學派之書以此篇爲最古。後此有荀子非十二子篇及解蔽篇天論篇各數語。有淮南子要略末段。有史記孟子荀卿列傳中附論各家。有太史公自序述司馬談論六家要指。有漢書藝文志中之諸子略。天下篇不獨以年代之古見貴而已。尤有兩特色。一曰保存佚說最多。如宋鈃、愼到、惠施、公孫龍等。或著作已佚。或所傳者非眞書。皆藉此篇以得窺其學說之梗概。二曰批評最精到且最公平。對於各家皆能擷其要點。而於其長短不相掩處論斷俱極平允可作爲研究先秦諸子學之嚮導。故此篇可認爲國學常識必讀之書。

今解釋如下。

天下之治方術者多矣。皆以其有爲不可加矣。

　　言各自以其所持之說爲無上之眞理也。郭注誤。

古之所謂道術者果惡乎在。曰無乎不在。

曰神何由降。明何由出。聖有所生。王有所成。皆原於一。

　　神明猶言智慧。前答已言道無乎不在。此復問知道之智慧何自來。而答以皆出於一也。

不離於宗。謂之天人。不離於精。謂之神人。不離於眞。謂之至人。以天爲宗。以德爲本。以道爲門。兆於變化。謂之聖人。以仁爲恩。以義爲理。以禮爲行。以樂爲和。薰然慈仁。謂之君子。

　　天人神人至人聖人之造詣如何分別。不必强解。大抵皆指能有契於道之本體者。君子則能有協於道之作用者也。

以法爲分。以名爲表。以參爲驗。以稽爲決。其數一二三四是也。百官以此相齒。

此言道之條理。演而爲法。播而爲名。析而爲數。皆官守之事也。以參爲驗。謂比較而得經驗。以稽爲決。謂稽考前例以定可否。

以事爲常。以衣食爲主。蕃息畜藏老弱孤寡爲意。皆有以養民之理也。

『老弱孤寡爲意。』文不可通。疑『爲意』二字當在『養』字下。文爲蕃息畜藏老弱孤寡皆有以養爲意。』蕃息就子姓。言畜藏就財賄。言子孫蕃衍。生計饒裕。窮苦者皆有所養。以此爲意。嚮此民之恆性也。

以上一段。皆言道之全量。上與天合。而下散在器數。以適於人生日用。故曰『無乎不在。』

古之人其備乎。配神明。醇天地。育萬物。和天下。澤及百姓。明於本數。係於末度。亦通四辟。小大精粗。其運無乎不在。

此言能有見於道之全量者。

其明而在數度者。舊法世傳之史。尙多有之。其在於詩書禮樂者。鄒魯之士搢紳先生多能明之。詩以道志。書以道事。禮以道行。樂以道和。易以道陰陽。春秋以道名分。

此論儒家也。道之本體。非言辭書冊所能傳。其所衍之條理。卽『明而在數度者。』則史官記焉。而鄒魯之儒傳之。詩書禮樂易春秋之六藝。實爲其寶典。

其數散於天下。而設於中國者。百家之學。時或稱而道之。

此言百家『皆原於一。』

天下大亂。賢聖不明。道德不一。天下多得一察焉以自好。譬如耳目鼻口。皆有所明。不能相通。猶有家衆技也。皆有所長．時有所用．雖然．不該不偏．一曲之士也．判天地之美．析萬物之理．察古人之全．寡能備於天地之美．稱神明之容。

郭注讀『天下多得一』爲句。王念孫謂當以『天下多得一察焉以自好』爲句．俞樾云．『察當讀爲際．一際猶一邊也．廣雅釋詁際邊並訓方．是際與邊同義．得其一際．卽得其一邊．正不知全體之謂．』啓超案．俞說是．中庸『言其上下察也』卽上下際．下文『察古人之全』亦當讀爲際．察字與判字析字並舉．皆言割裂天地之美萬物之理古人之全．而僅得其一體．此所以不該不偏而適成其爲一曲之士也．『稱神明之容』稱者適合也．言寡能充智慧之量．與其本來情狀相稱也．

是故內聖外王之道．闇而不明．鬱而不發．天下之人各爲其所欲焉以自爲方．悲夫．百家往而不反．必不合矣．後世之學者．不幸不見天地之純．古人之大體．道術將爲天下裂．

以上爲全篇總提．『內聖外王之道』一語．包舉中國學術之全部．中國學術．非如歐洲哲學專以愛智爲動機．探索宇宙體相以爲娛樂．其旨歸在於內足以資修養而外足以經世．所謂『古人之全』者卽此也．『各爲其所欲焉以自爲方』．方卽『治方術』之方．各從其一察之明以自立學派．各趨極端．故曰『往而不反』．莊子雖道家者流．然以鄒魯儒家誦法六藝者爲能明於度數．而對於關尹老聃及自己．皆置諸『不該不偏』『往而不反』之列．可謂最平恕的批評態度．

不侈於後世．不靡於萬物．不暉於數度．以繩墨自矯．而備世之急．古之道術有在於是者．墨翟禽滑釐聞其風而說之．

墨家專講現世主義。故曰不侈於後世。常愛惜物力。故曰不靡於萬物。排斥繁文縟節。故曰不暉於數度。暉猶炫燿也。

禽滑釐。墨子弟子。（見墨子公輸篇）初受業於子夏。（見史記儒林傳）後學於墨子。（見呂氏春秋當染篇）

爲之大過已之大順。

已止也。卽下文『明之不如其已』之已。大順卽太甚之意。順甚音近可通也。言應做之事做得太過分。應節止之事亦節止得太過分也。郭注云『不復度衆所能』。成疏云『適用己身自順』。將已字讀成己字。失之。

作爲「非樂」命之曰「節用」。生不歌。死無服。

非樂節用皆墨子篇名。

墨子氾愛兼利而非鬭。其道不怒。

墨子書中屢言『兼而愛之兼而利之』。有非攻篇。

又好學而博不異。

博普徧也。言一律平等無別異。荀子所謂『墨子有見於齊無見於畸也』。

不與先王同。毀古之禮樂。黃帝有咸池。堯有大章。舜有大韶。禹有大夏。湯有大濩。文王有辟雍之樂。武王周公作武。古之喪禮。貴賤有儀。上下有等。天子棺槨七重。諸侯五重。大夫三重。士再重。今墨子獨生不歌。死不服。桐棺三寸而無槨。以爲法式。以此敎人。恐不愛人。以此自行。固不愛己。未敗墨子道。雖然。歌而非歌。哭而非哭。樂而非樂。是果類乎。

「未敗墨子道」者言墨家者流持之有故言之成理就墨言墨誠不足以敗其所道雖然歌也哭也樂也皆人類本能今乃非之是果爲知類矣乎易言「以類萬物之情」今反其情是不類矣

其生也勤其死也薄其道大觳使人憂使人悲其行難爲也恐其不可以爲聖人之道反天下之心天下不堪墨子雖獨能任奈天下何離於天下其去王也遠矣

郭注云「觳無潤也」啓超案「觳薄也」史記始皇本紀云「雖監門之養不觳於此矣」言不能視此更薄也「不可以爲聖人之道」言非內聖之學「去王也遠」言非外王之學非樂是墨家最站不住脚處此段批評能中其癥結

墨子稱道曰昔者禹之湮洪水決江河而通四夷九州也名山三百支川三千小者无數禹親自操槖耜而九雜天下之川腓无胈脛无毛沐甚雨櫛疾風置萬國禹大聖也而形勞天下也如此

俞樾云「名山當作名川字之誤也」槖據釋文云應作橐九雜釋文云「九音鳩本亦作鳩聚也」啓超案論語「桓公九合諸侯」九亦訓鳩

使後世之墨者多以裘褐爲衣以跂蹻爲服日夜不休以自苦爲極曰不能如此非禹之道也不足謂墨

釋文引李云「麻曰屩木曰屐屐與跂同屩與蹻同」

相里勤之弟子五侯之徒南方之墨者苦獲己齒鄧陵子之屬俱誦墨經

韓非子顯學篇「自墨子之死也有相里氏之墨有相夫氏之墨有鄧陵氏之墨……墨離爲之」元和姓纂稱相里子鄧陵子俱有著書

墨經者。今墨子經上經下篇是也。

**而倍譎不同相謂「別墨」**

倍卽背字。倍譎蓋外向違異之意。郭慶藩引呂覽明理篇『日有倍僑』高注『日旁之危氣也。在兩旁反出爲倍。在上反出爲僑』是也。相謂別墨者。互相詆斥以爲非墨家正統也。

**以堅白同異之辯相訾以觭偶不仵之辭相應**

成疏云『訾。毀也。獨唱曰觭。音奇。對辯曰偶。仵。倫次也』

釋文云『仵。不同也』啓超案觭字不見他書。疑爲畸之異文。實卽奇字。說文云『奇。不偶也』

此文蓋舉當時常用之三個辯論題爲例。一堅白問題。二同異問題。三奇偶問題。此三問題爲戰國中葉以後學者所最樂道。而其源皆出墨經。經上云『堅白不相外也』經下云『不堅白。說在無久與宇。堅白。說在因』經說下『無堅得白。必相盈也』此墨經中之堅白說也。經上云『同異而俱之於一也』又云『同異交得知有無』此墨經中之同異說也。經下云『一偏棄之』又云『不可偏去而二』經說下云『二與一亡。不與一在』此墨經中之奇偶說也。後世之墨者。罕復厝意於節用非攻諸教理。但摭拾墨經中此類問題以相訾嗷。以致倍譎不同。此爲墨學末流第一種流弊。

**以巨子爲聖人皆願爲之尸冀得爲其後世至今不決**

墨子有『巨子』以統轄信徒。頗類羅馬教之法皇。又類喇嘛教之達賴或班禪。制度極爲詭異。其鉅子姓名見於故書者有三。一孟勝。二田襄子。俱見呂氏春秋上德篇。三腹䵍。見呂氏春秋去私篇。據莊子此文。知當時對於鉅子之傳繼有紛爭不決事亦與基督教史上法皇傳統之爭相似矣此爲墨學末流第二種流弊也。

墨翟禽滑釐之意則是其行則非也將使後世之墨者必自苦以腓無胈脛無毛相進而已矣亂之上也治之下也。

成疏云『進過也』言徒獎厲人以過度之刻苦相競也『亂之上也治之下也』者謂遵此道以行是亂之於上而欲求治之於下必不可得之數矣舊注皆失之。

雖然墨子眞天下之好也將求之不得也雖枯槁不舍也才士也夫。

譽墨子眞天下絕可愛之人物其積極邁往之精神百折不撓也文義甚明舊注失之。

以上論墨翟禽滑釐竟。

不累於俗不飾於物不苟於人不忮於衆願天下之安寧以活民命人我之養畢足而止以此白心古之道術有在於是者宋鈃尹文聞其風而悅之。

章炳麟曰『苟者苛之誤』案是也郭注云『忮逆也』案忮卽忌嫉之忮言於人無嫉忌耳此蓋「無抵抗主義」之意以此白心者謂以此等觀念說明心理現象也。

宋鈃孟子作宋牼本書逍遙遊篇韓非子顯學篇皆作宋榮子荀子非十二子篇以之與墨翟並稱漢書藝文志有尹文子一篇在名家今存者析爲二篇似尙可信。

宋鈃與孟子同時孟子尊呼之爲『先生』其年輩當較孟子爲老孟子齊宣王時人也尹文則與宣王子湣王同時有問答語見呂覽正名篇然則尹文蓋宋鈃之弟子或後學也。

作爲華山之冠以自表．

郭注云『華山上下均平．』釋文云『作冠象之表己心均平也．』案戰國時人好作奇服以寄象徵．如鷸冠子及屈原所謂『高余冠之岌岌』皆是．

接萬物以別宥爲始．

呂氏春秋去宥篇云『夫人有所宥者．因以晝爲昏．以白爲黑……故凡人必別宥然後知．別宥則能全其天矣．』尸子廣澤篇云『料子貴別囿』汪繼培云『宥與囿通．』案別宥卽去囿．謂去其囿蔽者．如荀子之言解蔽矣．

語心之容．命之曰『心之行．』

語心之容者．謂說明心理狀態．命之曰心之行者．謂人類之道德的行爲．皆心理運行自然之結果．故名爲「心之行」．宋鈃本爲墨學支派．其主張大率同於墨子．所異者墨子唯物論的氣味太重．宋子以唯心論補之．令墨學從心理學上得一根據．彼所標兩條最重要教義曰『見侮不辱』曰『情欲寡淺』皆從心理立論．看下文自明．

以聏合驩．以調海內．請欲置之以爲主．

此數句最難解．舊說斷句如下．『以聏合驩．以調海內．請欲置之以爲主．』而解釋極牽强．第三句尤不可通．啓超以爲「請欲」當讀爲「情欲．」卽下文「情欲寡淺」之情欲也．請讀爲情．墨子書中甚多．非命中『衆人耳目之情』非命下作『衆之耳目之請』明鬼下『不以其請者』又『夫衆人耳目之請豈足以斷疑哉。』皆當讀爲情。（說詳孫氏墨子閒詁）然則情請二字古通用甚明。聏字不見他書。郭嵩燾據莊子闕誤引作胹。訓爲爛也熟也。輭也。大概當是宋鈃尹文用軟熟和合歡喜的教義以調節海內人的情欲。卽以此種情欲爲學說基礎。故曰『以聏合驩以調海內請欲置之以爲主。』下文『請欲固置五升之飯足矣。』義亦同。

見侮不辱救民之鬥禁攻寢兵救世之戰

荀子正論篇『子宋子曰。明見侮之不辱。使人不鬥。人皆以見侮爲辱。故鬥也。知見侮之爲不辱。則不鬥矣。』見侮不辱。是宋子主要教理之一條。呂氏春秋正名篇述尹文與齊湣王問答語。專闡發『見侮不辱』之理。可見尹文亦專以此爲教。彼輩教人確信被人侮之不足爲辱。用此種心理爲實行無抵抗主義之基礎。與近世俄人托爾斯泰之說。酷相類。

以此周行天下上說下教。雖天下不取。強聒而不舍者也。故曰『上下見厭而強見也。』

正論篇云『今子宋子嚴然而好說。聚人徒。立師學。成文曲。』又云『率其羣徒。辨其談說。明其譬稱。』合諸此文則宋鈃對於其主義之熱烈宣傳狀況可以想見

雖然其爲人太多。其自爲太少。曰『請欲固置五升之飯足矣。』先生恐不得飽。弟子雖飢。不忘天下。日夜不休。曰『我必得活哉。』

「請欲」讀爲情欲。宋子之意。謂人類情欲之本質。但能得五升之飯斯已足矣。此卽「情欲寡」之說也。正論篇云『子宋子曰。人之情欲寡。而皆以己之情爲欲多。是過也。』「情欲寡」之論據何如。今無可考。例如兩性相愛。決不以多爲貴。鼴鼠飲河。不過滿腹。凡此皆足以持之有故。言之成理。宋子所言。得非此類耶。

圖傲乎救世之士哉

郭注云「圖傲揮斥高大之貌」

曰「君子不爲苛察不以身假物」以爲「無益於天下者明之不如已也」

此皆述宋鈃尹文之言也不以身假物者謂不肯將此身假借與外物猶言不爲物役也宋尹之意以爲吾人何爲而求智識將以有益於天下也苟無益者則何必費心力以研究闡明之不如其已也可已而不已則苛察而已以身假物而已君子所不爲

以禁攻寢兵爲外以情欲寡淺爲內其小大精粗其行適至是而止

外外王之道也內內聖之道也宋尹對於一切問題凡自己所認爲「無益於天下者」則不肯研究故其所標主義極簡單實際上只有兩條外的經綸只提倡禁攻寢兵內的修養只提倡情欲寡淺其所得於道之小大精粗亦恰以此爲分際而已

以上論宋鈃尹文竟惟所論者似是宋鈃多而尹文少據現存之尹文子其學風不盡與此同也

公而不當易而無私決然無主趣物而不兩不顧於慮不謀於知於物無擇與之俱往古之道術有在於是者

釋文云「當崔本作黨云至公無黨也」決然無主者謂排除主觀的先入之見也趣物而不兩者兩謂介於兩可之間確定一標準則不兩矣不顧於慮不謀於知皆排除主觀之意愼到一派吾嘗名之爲「物治主義」（先秦政治思想史一九及二四二葉）此數語即物治之根據也下文更詳言之

彭蒙田駢愼到聞其風而悅之

彭蒙除本書外僅一見於尹文子據彼書似是田駢弟子想未可信漢志有田子二十五篇在道家原注云『名駢齊人游稷下號天口駢』書今佚有愼子四十二篇在法家原注云『名到先申韓』書已佚今所傳五篇乃後人輯本（近四部叢刊有江陰繆氏所藏兩卷本愼子明人僞撰也）荀子非十二子篇愼到田駢並擧史記孟子荀卿列傳謂愼到趙人田駢齊人

齊萬物以爲首曰天能覆之而不能載之地能載之而不能覆之大道能包之而不能辯之知萬物皆有所可有所不可故曰選則不徧教則不至道則無遺者矣

齊萬物以爲首言以齊物爲根本義與上文『接萬物以別宥爲始』句法正同萬物有所可有所不可由天賦材質不同以人力選擇之教督之皆無當惟因勢利導斯可耳道卽導字愼子云『天道因則大化則細因也者因人之情也人莫不自爲也化而使之爲我則莫可得而用故用人之自爲不用人之爲我則莫不可得而用矣』因卽道則無遺之『道』選與教皆自懸一目的使物就我卽所謂『化而使之爲我』也「因」則正所謂齊物也

是故愼到棄知去己而緣不得已泠汰於物以爲道理

棄知去己是愼到學說根本釋詳下文泠汰郭注云『聽放也』未知所本

曰知不知將薄知之而後鄰傷之者也

此二語頗難解大概謂自以爲知者實則不知耳薄卽『薄而觀之』之薄鄰讀爲『磨而不磷』之磷迫近一物欲求知之適所以傷之而已

諟髁無任而笑天下之尙賢也縱脫無行而非天下之大聖

諟髁蓋谿刻之音轉言谿刻而不信任人也彭蒙田駢愼到一派最反對人治主義尹文子云『田子讀書曰「堯時太平」宋子曰「聖人之治以致此乎」彭蒙在側越次而答曰「聖法之治以致此非聖人之治也」宋子曰「聖人與聖法何以異」彭蒙曰「子之亂名甚矣聖人者自己出也聖法者自理出也理出於己己非理也己能出理理非己也」……』儒墨皆宗人治主義故主張尙賢彭蒙等上承道家下啓法家故循老子『不尙賢』之說而非笑賢聖

椎拍輐斷與物宛轉舍是與非苟可以免不師知慮不知前後魏然而已矣推而後行曳而後往若飄風之還若羽之旋若磨石之隧全而無非動靜無過未嘗有罪是何故夫無知之物無建己之患無用知之累動靜不離於理是以終身無譽故曰『至於若無知之物而已無用賢聖夫塊不失道』

此一大段是愼到一派學說之主眼『夫無知之物無建己之患無用知之累』三句尤爲重要愼子云『夫投鉤以分財投策以分馬非鉤策爲均也使得美者不知所以美得惡者不知所以惡所以塞願望也』鉤與策皆無知之物然其爲用則『公而不黨易而無私』建己者猶言以己爲目標建己則願望集於己身斯爲患矣用知而云累者愼子又云『措鈞石使禹察之不能識也懸於權衡則豪髮識矣』此言人知之不足恃用之徒爲累反不如鉤不權衡等無知之物之能得正鵠也管子云『因也者舍己而以物爲法也』『棄知去己而緣不得已』『至於若無知之物無用賢聖』即是此意此法治主義之根本觀念也

豪桀相與笑之曰愼到之道非生人之行而至死人之理適得怪焉

如愼到說。則一切成爲機械的。等於死人矣。

田駢亦然。學於彭蒙。得不教焉。

教則不至。故以不教爲教。

彭蒙之師曰。『古之道人。至於莫之是莫之非而已矣。』其風窢然。惡可而言。常反人不見觀。而不免於魭斷。

常反人不見觀句不可解。或是返觀人所不見處之意。郭云。『魭斷無圭角也。』

其所謂道非道。而所言之韙不免於非。

置無知之物如鈞石權衡之類。謂爲無私黨。然此物畢竟由人所置。又安見其不於置時生私黨乎。故愼到等之論仍不徹底也。

彭蒙田駢愼到不知道。雖然。概乎皆嘗有聞者也。

以上論彭蒙田駢愼到竟。

以本爲精。以物爲粗。以有積爲不足。澹然獨與神明居。古之道術有在於是者。關尹老聃聞其風而悅之。

漢書藝文志有關尹子九篇。在道家。已佚。今傳者唐以後人僞作也。

建之以常無有。主之以太一。

謂建立常無常有之兩元。而實歸宿於一也。老子云。『常無欲以觀其妙。常有欲以觀其竅。此兩者同出而異名。同謂之玄。』

以濡弱謙下爲表。以空虛不毀萬物爲實。

空虛卽常無。不毀萬物卽常有

關尹曰『在己無居形物自著其動若水。其靜若鏡。其應若響。芴乎若亡。寂乎若清。同焉者和得焉者失。』未嘗先人而常隨人。

老聃曰知其雄守其雌。爲天下谿。知其白守其辱。爲天下谷。

今本老子作『知其白守其黑』此以辱谷協韻當是原文。

人皆取先己獨取後曰受天下之垢。人皆取實己獨取虛。無藏也故有餘。巋然而有餘。其行身也徐而不費。無爲也而笑巧。人皆求福己獨曲全。曰苟免於咎。以深爲根。以約爲紀。曰堅則毀矣。銳則挫矣。常寬容於物。不削於人。可謂至極。關尹老聃乎古之博大眞人哉。

以上論關尹老聃。竟所論雖極推崇。然於其趨避取巧似不無微辭。

芴漠無形。變化無常。死與生與。天地並與。神明往與。芒乎何之。忽乎何適。萬物畢羅。莫足以歸。古之道術有在於是者。莊周聞其風而悅之。

郭云『莊子通以平意說己與說他人無異也。』前文以百家衆技比諸耳目鼻口不能相通。其論自己亦儕諸耳目鼻口之一。不自翹異。是批評家絕好態度。

以謬悠之說。荒唐之言。無端崖之辭。時恣縱而不儻。不以觭見之也。

「而不儻」釋文作「而儻」。不字蓋涉下而衍。觭卽畸字。荀子天論篇『墨子有見於齊。無見於畸。』畸者不齊之意。莊子言齊物。故不以觭見。

以天下爲沈濁不可與莊語。以巵言爲曼衍。以重言爲眞。以寓言爲廣。

本書寓言篇。『寓言十九。重言十七。巵言日出。和以天倪。』釋文在彼篇引司馬彪云。『巵言。謂支離無首尾言也。』重言者。彼文云『所以已言也。』蓋引昔人所言以爲重之意。寓言者。彼文云『藉外論之。親父不爲其子媒。親父譽之。不若非其父者也。』寓寄也。以己所欲言者寄諸他人之口也。

獨與天地精神往來。而不敖倪於萬物。

敖倪卽傲睨。雖游心天地。而亦不鄙夷世俗也。

不譴是非。以與世俗處。

本書齊非論云。『彼亦一是非。此亦一是非。果且有彼是乎哉。果且無彼是乎哉。』莊子以爲眞理是相對的非絕對的。故不譴是非。

其書雖瓌瑋。而連犿無傷也。其辭雖參差。而俶詭可觀。彼其充實不可以已。上與造物者遊。而下與外死生無終始者爲友。其於本也。宏大而辟。深閎而肆。其於宗也。可謂稠適而上遂矣。

辟音闢。稠。釋文云。『本亦作調。』遂。達也。

雖然其應於化而解於物也。其理不竭。其來不蛻。芒乎昧乎。未之盡者。

不竭。言未能盡。不蛻。言未能化。此自謙之辭。以上自評竟。

老莊並稱。然其學風蓋不無異同。老子以濡弱謙下爲表。常欲爲天下谿。爲天下谷。（爲天下所歸）欲曲全苟免於咎。常以堅則毀。銳則挫爲慮。其自私自利之意蓋甚多。結果流爲楊朱爲我一派。莊子則純粹樂天主義任天而動眼光提到極高心境放到極寬人世間榮辱得喪無一足以嬰其慮谿於何有谷於何有毀於何有挫於何有故一面與天地精神往來一面又不敖倪於萬物莊子之深閎俶適蓋在此

惠施多方其書五車

惠施年代略見前序方卽「治方術」之方

**其道舛駁其言也不中**

不中者不適用之意論語「夫人不言言必有中」言所言皆適用也荀子非十二子篇論惠施云「辯而無用」

**厤物之意曰**

爾雅釋詁云「厤數也」堯典「厤象日月星辰」大戴記「厤日月而迎送之」厤蓋含分析量度之意意大概也（章炳麟曰「禮運云「非意之也」注「意心所無慮也」廣雅釋訓「無慮都凡也」在心計其都凡曰意在物之都凡亦曰意」）厤物之意者謂析數物理之大概

**至大無外謂之大一至小無內謂之小一**

此條及下一條皆就空間之累積分析立論頗含一部分眞理幾何學言點線面體點之小幾於無內矣然非不可析特無利器以析之耳可析之點皆面之所積則雖謂之體焉可也屢析而點無盡故只能謂之小一而不能謂之無內從而累之體復爲點體又可倍累屢累而體無盡故只能謂之大一而不能謂之無外（參看章炳麟國故論衡明見篇）

**無厚不可積也其大千里**

厚。卽幾何學之體。墨子經上云『厚有所大也。』有體可指謂之厚。本書養生主『彼節者有間。而刃者無厚。以無厚入有間恢恢乎其於游刃必有餘地矣。』刀刃之芒卽無厚之一例。更析而折之至於不可積之極微點然總是占有空間之一部分與其大千里無以異以廣博無垠之空間視區區千里不幾於不可積之無厚乎。

天與地卑。山與澤平。

卑爲比之假借字。荀子不苟篇『山淵平。天地比。此說之難持者也。而惠施鄧析能之。』卽指此義。其論據如何今無從考。疑其謂高下隆窪皆人類意想中之幻名非天地山澤本體所有。或謂高下隆窪皆相對的名詞。無絕對的意義。

日方中方睨。物方生方死。

此惠子之時間觀念也。大意是主張有過去未來而無現在。睨側視也。故凡側亦可稱爲睨。日方中方睨。言日方中天而同時已昃也。一剎那前現在未至。一剎那後現在已逝。故方中方睨方生方死也。

大同而與小同異。此之謂小同異。萬物畢同畢異。此之謂大同異。

凡物皆有自相有共相。就其共相言之則莫不同。就其自相言之則莫不異。例如動物與動物爲大同。人與人獸與獸爲小同。人與人爲大同中國人與中國人印度人與印度人爲小同。此之謂小同異。中國人印度人同爲人。人獸同爲動物。動植物同爲物。物有物的共相。故畢同。不特動物與植物異人與獸異中國人與印度人異。卽在中國人中終無有兩人以上能同心同貌者。各有其自相。故畢異。此之謂大同異。

**南方無窮而有窮。**

此亦空間的相對論。言南方有窮者。吾儕立於一平面以指其方向耳。平面並非物之定形。若易以圓面。則循無窮的南而窮之。將反爲北矣。故曰南方無窮而有窮。

**今日適越而昔來。**

此亦時間的相對論。方言今已成昔。故今適越亦可云昔來。胡適謂含有地圓的意味。因時差關係西方人可指東方人之今日爲昨日。說亦可通。但恐非惠施本意。

**連環可解也。**

論據如何不敢强推。

**我知天下之中央燕之北越之南是也。**

此亦空間的相對論。釋文引司馬云『天下無方。故所在爲中。』殆得其意。胡適亦以地圓論解之。似太淺薄。

**氾愛萬物天地一體也。**

惠施將時間空間物我同異諸差別相皆撥棄之。以立天地一體之理論。故其作用自歸宿於氾愛萬物。惠子蓋墨學之支流。欲使兼愛說在哲學上能得合理之基礎也。

呂氏春秋愛類篇。『匡章謂惠子曰。公之學去尊。……』然則惠子殆主張絕對的平等論也。

**惠施以此爲大觀於天下而曉辯者。天下之辯者相與樂之。**

以下皆惠施之徒所樂道之諸問題。什九皆詭辯也。其論據不可悉考。今採舊注及近人說。姑爲推衍如下。

卵有毛。
釋文引司馬云。『胎卵之生。必有毛羽。……毛氣成毛。羽氣成羽。雖胎卵未生。而毛羽之性已著矣。』案。此言鷄卵中含有鷄毛的原素。其理可通。
鷄三足。
司馬云。『鷄兩足所以行。而非動也。故行由足發。動由神御。今鷄雖兩足。須神而行。故曰三足也。』案。最有名之『臧三耳』說。與此同一方式。
郢有天下。
蓋言郢爲天下之一部分。則天下可謂之爲郢所有。此以局稱冒全稱之詭辯也。
犬可以爲羊。
司馬云『名以名物。而非物也。犬羊之名。非犬羊也。非羊可以名爲羊。則犬可以名羊。』此種詭辯。荀子所謂不察乎所爲有名。而惑於用名以亂名者也。
馬有卵。丁子有尾。
此兩事不得其說。
火不熱。
蓋言熱乃由人之感覺而得名。非火之固有屬性。此理可通。
山出口。輪不蹍地。

此兩事不得其說。

目不見、

蓋言目必有所對待而後見。故徒目則不見。

指不至至不絕。龜長於蛇。矩不方規不可以爲圓鑿不圍枘。

此四事不得其說。

飛鳥之景未嘗動也。

列子仲尼篇作『影不移。』魏牟釋之曰『影之移說在改也。』墨子經下篇亦云『景不徙。說在改爲。』胡適云『影處處改換後影已非前影。前影雖看不見其實只在原處若用照相快鏡一步一步的照下來便知前影與後影都不曾動。』此說得之。

鏃矢之疾而有不行不止之時。

司馬云『形分止。勢分形。形分明者行遲。勢分明者行疾。目明無形分無所止則其疾無間。矢疾而有間者中有止也。』矢發後須歷若干時間乃達其鵠。可見矢之勢雖不止而矢之形實有不行之時也。

狗非犬。

爾雅云『犬未成豪曰狗。』此屏局稱於全稱之外與『郢有天下』恰相反然同一詭辯。

黃馬驪牛三。

司馬云『牛馬以二爲三。兼與別也。……』原意或如此。今不具引。

白狗黑。

司馬云『白狗黑目亦可爲黑狗。』

孤駒未嘗有母。

釋文引李云『言孤則無母孤稱立則母名去也。』

一尺之捶日取其半萬世不竭。

司馬云『若其可析則當有兩若其不可析其一常存故曰萬世不竭』此條極含眞理。

此上二十一事中鳥影鏃矢尺棰三事確中名理火熱目見義亦可通餘則恐皆詭辯而已胡適大爲之辯護以張其軍今倘有辯者「相與樂之」可讀彼著也。

辯者以此與惠施相應終身無窮桓團公孫龍辯者之徒。

列子仲尼篇『公孫龍怪而妄言……與韓檀等肄之』韓檀當卽桓團。

飾人之心易人之意能勝人之口不能服人之心辯者之囿也惠施日以其知與人之辯特與天下之辯者爲怪。此其柢也。

俞樾曰『與人之辯義不可通蓋涉下句天下之辯者而衍之字柢與氐通史記秦始皇本紀「大氐盡畔秦吏」正義曰「氐猶略也」此其柢也猶云此其略也。』

然惠施之口談自以爲最賢曰『天地其壯乎施存雄而無術』南方有倚人焉曰黃繚問天地所以不墜不陷風雨雷霆之故惠施不辭而應不慮而對徧爲萬物說說而不休多而無已猶以爲寡益之以怪。

釋文『倚本作畸』畸即奇言異人也。

以反人爲實而欲以勝人爲名是以與衆不適也。

呂氏春秋淫辭篇『孔穿公孫龍相與論於平原君所深而辯至於「臧三耳」（原本作「藏三牙」藏臧通耳以形近訛作牙）公孫龍言臧之三耳甚辯孔穿不應少選辭而出明日孔穿朝平原君謂孔穿曰「昔者公孫龍之言辯」孔穿曰「然幾能令臧三耳矣雖然難願得有問於君謂臧三耳甚難而實非也謂臧兩耳甚易而實是也不知君將從易而是者乎將從難而非者乎」平原君不應』此所謂以反人爲實與衆不適也。

弱於德強於物其塗隩矣。

隩險也。

由天地之道觀惠施之能其猶一蚊一䖟之勞者也其於物也何庸。

何庸言無用即其言不中也所謂『無益於天下者明之不如其已』

夫充一尙可曰愈貴道幾矣。

此句未明。

惠施不能以此自寧散於萬物而不厭卒以善辯爲名惜乎惠施之才駘蕩而不得逐萬物而不反是窮響以聲形與影競走也悲夫。

以上論惠施竟不言『古之道術有在於是者』並道術之一曲而不以許惠施也然惠施實能見極名理與公孫龍之詭辯殊科因末流而誣及本師則莊子之過也。

# 飲冰室專集之七十八

## 荀子評諸子語彙釋

### 一　非十二子篇

假今之世，飾邪說，文姦言，以梟亂天下，矞宇嵬瑣，使天下混然不知是非治亂之所存者有人矣。

梟亂撓亂也，楊注云『矞與譎同』，俞樾云『宇讀爲訏，說文「訏詭僞也」』，矞宇猶言譎詭』，王先謙云，『嵬瑣猶委瑣，嵬委聲近通借』。

縱情性，安恣睢，禽獸行，不足以合文通治，然而其持之有故，其言之成理，足以欺惑愚衆，是它囂魏牟也。

它囂本書外不見，無考，魏牟魏公子牟也，漢書藝文志有公子牟四篇在道家，原注云，『先莊子，莊子稱之』，然今莊子秋水篇有公子牟稱莊子之言以折公孫龍，殆與莊子同時也，列子仲尼篇又引公子牟解釋公孫龍學說，其語頗精到，其人屬於何學派，徜侃難定，孟子言『子莫執中執中無權』，孫詒讓謂子莫卽子牟，籀廎述林卷一豈其人好持模稜兩可之說耶，呂覽審爲篇述公子牟與詹子問答語，詹子曰『重生則輕利』，公子牟曰『雖知之猶不能自勝也』，詹子曰『不能自勝則縱之，神無惡乎』，據此則魏牟故主張縱欲者，故荀子謂其『縱情性安恣睢』也，至斥爲「禽獸行」，其言恐過當，非批評家正當態度。

忍情性，綦谿利跂，苟以分異人爲高，不足以合大衆，明大分，然而其持之有故，其言之成理，足以欺惑愚衆，是陳仲史鰌也。

陳仲卽孟子之陳仲子。孟子曰。『於齊國之士吾必以仲子爲巨擘焉。』其名亦見韓非子及戰國策。本書不苟篇稱爲田仲。

史鰌卽論語之史魚。孔子稱其直。『邦有道如矢。邦無道如矢。』記其以尸諫。

忍情性與前段縱情性正反對。綦極也。「谿利跂」三字不可解。疑本作「谿跂」。雙聲字卽「谿刻」之通借。讀荀書者注「刻」字於跂字之旁。傳寫者錯入正文。又訛爲「利」字。而夾於兩字之間。遂不可讀矣。『縱情性安恣睢。』『忍情性綦谿跂。』文意句法皆對待。

孟子記陳仲之事云『仲子。齊之世家也。兄戴蓋祿萬鍾。以兄之祿爲不義之祿而不食也。以兄之室爲不義之室而不居也。避兄離母。處於於陵。』又云。『居於陵。三日不食。耳無聞。目無見。』又云。『仲子所居之室。所食之粟。彼身織屨。妻辟纑以易之。』韓非子云。『田仲不恃仰人而食。』戰國策云。『於陵仲子上不臣於王。下不治其家。中不索交諸侯。』合此諸文觀之。其人蓋主張自食其力。絕世離羣者。故荀子謂其『苟以分異人爲高。不足以合大衆明大分。』此等非社會的生活。其不足以合衆明矣。故孟子亦云。『充仲子之操。必蚓而後可。』又云。『人莫大焉無親戚君臣上下。』言其非人類生活也。史鰌尸諫。亦是極端的嫉俗厭世。不苟篇云『夫富貴者則類傲之。夫貧賤者則求柔之。是非人之情也。是姦人將以盜名於晻世也。險莫大焉。故曰盜名不如盜貨。田仲史鰌不如盜也。』曰非人情。曰險。卽忍情性綦谿跂之意。田仲史鰌不過太激烈。失中庸耳。其節操固自可敬。故能成一家言。荀子謂其不如盜。誠屬苛論。然非有荀子之批評。吾輩亦無從知其爲當時一有力之學者也。

不知一天下建國家之權稱。上功用。大儉約而優差等。曾不足以容辨異縣君臣。然而其持之有故。其言之成理。足以欺惑愚衆。是墨翟宋鈃也。

墨翟宋鈃詳見莊子天下天下篇釋義。

權稱者權衡稱量也。上同尙。墨子曰『諸加功不加利於民者。聖王不爲。』又曰『焉有善而不可用者。』其論事物之善惡專以效率之有無多寡爲衡。極端的功利主義也。宋鈃說秦楚罷兵曰『我將言其不利』亦是此意。所謂「尙功用」也。大同太。太過儉約『以腓無胈脛無毛相進』『五升之飯足矣』勞心者與勞力者同一享用。故優差等。又儒家言『親親之殺尊賢之等。』墨家言『愛鄰人之家若愛其家。』故優差等。優同曼。廣雅曰『曼無也。』縣同懸。本書富國篇云『義衆未縣。則君臣未立也。』荀子以爲墨翟宋鈃是無政府主義故非之。

尙法而無法。下修而好作。上則取聽於上。下則取從於俗。終日言成文典。及紃察之。則倜然無所歸宿。不可以經國定分。然而其持之有故。其言之成理。足以欺惑愚衆。是愼到田駢也。

愼到田駢詳見莊子天下篇釋義。

王念孫謂下脩而好作義不可通。疑「下脩」爲「不循」。「不循」形近而譌。不循謂不循舊法也。案此陷於添字解書之病。且「不循舊法」亦與愼到一派學說不符。當以不改原文爲是。修爲也。治也。尙法謂以法爲上。下修謂以修爲修治爲下。莊子天下篇述愼到說『選則不徧教則不至』即『下修』之義也。愼到爲法家之祖。

然「棄知去已」而學「無知之物。」故曰尙法而無法。旣尙法必須立法。故曰好作。

莊子天下篇述愼到田駢之學曰『推拍輐斷。與物宛轉。不師知慮。不知前後。魏然而已矣。推而後行。曳而後往，……即所謂『上則取聽於上下則取從於俗』也荀子不能了解愼到一派物治主義之本意故疑其專務迎合上下。所論不如莊子之精到。

不法先王。不是禮義。而好治怪說。玩琦辭。甚察而不惠。辯而無用。多事而寡功。不可以爲治綱紀。然而其持之有故。其言之成理。足以欺惑愚衆。是惠施鄧析也。

此推爲名家之祖。

惠施詳莊子天下篇釋義。漢書藝文志有鄧析二篇。在名家。原注云『鄭人與子產竝時。』今所傳鄧析子不甚可信。列子云『鄧析操兩可之說。設無窮之辭。』呂氏春秋離謂篇云『鄭國多相縣以書者。子產令無縣書。鄧析致之。子產令無致書。鄧析倚之。令無窮。而鄧析應之亦無窮。是可不可無辨也。』析蓋長於智辯。故後此推爲名家之祖。

甚察而不惠。王念孫據天論篇謂惠當爲急字之誤。是也。惠施一派所研究辨論之問題。頗與西方哲學精神相近。多屬宇宙事物原理一類。中國道術務切人事。故論者多譏其察而不急。辯而無用。

略法先王而不知其統。猶然而材劇志大。聞見雜博。案往舊造說。謂之五行。甚僻違而無類。幽隱而無說。閉約而無解。案飾其辭而祗敬之曰『此眞先君子之言也。』——子思唱之。孟軻和之。世俗之溝猶瞀儒嚾嚾然不知其所非也。遂受而傳之。以爲仲尼子游爲茲厚於後世。是則子思孟軻之罪也。

漢書藝文志儒家子思二十三篇。今佚。孟子十一篇。今存者七篇。餘四篇蓋外書。趙岐審定其僞而刪之。

此文謂子思孟軻『案往舊造說謂之五行』今子思書雖佚然孟子書則實無五行之說。楊注謂『五行即五常仁義禮智信』然果屬五常似不能謂爲僻違無類幽隱無說閉約無解故此數語終不甚可曉。今强申楊說則孔子只言仁或言仁智或言智仁勇未有以仁義禮智信平列者孟子好言仁義禮智義禮本仁智所衍生以之並舉實爲不倫故曰無類其說不可通則無說無解也然孟子亦無以信並於仁義禮智爲五行之語故此說亦卒未安。

案飾其辭之案字猶言「乃」也「於是」也。荀子書中常用語。仲尼子游郭嵩燾謂爲子弓之誤或然。

弟佗其冠衶禫其辭禹行而舜趨是子張氏之賤儒也。正其衣冠齊其顏色嗛然而終日不言是子夏氏之賤儒也。偷儒憚事無廉恥而耆飲食必曰『君子固不用力』是子游氏之賤儒也。

孟子稱『子夏子游子張皆有聖人之一體』則三子爲孔門大宗派而其所衍之緒各不同可知。孟子又記『子夏子游子張以有若似聖人欲以所事孔子事之强曾子曾子不可』似是孔子卒後分爲有子曾子兩大派。而子夏子游子張則有子派下復分三小派而曾子派下所衍或即子思孟子也。荀子既非思孟復斥三家而獨以子弓與仲尼並稱豈其學獨傳自仲弓耶。

論語記子夏之門人問交於子張兩賢述所聞於孔子者既有異同。則末流派別歧而益遠。蓋意中事。荀子所斥殆指戰國末年依附三家門牆之俗儒非逕詆三賢也。

## 二　天論篇

愼子有見於後無見於先。

愼到之學。莊子天下篇稱其『棄知去己。至於若無知之物而已。』其意蓋懸一客觀的物準以爲道之至極。所謂『雖有巧手不如拙規矩之能正方員也。』此說也若天下事理果一成而不變。則用機械的物準以馭之固無不可。然事理固變動不居者。實際上無一事物與從前所發見之事物絕對相同。然則機械的應付。必歸於違牾而矣。愼子專注意事物已成之相。故曰有見於後。蔑視此已成之相之所由來。故曰無見於先。呂氏春秋愼勢篇引愼子曰。『今一兎走。百人逐之。非一兎足爲百人分也。由未定。積兎滿市。行者不顧。非不欲兎也。分已定矣。分已定。人雖鄙不爭。故治天下及國在乎定分而已矣。』定分所以善其後也。分如何而能定。則必有先焉者。愼子蓋未計及焉。故曰有見於後無見於先。

老子有見於詘無見於信。

詘信卽屈伸。古今字。老子『以柔弱勝剛强。』『不爲天下先。』專務以詘爲敎。而不知『自强不息』『日進無疆』之爲美德。所謂無見於信也。

墨子有見於齊無見於畸。

畸者參差不齊之謂。墨子兼愛尙同。以絕對的平等爲至道。不知『物之不齊。物之情也。』儒家言『親親之殺。尊賢之等。』有殺有等。乃適愜其平也。

宋子有見於少無見於多。

宋鈃專以『情欲寡』爲敎。而不知人之情各不同。有欲寡者。亦有欲多者。甲則以一夫一婦爲樂。乙或以侍妾數百人爲樂，即一人之身，其對於各事物或欲多或欲寡，亦各自不同。例如和嶠對於錢欲多，對於屐欲寡。
阮孚對於屐欲多，對於錢欲寡。宋子僅見欲寡的一面而不見欲多的一面也。

有後而無先，則羣衆無門。有詘而無信，則貴賤不分。有齊而無畸，則政令不施。有少而無多，則羣衆不化。

無門者，愼子使人學無知之物，屏絕智慮，則相率於渾沌，如欲其入而閉諸門矣。不化者，拂人之性，無由化成也。餘義自明。

## 三　解蔽篇

墨子蔽於用而不知文。

墨子『尙功用』，其論善惡專以有用無用爲標準。其所謂用者又持義極狹。例如音樂，墨子以其飢不可爲食，寒不可爲衣，故非之，殊不知人類固有好美之性，儒家所謂『文之以禮樂』者固自不可少也。

宋子蔽於欲而不知得。

得即論語『戒之在得』之得。宋子言人之情有欲寡的一面，而不知其更有貪得的一面，即『有見於少，無見於多』之義。

愼子蔽於法而不知賢。

莊子天下篇述愼子之學曰：『至於若無知之物而已，無用賢聖。』蓋絕對主張法治主義，排斥人治主義，不知『徒法不能以自行』也。

申子蔽於勢而不知知。

韓非子定法篇云『申不害用術，而公孫鞅爲法。』用術者，卽憑勢力以爲治也。韓非子又有難勢篇，蓋勢治主義與法治主義不同道，申子蓋主張勢治者，韓非所難，疑卽難申派也。下「知」字疑和字之譌，蔽於勢而不知和者，謂徒見夫勢力之足以箝制天下，而不知人和之足貴也。

惠子蔽於辭而不知實。

惠子之說，以形式的論理法繩之，或可以持之有故，言之成理，然往往不顧事物之實相。例如『山與澤平』，此惠子所持說也。本書正名篇評之曰『山淵平……此惑於用實以亂名者也。驗之所緣以同異而觀其孰調，則能禁之矣。』彼篇所云『緣以同異』者，謂『緣天官』。據吾人目之所接，山實高於淵，淵實低於山，今强指曰「平」，辭雖辯而顯乖其實也。

莊子蔽於天而不知人。

莊子以『復歸於自然』爲道之極軌，而不知人治之有加於天行。本書天論篇云『大天而思之，孰與物畜而制之，從天而頌之，孰與制天命而用之。……故錯人而思天，則失萬物之情。』此正所以解莊子之蔽也。

故由用謂之道，盡利矣。

墨子經上云『義，利也。』墨子以有用無用爲善惡標準，故以利不利爲卽義不義，實用主義必流爲功利主義，理固然也。

由俗謂之道，盡嗛矣。

楊注云。『俗當爲欲』嗛與慊同。『快也。』以欲言道。則道限於適意而已。

由法謂之道。盡數矣。

數。度數也。猶言條款節目也。以法言道。則道僅成爲機械。

由埶謂之道。盡便矣。

便即『因利乘便』之便。

由辭謂之道。盡論矣。

言只有形式的論理也。

由天謂之道。盡因矣。

因者。純放任其自然之天。不復盡人事也。

此數具者皆道之一隅也。夫道者體常而盡變。一隅不足以舉之。

體。即『君子體仁』之體。盡即『能盡其性』之盡。體常盡變者。言以常爲體而盡極其變化也。

曲知之人觀於道之一隅而未之能識也。故以爲足而飾之。內以自亂。外以惑人。上以蔽下。下以蔽上。此蔽塞之禍也。

曲亦隅也。部分之謂。本篇云。『蔽於一曲而闇於大理。』中庸云。『其次致曲。』皆此意。

# 飲冰室專集之七十九

## 韓非子顯學篇釋義

世之顯學，儒墨也。儒之所至，孔丘也。墨之所至，墨翟也。自孔子之死也，有子張之儒，有子思之儒，有顏氏之儒，有孟氏之儒，有漆雕氏之儒，有仲良氏之儒，有孫氏之儒，有樂正氏之儒。

荀子非十二子篇稱子張氏子夏氏子游氏之賤儒，則子張門下甚盛可知。史記孟子荀卿列傳稱孟子受業於子思之門人，則子思門人應不少。非十二子篇稱子思唱之，孟軻和之，世俗之儒受而傳之，則思孟蓋同一派，末流或小異耳。

孔門顏氏有數人，最著者顏淵。然顏淵先孔子卒，是否有弟子傳其學，無可考。此文顏氏之儒，不知出誰何也。

孟氏之儒，即孟子門下。

漆雕氏者，漢書藝文志儒家有漆雕子十二篇，原注云『孔子弟子漆雕啓後。』其學說斷片別見下文。

仲良氏無考。孟子稱『陳良楚產，說周公仲尼之道，北方之學者未能或之先。』仲良豈陳良之字，如顏子淵稱顏淵，冉子有稱冉有耶。

孫氏即荀子。藝文志孫卿子三十三篇，劉向別錄亦稱爲孫卿書。或指孫氏爲公孫尼子，恐非。

曾子弟子有樂正子春，此文樂正氏，疑即傳曾子學者。孟子弟子亦有樂正子，當屬孟氏一派也。

自墨氏之死也，有相里氏之墨，有相夫氏之墨，有鄧陵氏之墨。

莊子天下篇云『相里勤之弟子五侯之徒，南方之墨者苦獲已齒鄧陵子之屬，俱誦墨經，而倍譎不同，相謂別墨。』

故孔墨之後，儒分爲八，墨離爲三，取舍相反不同，皆自謂眞孔墨，不可復生，將誰使定世之學乎。

凡學派愈大者，其末流所分枝別愈多，故同一儒墨，而取舍相反不同，實事勢所必至。

……漆雕之議，不色撓，不目逃，行曲則違於臧獲，行直則怒於諸侯，世主以爲廉而禮之。宋榮子之議，設不鬭爭，取不隨仇，不羞囹圄，見侮不辱，世主以爲寬而禮之。

漆雕子十二篇已佚，其學說賴此僅存。儒家以智仁勇爲三達德，故見義不爲，謂之無勇。孔子疾之，曾子云『吾嘗聞大勇於夫子矣，自反而不縮，雖褐寬博，吾不惴焉，自反而縮，雖千萬人吾往矣。』即『行曲則違於臧獲，行直則怒於諸侯』之義。孟子稱『北宮黝不膚撓，不目逃，……不受於褐寬博，亦不受於萬乘之君，……』正與漆雕說同。黝疑即「漆雕氏之儒」。孟子又稱『孟施舍似曾子，北宮黝似子夏。』蓋儒家實有此一派，二者殆皆儒家者流也。

宋榮子即宋鈃，莊子逍遙遊篇亦作宋榮子。

廉訓廉隅之廉，謂有圭角也。不隨仇之隨字，疑爲隳字之通假字，不隳仇者，猶言不傾摧其仇人也。

# 飲冰室專集之八十

## 尸子廣澤篇呂氏春秋不二篇合釋

(一)尸子廣澤篇（汪繼培輯本）

墨子貴兼。孔子貴公。皇子貴衷。田子貴均。列子貴虛。料子貴別囿。其學之相非也。數世矣而不已。皆弇於私也。

墨子貴兼者。墨子主兼愛。常言『兼以易別』。故墨家自稱曰「兼士」。其非墨家者。則稱之曰「別士」。

皇子無考。莊子達生篇云『齊有皇子告敖者……』列子湯問篇論火浣布云『皇子以爲無此物』。疑卽此人。漢書藝文志天文家有皇公雜子星二十二卷。恐未必出一人。貴衷者。衷中也。其說蓋如子莫執中耶。

田子田駢也。主張法治。故曰貴均。

列子者。鄭人列禦寇。今所傳列子八篇。似是僞品。

料子無考。別囿者。呂氏春秋去宥篇云『夫人有所宥者。固以晝爲昏。以白爲黑。以堯爲桀。宥之爲敗亦大矣。……故凡人必別宥然後知。別宥則能全其天矣。』汪繼培云『宥與囿通。呂覽之說。蓋本料子。』按莊子天下篇述宋鈃尹文學說云『接萬物以別宥爲始』。料子疑卽尹文或其弟子。

(二)呂氏春秋不二篇

老耼貴柔。孔子貴仁。墨翟貴廉。關尹貴淸。子列子貴虛。陳駢貴齊。陽生貴己。孫臏貴勢。王廖貴先。兒良貴後。此十人者皆天下之豪士也。——故反以相非。反以相是。其所非方其所是也其所是方其所非也。是非未定。而喜怒鬬爭反爲用矣。『故反以相非』以下在安死篇畢沅謂當是本篇錯簡今從之

墨翟貴廉。廉當爲兼之譌據尸子文可見。

關尹書今不可見此言其貴清。與莊子天下篇所引『在己無居形物自著。其動若水其清若鏡之說相同。』當是關尹學術特色。

陳駢卽田駢。貴齊卽尸子所謂貴均。莊子天下篇述田駢之學曰『齊萬物以爲首。』

陽生當卽楊朱。貴己卽孟子所謂爲我。

王廖兒良皆兵家名。並見漢書賈誼傳。漢書藝文志兵權謀有兒良一篇。

# 飲冰室專集之八十一

## 淮南子要略書後

文王之時。紂為天子。賦斂無度。殺戮無止。康梁沈湎。宮中成市。作為炮烙之刑。刳諫者。剔孕婦。天下同心而苦之。文王四世纍善。修德行義。處岐周之間。地方不過百里。天下二垂歸之。文王欲以卑弱制強暴。以為天下去殘除賊而成王道。故太公之謀生焉。文王業之而不卒。武王繼文王之業。用太公之謀。悉索薄賦。躬擐甲冑。以伐無道而討不義。誓師牧野。以踐天子之位。天下未定。海內未輯。武王欲昭文王之令德。使夷狄各以其賄來貢。遼遠未能至。故治三年之喪。殯文王於兩楹之間。以俟遠方。武王立三年而崩。成王在襁褓之中。未能用事。蔡叔管叔輔公子祿父而欲為亂。周公繼文王之業。持天子之政。以股肱周室。輔翼成王。懼爭道之不塞。臣下之危上也。故縱馬華山。放牛桃林。敗鼓折枹。搢笏而朝。以寧靜王室。鎮撫諸侯。成王既壯。能從政事。周公受封於魯。以此移風易俗。孔子修成康之道。述周公之訓。以教七十子。使服其衣冠。修其篇籍。故儒者之學生焉。墨子學儒者之業。受孔子之術。以為其禮煩擾而不說。厚葬靡財而貧民。服傷生而害事。故背周道而用夏政。禹之時。天下大水。禹身執虆垂。以為民先。剔河而道九岐。鑿江而通九路。辟五湖而定東海。當此之時。燒不暇撌。濡不給扢。死陵者葬陵。死澤者葬澤。故節財薄葬閑服生焉。齊桓公之時。天子卑弱。諸侯力征。南夷北狄。交伐中國。中國之不絕如綫。齊國之地。東負海而北障河。地狹田少。而民多智巧。桓公憂中國之患。苦夷狄之亂。欲以存亡繼絕。崇天子之位。廣文武之業。故管子之書生焉。齊景公內好聲色。外好狗馬。獵射亡歸。好色無辨。作爲路寢之臺。族鑄大鐘。撞之庭下。郊雉皆呴。一朝用三千鍾贛。梁邱據子家噲導於左右。故晏子之諫生焉。晚世之時。六國諸侯。谿異谷別。水絕山隔。各自治其境內。守其分地。握其權柄。擅其政令。下無方伯。上無天子。力征爭權。勝者爲右。恃連與國。約重致剖信。符結遠援。以守其國家。持其社稷。故縱橫修短生焉。申子者。韓昭釐之佐。韓晉別國也。地墽民險。而介於大國之間。晉國之故禮未滅。韓國之新法重出。先君之令未收。後君之令又下。新故相反。前後相繆。百官背亂。不知所用。故刑名之書生焉。秦國之俗。貪狼強力。寡義而趨利。可威以刑。而不可化以善。可勸以賞。而不可厲以名。被險而帶河。四塞以爲固。地利形便。畜積殷富。孝公欲以虎狼之勢而吞諸侯。故商鞅之法生焉。……

自莊荀以下。評騭諸子。皆比較其異同得失。獨淮南則尚論諸家學說發生之所由來。大指謂皆起於時勢之需求而救其偏敝。其言蓋含有相當之眞理。雖然。其所謂時勢需求者。僅著眼於政治方面。似未足以盡之。政治誠足以影響學術。然不過動機之一而已。又其所列舉諸家。若太公。若管仲。若晏子。若申子。若商君。皆非以治道術爲職志。今所傳諸書。率皆戰國末年人依託。（看漢書藝文志考釋管晏諸書條下）果著書專爲救時之敝。然則諸書之出。略同一時代。則亦同一敝而已。而流派各異。何以稱焉。淮南善於談玄。妙於辭令。至於籀學與論古。未爲至也。

一五．一二．二稿。

# 飲冰室專集之八十二

## 司馬談論六家要指書後 錄自太史公自序

易大傳。『天下一致而百慮。同歸而殊塗。』夫陰陽、儒、墨、名、法、道德。此務爲治者也。直所從言之異路。有省不省耳。嘗竊觀陰陽之術。大祥而衆忌諱。使人拘而多所畏。然其序四時之大順。不可失也。儒者博而寡要。勞而少功。是以其事難盡從。然其序君臣父子之禮。列夫婦長幼之別。不可易也。墨者儉而難遵。是以其事不可偏循。然其彊本節用。不可廢也。法家嚴而少恩。然其正君臣上下之分。不可改矣。名家使人儉而善失眞。然其正名實。不可不察也。道家使人精神專一。動合無形。贍足萬物。其爲術也。因陰陽之大順。采儒墨之善。撮名法之要。與時遷移。應物變化。立俗施事。無所不宜。指約而易操。事少而功多。儒者則不然。以爲人主天下之儀表也。主倡而臣和。主先而臣隨。如此則主勞而臣逸。至於大道之要。去健羨。絀聰明。釋此而任術。夫神大用則竭。形大勞則敝。形神騷動。欲與天地長久。非所聞也。夫陰陽四時八位十二度二十四節各有敎令。順之者昌。逆之者不死則亡。未必然也。故曰使人拘而多畏。夫春生夏長。秋收冬藏。此天道之大經也。弗順則無以爲天下綱紀。故曰四時之大順不可失也。夫儒者以六藝爲法。六藝經傳以千萬數。累世不能通其學。當年不能究其禮。故曰博而寡要。勞而少功。若夫列君臣父子之禮。序夫婦長幼之別。雖百家弗能易也。墨者亦尙堯舜之道。言其德行曰。堂高三尺。土階三等。茅茨不翦。采椽不刮。食土簋。啜土刑。糲粱之食。藜藿之羹。夏日葛衣。冬日鹿裘。其送死。桐棺三寸。舉音不盡其哀。敎喪禮。必以此爲萬民之率。使天下法若此。則尊卑無別也。夫世異時移。事業不必同。故曰儉而難遵。要曰彊本節用。則人給家足之道也。此墨子之所長。雖百家弗能廢也。法家不別親疎。不殊貴賤。一斷於法。則親親尊尊之恩絕矣。可以行一時之計。而不可長用也。故曰嚴而少恩。若尊主卑臣。明分職不得相踰越。雖百家弗能改也。名家苛察繳繞。使人不得反其意。專決於名。而失人情。故曰使人儉而善失眞。若夫控名責實。參伍不失。此不可不察也。道家無爲。又曰無不爲。其實易行。其辭難知。其術以虛無爲本。以因循爲用。無成勢。無常形。故能究萬物之情。不爲物先。不爲物後。故能爲萬物主。有法無法。因時爲業。有度無度。因物與合。故曰聖人不朽。時變是守。虛者道之常也。因者君之綱也。羣臣並至。使各自明也。其實中其聲者謂之端。實不中其聲者謂之窾。窾言不聽。姦乃不生。賢不肖自分。白黑乃形。在所欲用耳。何事不成。乃合大道。混混冥冥。光燿天下。復反無名。凡人所生者神也。所託者形也。神大用則竭。形大勞則敝。形神離則死。死者不可復生。離者不可復反。故聖人重之。由是觀之。神者生之本也。形者生之具也。不先定其神。而曰我有以治天下。何由哉。

莊荀以下論列諸子。皆對一人或其學風相同之二三人以立言。其櫽括一時代學術之全部而綜合分析之。用科學的分類法。釐爲若干派。而比較評騭。自司馬談始也。分類本屬至難之業。而學派之分類。則難之又難。後起之學派。對於其先焉者必有所受。而所受恆不限於一家。並時之學派。彼此交光互影。有其相異之部分。則亦必有其相同之部分。故欲嚴格的馭以論理而簿其類。使適當。爲事殆不可能也。談所分六家。雖不敢謂爲絕對的正當。然以此櫽括先秦思想界之流別。大概可以包攝。而各家相互間之界域。亦頗分明。儒墨爲當時顯學。其標幟最易認識。無待多論。「道德」一語。雖儒墨及他家所同稱道。然老莊一派。其對於「道」字頗賦予以特別意味。其應用之之方法亦不與他家同。則其自成一派甚明也。陰陽家之書今無傳者。吾輩頗難臆斷其學說之內容及價値。然鄒衍鄒奭之徒。蓋甚博辯。其說在當時學界蓋甚有力。觀西漢時董仲舒劉向諸大師所論述。似蒙此派之影響不尠。則其爲有力之一派可推知。然其與儒墨道皆非從同。則據史記所述緒論（孟荀傳中述鄒衍語）略可見也。『名學爲整理思想之方法。各家各皆有其名學。不能以「名」專立一家。』此論胡適倡之。頗含眞理。然惠施公孫龍一派。不僅以辯論名實爲治學之手段。而實以爲彼宗最終之目的。此其所以異於他家也。故此派不能隸屬或合併於任何一派。祇能別指目之曰「名家」。有固然矣。法家晚出。其於儒墨道名皆有所受。然單提直指。擺落羣言。況有韓非之徒大張其軍。景從實衆。故析爲一家。亦云至當。由此言之。此六家者實足以代表當時思想界六大勢力圈。談之提挈。洵能知類而舉要矣。至如楊朱貴己。魏牟縱性。爲道家養生之支流。宋鈃寢兵。陳仲食力。皆墨家救世之餘緒。愼到田駢棄知師物。實法家理論之所從出。凡孟莊荀所論列之一時鴻碩。以六家攝之。可無甚悟漏也。

劉歆七略踵談之緒。以此六家置九流之前六。然以通行諸書未能盡攝也。則更立縱橫雜農小說四家以廣之。彼爲目錄學上著錄方便計。原未始不可。若繩以學術上分類之軌則。則殊覺不倫。縱橫爲對人談說之資。絕無哲理上根據以爲之盾。云何可以廁諸道術之林。農爲專技。與兵醫等。農入九流。則兵醫何爲見外。若以許行倡並耕論而指爲農。（漢志農家者流小序含此意）然則墨家『以跂蹻爲服。』亦可指爲「織屨家」耶。至如雜與小說。既不名一家。卽不得復以家數論。此又其易見者矣。故七略增多家數。雖似細密。實乖別裁。其不逮談也審矣。

談刺舉六家學說特殊之點而批評其得失。亦頗能用客觀公平態度．不失其鵠．雖不能如莊子天下篇之直湊淵微。亦可謂能持其平者．

# 飲冰室專集之八十三

## 史記中所述諸子及諸子書最錄考釋

(一)十二諸侯年表

鐸椒爲楚威王傅。爲王不能盡觀春秋。采取成敗。卒四十章。爲鐸氏微。趙孝成王時。其相虞卿上采春秋。下觀近世。亦著八篇。爲虞氏春秋。呂不韋者。秦莊襄王相。亦上觀尚古。刪拾春秋。集六國時事。以爲八覽六論十二紀。爲呂氏春秋。及如荀卿孟子公孫固韓非之徒。各往往捃摭春秋之文以著書。不可勝紀。

漢書藝文志春秋家有鐸氏微三篇。虞氏微傳二篇。儒家有虞氏春秋十五篇。(與史記篇數異)公孫固一篇。

(二)田敬仲完世家

宣王喜文學游說之士。自如騶衍、淳于髡、田駢、接予、愼到、環淵之徒。七十六人。皆賜列第。爲上大夫。不治而議論。是以齊稷下學士復盛。且數百千人。

騶衍學說在孟荀列傳。漢志有鄒子四十九篇。鄒子終始五十六篇。淳于髡事蹟在孟荀列傳及滑稽列傳。然髡與孟子嘗討論名實問題。度其人亦不徒滑稽之雄也。田駢愼到俱見莊子天下篇荀子非十二子天論解蔽等篇。漢志有田子二十五篇。愼子四十二篇。接予孟荀傳作接子。漢志有捷子二篇。殆卽其人。漢志有蜎子十三篇。班固自注云『名淵。楚人。老子弟子。』殆卽環淵。

(三)管晏列傳

太史公曰吾讀管氏牧民、山高、乘馬、輕重、九府、及晏子春秋。詳哉其言之也。既見其著書。欲觀其行事。故次其傳。至其書世多有之。是以不論。……

集解引劉向別錄云。『九府書民間無有。山高一名形勢。』索隱云。『嬰所著書名晏子春秋。今其書有七十篇。故下云其書世多有也。』正義引七略云。『管子十八篇在法家。晏子春秋七篇在儒家。』啓超案。漢志管子八十六篇。晏子八篇。與正義引七略所言篇數不同。索隱云「七十篇」疑衍「十」字否則司馬貞所見之本大有所傳益矣且管子在道家不在法家。豈班志改七略之舊耶。抑張守節誤引耶。老莊申韓列傳正義『阮孝緒七略云申子三卷也』誤引七錄爲七略恐此所引亦同一誤然則管子出道家入法家始於阮錄晏子八篇梁時已佚其一也

(四)老莊申韓列傳

啓超案。老子在漢時漸變爲含有神話性的人物。關於其行歷。傳說殆已極不一致。本傳老聃老萊子周太史儋三人混爲一談。若離若合其時代則或春秋或戰國或並孔子時或在孔子後。司馬遷已不敢下斷定語。吾儕讀此篇作爲參較鉤稽之資料焉可耳。

老子者。楚苦縣厲鄉曲仁里人也。

索隱云『苦縣本屬陳，春秋時，楚滅陳，而苦又屬楚，故云楚苦縣。』啓超案：不云「陳苦縣」而云「楚苦縣，」當是向來傳說如此。此似是老子爲戰國時人而非春秋時人之一種暗示。

姓李氏，名耳，字伯陽，謚曰聃。

索隱云『許愼云「聃，耳漫也。」故名耳，字聃。今作字伯陽，非正也。然老子號伯陽父，此傳不稱。』啓超案：此可見今本有後人增改處。

周守藏室之史也。

汪中不信此說，詳見老子考異。（看附錄）

孔子適周，將問禮於老子。

孔老問答語，見禮記曾子問篇。然據彼文所述，老聃蓋一守禮之儒，其言禮又斷斷於器數之迹，似與說五千言之老子非一人。說詳崔述洙泗考信錄。（看附錄）

老子曰『子所言者，其人與骨皆已朽矣，獨其言在耳。且君子得其時則駕，不得其時則蓬累而行。吾聞之，良賈深藏若虛，君子盛德容貌若愚。去子之驕氣與多欲、態色與淫志，是皆無益於子之身。吾所以告子，若是而已。』孔子去，謂弟子曰『鳥，吾知其能飛；魚，吾知其能游；獸，吾知其能走。走者可以爲罔，游者可以爲綸，飛者可以爲矰。至於龍，吾不能知其乘風雲而上天。吾今日見老子，其猶龍耶。』

此諸語，莊子外物篇謂老萊子教孔子語，僞孔叢謂老萊子語子思語，說苑敬愼篇則以爲常樅教老子語。

老子修道德，其學以自隱無名爲務。居周久之，見周之衰，迺遂去。至關，關令尹喜曰『子將隱矣，彊爲我著書。』

莊子天下篇言「關尹老聃」以彼文「墨翟禽滑釐」「彭蒙田駢」之例例之則老聃似是關尹弟子或後學舊說謂尹爲老子弟子恐不確卽以史記本文而論亦無以定尹老之孰爲先後輩也關尹與列子同時見莊子達生篇及呂氏春秋審己篇（僞列子黃帝篇說符篇同）而列子與騶子陽同時騶子陽與韓列侯同時約在孔子卒後八十年然則關尹年代略可推老子年代亦略可推矣（看汪氏老子考異）

於是老子迺著書上下篇言道德之意五千餘言而去莫知其所終

莊子養生主篇『老聃死秦失弔之』然則莊子時並無老子出關莫知所終之傳說

或曰老萊子亦楚人也著書十五篇言道德之用與孔子同時云

漢志於老子之外別有老萊子十六篇

蓋老子百有六十餘歲或言二百餘歲以其修道而養壽也

正義云『蓋或皆疑辭也』司馬遷姑述傳說未敢遽信也大抵著五千言之老子後於孔子約百年而後人以與孔子問禮之老聃牽合爲一人則不得不指爲奇壽矣

自孔子死之後百二十九年而史記周太史儋見秦獻公曰『始秦與周合而離離五百歲而復合合七十歲而霸王者出焉』或曰儋卽老子或曰非也世莫知其然否老子隱君子也

汪中主『儋卽老子』之說果爾則老子當與莊周孟子同時時代未免太晚史公旣闕疑吾輩卽亦未便武斷也

秦獻公以孔子死後九十七年卽位百二十年卒此文必有誤或衍「九」字或「獻」字爲「孝」字之譌

呂氏春秋審己篇記公子牟與詹子問答語。莊子秋水篇作瞻子。楚辭有詹尹。枚乘七發有詹何。皆古之得道人也。竊疑皆太史儋之異名。姑懸一說待考。

老子之子名宗。宗爲魏將。封於段干。宗子注。注子宮。宮玄孫假。假仕於漢孝文帝。而假之子解爲膠西王卬太傅。因家於齊焉。

全傳述老子。皆爲徜侊迷離之辭。獨此一段記其苗裔之名及世數官職皆備。最爲近於史實。蓋必有正確之資料矣。據此則解當爲司馬遷同時人。其於老子爲八世孫。而孔子世家亦詳記孔子苗裔世數。其與遷同時者則孔安國。孔子十二世孫也。此亦足爲老子年代後於孔子之一證。

世之學老子者則絀儒學。儒學亦絀老子。道不同不相爲謀。豈謂是耶。李耳無爲自化。淸靜自正。

末二語文氣不屬。疑是後人識語錯入正文。

莊子者蒙人也。名周。周嘗爲蒙漆園吏。與梁惠王齊宣王同時。

莊周與惠施同時。惠施爲梁惠王相。

其學無所不闚。然其要本歸於老子之言。故其著書十餘萬言。大抵率寓言也。作漁父盜跖胠篋。以詆訾孔子之徒。以明老子之術。

蘇軾謂漁父諸篇非莊子書。然篇名既見史記。且明言其內容爲詆訾孔子之徒。則今本此諸篇。或即遷所曾見也。至其是否周所自著。則另一問題。

「畏累虛」「亢桑子」之屬。皆空語無事實。

索隱云『畏累虛篇名也』案今本無此篇或是漢志五十二篇中之佚篇

然善屬書離辭指事類情用剽剝儒墨雖當世宿學不能自解免也

離麗也字同儷荀子正名篇『累而成文名之麗也』離辭卽綴麗成文之意用以也

其言洸洋自恣以適己故自王公大人不能器之楚威王聞莊周賢使使厚幣迎之許以爲相莊周笑謂楚使者曰『千金重利卿相尊位也子獨不見郊祭之犧牛乎養食之數歲衣以文繡以入太廟當是之時雖欲爲孤豚豈可得乎子亟去無汚我我寧游戲汚瀆之中自快無爲有國者所羈終身不仕以快吾志焉

楚威王卒年當梁惠王後六年齊宣王十四年史言與梁惠齊宣同時又記楚威之聘當皆屬事實然則莊子年輩略與孟子同也據說劍秋水天下等篇莊子又及見趙惠文王與公孫龍蓋甚老壽矣

申不害者京人也故鄭之賤臣學術以干韓昭侯

韓非子定法篇云『申不害用術而公孫鞅爲法』是術與法異此文云「學術」與韓非語可互證

昭侯用爲相內修政敎外應諸侯十五年終申子之身國治兵彊無侵韓者

定法篇又云『韓者晉之別國也晉之故法未息而韓之新法又生先君之令未收而後君之令又下申不害不擅其法不一其憲令……故託萬乘之勁韓七十年（顧廣圻云疑當作十七年）而不至於霸王者雖用術於上法不勤飾於官之患也』案此最足以明申商之異同

申子之學本於黃老而主刑名著書二篇號曰申子

集解引劉向別錄云『今民間所有上書二篇中書六篇皆合二篇已過太史公所記也』正義引阮孝緒七

略（案略當爲錄）云『申子三卷。』案漢志法家『申子六篇。』與史記及別錄篇數俱不合。

韓非者韓之諸公子也。喜刑名法術之學而其歸本於黃老。

韓非子有解老喻老二篇。

非爲人口吃不能道說而善著書。與李斯俱事荀卿。斯自以爲不如非。

荀卿之學。辨析名實綜明度數。故韓非李斯傳之。流爲法家一派。

非……以爲儒者用文亂法。而俠者以武犯禁……

韓非書常以儒墨對舉。此又以儒俠對舉。俠蓋墨之一支流。墨家常赴湯滔火急人之難也。

觀往者得失之變。故作孤憤、五蠹、內外儲、說林、說難十餘萬言。……

皆篇名。今具存。

人或傳其書至秦。秦王見孤憤五蠹之書曰。『嗟乎。寡人得見此人與之游。死不恨矣。』李斯曰。『此韓非之所著書也。』秦因急攻韓。韓王始不用非。及急。乃遣非使秦。秦王悅之。未信用。李斯姚賈害之。毀之曰。『韓非韓之諸公子也。今王欲并諸侯。非終爲韓不爲秦。此人之情也。今王不用。久留而歸之。此自遺患也。不如以過法誅之。』秦王以爲然。下吏治非。李斯遣人遺非藥。使自殺。韓非欲自陳。不得見。秦王後悔之。使人赦之。非已死矣。申子韓子皆著書。傳於後世。學者多有。

韓非著書。什九皆在入秦以前。司馬遷報任安書云。『韓非囚秦。說難孤憤。』與傳所紀不同。當以傳爲正。彼文乃文家弄筆。非事實也。今韓非子卷一五初見秦篇。乃范雎文錯入者。存韓篇末附李斯駁議。非出韓非編定甚明。難言篇蓋非在秦所上書。愛臣主道二篇辭旨凡近。疑此五篇皆後人編韓非書者所錄。有度以下。則非所自著。然有無附益。尚難具判也。

太史公曰『老子所貴道。虛無因應變化於無爲。故著書辭稱微妙難識。莊子散道德放論。要亦歸之自然。申子卑卑。施之於名實。韓子引繩墨。切事情。明是非。其極慘礉少恩。皆原於道德之意。而老子深遠矣。』

(五)司馬穰苴列傳及孫子吳起列傳

司馬穰苴者。田完之苗裔也。齊景公……以爲將軍。……齊威王……用兵行威。大放穰苴之法。而諸侯朝齊。齊威王使大夫追論古者司馬兵法。而附穰苴於其中。因號曰司馬穰苴兵法。

太史公曰。余讀司馬兵法。閎廓深遠。雖三代征伐。未能竟其義。如其文也。亦少褒矣。案益也若夫穰苴區區爲小國行師。何暇及司馬兵法之揖讓乎。世既多司馬兵法。以故不論。著穰苴之列傳焉。

今傳司馬法一卷。或即遷時行世之書。

孫子武者。齊人也。以兵法見於吳王闔廬。闔廬曰『子之十三篇吾盡觀之矣』……

孫武既死。後百餘歲有孫臏……世傳其兵法

吳起者。衛人也。嘗學於曾子。……

太史公曰。世俗所稱師旅。皆道孫子十三篇。吳起兵法。世多有。故弗論。……

漢志兵權謀家。吳孫子八十二篇。即孫武。齊孫子八十九篇。即孫臏。吳起四十八篇。即吳起。今傳孫子十三篇。

與史記同漢志篇數殆後人所增益然其書實戰國末年人所述未必出孫武史言吳王闔廬盡讀十三篇殆秦漢人間爲此說以重其出耳吳子亦未必吳起親著。

(六)商君列傳

太史公曰。商君。其天資刻薄人也。……余嘗讀商君開塞耕戰書。與其人行事相類。

漢志法家『商君二十九篇』今傳者。其目二十六篇又亡兩篇。實二十四篇。開塞第七。農戰第三。殆即史公所見耶然本傳亦不言其著書。今書殆戰國末年治商君術者依託爲之耳。

(七)孟子荀卿列傳

孟軻鄒人也受業子思之門人。

漢志儒家『孟子十一篇』。班固自注云。『名軻。子思弟子。』案孔子世家云。『伯魚年五十。先孔子卒。伯魚生伋。字子思。年六十二。』是子思之生。必在孔子卒前。孔子卒於魯哀十六年。即西紀前四七九年。孟子至少於燕王噲讓國之年尚生存。其年爲前三一六。故孟子謂『由孔子而來至於今百有餘歲。』史所紀子思年壽雖或有未確。然孟子決不能及子思之門則明甚矣。史云『受業子思之門人』蓋再傳弟子。漢志謂爲『子思弟子。』而王劭乃據以校刪本傳之「人」字。非也。

道既通。游事齊宣王。宣王不能用。適梁。梁惠王不果所言。則見以爲迂遠而闊於事情。

孟子先游梁後游齊近人魏源崔述林春溥考證極明史文誤也（看附錄魏源孟子年表）當是之時秦用商君富國彊兵楚魏用吳起戰勝弱敵齊威王宣王用孫子田忌之徒而諸侯東面朝齊天下方務於合從連衡以攻伐爲賢而孟軻乃述唐虞三代之德是以所如者不合退而與萬章之徒序詩書述仲尼之意作孟子七篇

趙岐孟子題辭云『退而論集所與高第弟子公孫丑萬章之徒難疑問答又自撰其法度之言著書七篇二百六十一章三萬四千六百八十五字』此祖述本傳之說謂孟子書爲孟子所自撰也然書中稱時君皆舉其諡如梁惠王襄王齊宣王魯平公鄒穆公皆然乃至滕文公之年少亦皆如是其人未必皆先孟子而卒何以皆稱其諡又書中於孟子門人多以「子」稱之樂正子公都子屋廬子徐子陳子皆然不稱子者無幾果孟子所自著恐未必自稱其門人皆曰「子」細玩此書蓋孟子門人萬章公孫丑等所追述故所記二子問答之言最多而二子在書中亦不以「子」稱也其成書年代雖不可確指然最早總在周赧王十九年（西紀前二九六）梁襄王卒之後上距孔子卒一百八十餘年下距秦始皇幷六國七十餘年也

漢志著錄十一篇蓋並收外書四篇趙岐謂其『不能閎深非孟子語』今傳本七篇卽史公所見也

其後有騶子之屬齊有三騶子其前鄒忌以鼓琴干威王因及國政封爲成侯而受相印先孟子其次騶衍後孟子騶衍睹有國者益淫侈不能尚德若大雅整之於身施及黎庶矣乃深觀陰陽消息而作怪迂之變終始大聖之篇十餘萬言其語閎大不經必先驗小物推而大之至於無垠先序今以上至黃帝學者所共術大並世盛衰因載其禨祥度制推而遠之至天地未生窈冥不可考而原也先列中國名山大川通谷禽獸水土所殖物類所

珍。因而推之及海外。人之所不能睹。稱引天地剖判以來。五德轉移。治各有宜。而符應若茲。以爲儒者所謂中國者。於天下乃八十一分居其一分耳。中國名曰赤縣神州。赤縣神州內自有九州。禹之序九州是也。不得爲州數。中國外如赤縣神州者九。乃所謂九州也。於是有裨海環之。人民禽獸莫能相通者。如一區中者。乃爲一州。如此者九。乃有大瀛海環其外。天地之際焉。其術皆此類也。然要其歸。必止乎仁義節儉。君臣上下六親之施。始也濫耳。王公大人初見其術。懼然顧化。其後不能行之。是以騶子重於齊。適梁。梁惠王郊迎。執賓主之禮。適趙。平原君側行襒席。如燕。昭王擁彗先驅。請列弟子之座而受業。築碣石宮。身親往師之。作主運。其游諸侯見尊禮如此……

騶衍爲陰陽家之祖。漢志有鄒子四十九篇。鄒子終始五德五十六篇。今其學說之傳。僅賴本傳耳。淮南子及僞列子中似當有采其文者。然不能確指也。

自騶衍與齊之稷下先生。如淳于髡、慎到、環淵、接子、田駢、騶奭之徒。各著書言治亂之事。以干世主。豈可勝道哉。淳于髡。齊人也。博聞彊記。學無所主。其諫說。慕晏嬰之爲人也。然而承意觀色爲務……

淳于髡有與孟子談說語。但不聞有著書。

慎到。趙人。田駢、接子。齊人。環淵。楚人。皆學黃老道德之術。因發明序其指意。故慎到著十二論。環淵著上下篇。而田駢、接子皆有所論焉。

諸人著述。並見漢志。詳彼文考釋。

騶奭者。齊之諸騶。亦頗采騶衍之術以紀文。

漢志「鄒奭子十二篇」。亦在陰陽家。

自如淳于髡以下皆命曰列大夫爲開第康莊之衢高門大屋尊寵之覽天下諸侯賓客言齊能致天下賢士也

荀卿趙人年五十始來游學於齊

應劭風俗通窮通篇云『孫卿有秀才年十五始來游學』案史文五十當爲十五之譌荀卿及見李斯相秦則當齊湣襄間萬不能年已五十也

騶衍之術迂大而閎辯奭也文具而難施淳于髡久與處時有得善言故齊人頌曰『談天衍雕龍奭炙轂過髡』

案此段疑當在「荀卿趙人」之前傳鈔錯簡耳集解引劉向別錄「過」字作「輠」疑讀史記者於「轂」字下注其音曰「過」傳鈔者衍入正文也

田駢之屬皆已死

淮南子人間篇『唐子短陳駢子於齊威王威王欲殺之孟嘗君聞之使人以車迎之』案孟嘗君之立在齊湣王時見本傳所云威王者誤耳據此則田駢至湣王時尚存殆最後死

齊襄王時而荀卿最爲老師齊尚修列大夫之缺而荀卿三爲祭酒焉

襄王湣王子法章也立十九年卒子王建立四十四年而滅於秦假令襄王元年荀卿始游齊而年已五十則下數至李斯相秦時必百二十歲而後可故知前文五十必十五之譌也

齊人或讒荀卿荀卿乃適楚而春申君以爲蘭陵令春申君死而荀卿廢因家蘭陵李斯嘗爲弟子已而相秦

春申君列傳云『楚考烈王元年以黃歇爲相封爲春申君……春申君相楚八年以荀卿爲蘭陵令……春

申君相楚之二十五年考烈王卒李園伏死士刺春申君斬其頭』李斯列傳云『從荀卿學帝王之術學已成欲西入秦辭於荀卿……至秦會莊襄王卒李斯乃求爲秦相呂不韋舍人……二十餘年秦并天下以斯爲丞相』

荀卿嫉濁世之政亡國亂君相屬不遂大道而營於巫祝信禨祥鄙儒小拘如莊周等又滑稽亂俗於是推儒墨道德之行事興壞序列著數萬言而卒因葬蘭陵

荀卿爲儒家大師而此云『推儒墨道德之行事』蓋史公以綜合儒墨道三家許之矣荀卿雖宗師仲尼然其學晚出受老墨學說影響實不少史言非過當也其天論正論解蔽等篇極力排棄迷信即所謂嫉鄙儒之營巫祝信禨祥也漢代儒學極盛而五行災異讖緯之說亦緣而充塞此荀卿所嫉焉而未能革者也

而趙亦有公孫龍爲堅白同異之辯

公孫龍與平原君同時其學說略具莊子天下篇

劇子之言

漢志法家有處子九篇顏師古謂即劇子

魏有李悝盡地力之教

漢書食貨志『是時李悝爲魏文侯作盡地力之教以爲地方百里提封九萬頃除山澤邑居參分去一爲田六百萬畮治田勤謹則畮益三升不勤則損亦如之地方百里之增減輒爲粟百八十萬石矣又曰糴甚貴傷民甚賤傷農民傷則離散農傷則國貧故甚貴與甚賤其傷一也善爲國者使民無傷而農益勸今一夫挾五

曰治田百畮歲收畮一石半爲粟百五十石除十一之稅十五石餘百二十五石食人月一石半五人終歲爲粟九十石餘有四十五石石三十爲錢千三百五十除社閭嘗新春秋之祠用錢三百餘千五十衣人率用錢三百五人終歲用千五百不足四百五十不幸疾病死喪之費及上賦斂又未與此此農夫所以常困有不勸耕之心而令糴至於甚貴者也是故善平糴者必謹觀歲有上中下孰上孰其收自四餘四百石中孰自三餘三百石下孰自倍餘百石小饑則收百石中饑七十石大饑三十石故大孰則上糴三而舍一中孰則糴二下孰則糴一使民適足賈平則止小饑則發小孰之所斂中饑則發中孰之所斂大饑則發大孰之所斂而糶之故雖遇饑饉水旱糴不貴而民不散取有餘以補不足也行之魏國國以富彊』藝文志法家有李子三十二篇

楚有尸子長盧阿之吁子焉自如孟子至於吁子世多有其書故不論其傳云

漢志雜家有尸子二十篇本注云『名佼魯人秦相商君師之』穀梁傳亦引尸子語道家有長盧子九篇呂氏春秋僞列子皆引其文儒家有芋子十八篇本注云名嬰齊人王念孫謂阿地屬齊疑即此傳之吁子

蓋墨翟宋之大夫善守禦爲節用或曰並孔子時或曰在其後

墨子事蹟詳孫詒讓所纂傳及年表

(八)平原君虞卿列傳

虞卿……不得意乃著書上採春秋下觀近世曰節義稱號揣摩政謀凡八篇以刺譏國家得失世傳之曰虞氏

春秋。

史記凡三言虞氏春秋，兩記其篇數，皆云八篇，漢志有十五篇，當是後人增益，然書既久佚，不必臆測矣。

（九）呂不韋列傳

當是時，魏有信陵君，楚有春申君，趙有平原君，齊有孟嘗君，皆下士喜賓客，以相傾，呂不韋以秦之彊，羞不如，亦招致士，厚遇之，至食客三千人，是時諸侯多辯士，如荀卿之徒，著書布天下，呂不韋乃使其客人著所聞，集論以爲八覽六論十二紀，二十餘萬言，以爲備天地古今萬物之事，號曰呂氏春秋，布諸咸陽市門，懸千金其上，延諸侯游士賓客，有能增損一字者，予千金。

呂氏春秋今本皆以十二紀爲首，卽史記兩述其同，皆云八覽六論十二紀，則似紀居末，書中序意一篇，在季冬紀之末，古書凡序皆在全書後，疑史記所舉次第爲正也。

十五年一月廿四日盡一日之力草成此篇

# 飲冰室專集之八十四

## 漢書藝文志諸子略考釋

著錄經籍，創自劉氏父子，班書刪其要以作藝文志，目錄之學，未之能先也。篇中時有班氏自注，蓋采向歆之舊，間下己意，語焉弗詳。顏注以訓故精審見稱，學術流派，非所措意，故本篇之注，不足以饜人望。降及趙宋，孳治其學者有兩大師，一曰王應麟，著漢書藝文志考證，注重各書內容及其存佚眞僞，而已佚之書，則搜輯殘文，特致力焉。二曰鄭樵，著校讎略，專務闡明流別，商榷其分類得失。自是班志日益梳理，學焉者類知所從事矣。明則胡應麟踵深寧之緒，清則章學誠繩夾漈之規，此其犖犖尤異者，自餘凡治古學稽舊籍者，莫不以此志爲星宿海，酌其源以馭羣委。諸所疏證，駸駸美備矣。近王先謙爲漢書補注，采輯蓋頗勤，雖然，本志綱羅衆學，條理繁賾，且成書在二千年前，其所著錄存於今者什不得一，故評隲考辨，致力綦難，疇昔作者，從其所好，各明一義，而見仁見智，亦未必其盡有當也。同學二三子，以重注全志爲請，今茲未能，僅成諸子略考釋一卷，每書之下，首注其存佚，其存而篇卷有異同者，必注之，其佚之時代可考見者，必注之。其僞書必詳加考證，或僞自劉班以前，或非本志原書而後人僞補，或僞中出僞，俱一一分別論列。其分類失當，編次失序者，亦間以意繩糾焉。雖不能盡，庶自附於深寧夾漈私淑之列云爾。

莊荀論列諸子，皆就各家施以評騭，而家數不附專名。至司馬談論六家要指，始立陰陽儒墨名法道之目。劉略因之，加以補苴，析爲九流，曰儒，曰道，曰陰陽，曰法，曰名，曰墨，曰縱橫，曰雜，曰農，末附小說，都爲十家。嚴格論之，諸家學說，交光互影，必以某氏限隸某家，欲其名實適相應，蓋戛戛乎難。雖然，學派既分，不爲各賦一名以命之，則無所指目以爲論評之畛畔。況校理書籍，尤不能不爲之類別以定編錄之所歸。故漢志以「流」分諸子，在著述方法上不能不認爲適當。惟分類是否合於論理，則商榷之餘地正多。司馬談所分六家，頗能代表戰國末年思想界之數大潮流，從分類學上觀察，應認爲有相當之價值。劉略踵之，以置諸九流之前六，蓋亦覺其無以易矣。然以其不足以賅羣籍也，乃益以縱橫雜農小說。縱橫家次於六家後者，蓋以蘇張一派傳書不少，既於六家一無所合，故不得不廣六以爲七。然九流皆以明道術爲主，換言之，則思想界之淵叢也。蘇張一派，能在思想界占一位置與前六家並乎？決不然矣。雜家次在八，凡書之不能隸前七家者入焉，爲編錄方便起見，殆非得已。然既謂之雜，則已不復能成家。『雜家者流』一語，既病其不詞矣。既以無可歸類者入雜家，則農家亦當在雜家前，今反置其後，頗不可解。農爲一種職業的學術，其性質與醫兵略同。竊疑劉氏之意，本不認此種書籍爲與儒道墨法……等同類，特以「兵書」「方伎」卷帙浩繁，各別爲錄，農僅寥寥九家，既不能獨立，而又他無所麗，姑列爲一「流」，以附於諸子，又恐其與專明理論之書相混，故次於雜家以示別也。小說之所以異於前九家者，不在其函義之內容，而在其所用文體之形式。桓子新論云：『小說家合叢殘小語，近取譬論，以作短篇。』（文選注三十七引）故小說中宋子十八篇，其所述蓋即宋鈃一家之學，優足與尹文愼到……諸書抗衡，特以文體不同而歸類斯異。道家有伊尹鬻子。小說家復有伊尹說鬻子說。亦以文體示別而已。由此觀之。分諸子為九家十家。不過目錄學一種利便。後之學者推挹太過。或以為中壘洞悉學術淵源。其所分類。悉含妙諦而衷於倫脊。此目論也。反動者又或譏其鹵莽滅裂。全不識流別。則又未免太苛。夫書籍分類。古今中外皆以為難。杜威之十進分類法。現代風靡於全世界之圖書館。繩以論理。掊之可以無完膚矣。故讀漢志者但以中國最古之圖書館目錄視之。信之不太過。而責之不太嚴。庶能得其眞價值也。

惟然。故研究漢志。最要注意者在其書目而已。其每家之結論——『某家者流蓋出於某某之官』以下。殊不必重視。蓋其分類本非有合理的標準。已如前述。其批評各家長短得失。率多浮光掠影語。遠不如司馬談之有斷制。更無論莊子天下篇荀子解蔽篇也。其述各派淵源所自。尤屬穿鑿附會。吾儕雖承認古代學術皆在官府。雖承認春秋戰國間思想家學術淵源多少總蒙古代官府學派之影響。但斷不容武斷某派為必出於某官。最多只能如莊生所說『古之道術有在於是者某人聞其風而悅之』云爾。志所云云。實强作解事也。故今作考釋。對於此部分不復更詞費。

各書歸類是否適當。原書今佚者什而八九。殊不宜僅憑書名以下批評。但以現存之書而論。例如晏子八篇列儒家之首。晏子之非儒家。較然甚明。故晁公武以下從柳宗元之論而以入墨家。四庫總目則以入史部傳記類。其當否固又當別論。然漢志之於義無取。則衆所同認矣。又如劉向所序六十七篇。據本注有世說及列女傳。揚雄所序三十八篇。據本注有『樂四箴二』。新序說苑太玄法言入儒家固當。而列女傳及州箴官箴與儒家無涉。則昭然也。其已佚之書。例如儒家之高祖傳十三篇。本注云。『高祖與大臣時述古語及詔策』孝文傳十一篇本注云『文帝所稱及詔策』此純屬詔令集之類與儒家何與又如雜家之東方朔二十篇據朔本傳注引劉向別錄知所收爲答客難非有先生論諸文荆軻論五篇知爲司馬相如等論荆軻之文此皆後世別集總集之類云何可以入諸子似此之類繩以嚴格可議者蓋不知凡幾推原其故不能遽咎劉班之鹵莽實緣當時未有史部集部之名目無可歸類之書不得已而入之於子故晏子春秋列女傳等實宜入史部傳記高祖孝文傳等實宜入史部詔令周政周法等實宜入史部政書（此姑就四庫舊目言之耳亦非謂其分類遂當）東方朔答客難司馬相如荆軻論揚雄州箴乃至賈山兒寬公孫弘莊助諸書皆宜入文集然當時既無此名又不可以入六藝詩賦諸略故略就其內容之近似分隸儒家雜家云爾章學誠呵斥後世目錄學家謂其『以儒雜二家爲龍蛇之菹』豈惟後世蓋劉略已然矣若此者吾儕以理論繩之固隨處可指其疵類然對於原書之總分類既未能根本推翻則此等枝葉問題實亦無更良之法可以解決也（如陰陽家有五曹官制五篇本注云『漢制似賈誼所條』于長天下忠臣九篇顏注引別錄云『傳天下忠臣』在後世編目宜入政書及傳記漢志無所歸而入諸子不足怪但何以不入儒入雜而以入陰陽則頗不可解耳）

志中亦有自亂其例無從爲之辯護者如六藝略中諸經皆先列正文後舉傳注（例如『易經十二篇施孟梁丘四家』『詩經二十八卷魯齊韓三家魯故二十五卷……』等）今道家老子著錄鄰傳徐劉四家傳注而老子本書反不入錄然則吾儕今日謂漢志中之老子存耶佚耶兩無是處又如陰陽家公檮生終始十四篇本注云『傳鄒奭（衍字之訛）始終書』然鄒子終始五十六篇反列其後又如墨家自田俅子以下四家皆墨子弟子或後學之作然皆列在墨子七十一篇之前凡此

之類，只能認爲原著體例之舛駁，否則傳鈔者紊其原次，若出爲之解，恐無當也

研究漢志之主要工作，在考證各書眞僞，本志不著錄而突然晚出者，如世俗所傳鬼谷子亢倉子子華子……之類，卽以本志不著錄之故而證其僞，一也。本志中已佚之書後人僞補者，如文子關尹子鶡冠子……之類，以本志篇數之異同或其他方法以證其僞，二也。此皆遺信本書而據以爲辨僞之資者，雖然，本志自身，其所收僞書正自不少，其故，一由戰國百家，託古自重。例如『有爲神農之言者許行』炎黃伊呂，動相援附，二由漢求遺書，獎以利祿，獻書路廣，蕪穢亦滋，三由展轉傳鈔，妄有附益，或因錯糅，汨其本眞，四由各家談說，時隱主名，讀者望文，濫爲擬議，以此諸因，訛僞稠疊，辨別綦難，志中本注言『似依託』言『六國時依託』之類，頗不少。其於鑑別，蓋亦三致意焉。雖然，竊意二劉之治學也，仍是抱殘守缺之意多，而鞫僞求眞之術拙，其讎校諸書，只是去其複重，俾可繕寫，而於碔砆之混，往往不忍割棄，例如孟子，本志著錄十一篇，而經趙岐鑑定之結果，謂『外書四篇，不能宏深』，斷其爲僞。又如莊子，本志著錄五十二篇，而郭象謂『一曲之才。妄竄奇說，凡諸巧雜，什分有三。』故僅注三十三篇，餘並從汰，使非有趙郭之別裁。則孟莊兩書，蕪穢或遠過今本，現存最烜赫之書且如此，其他蓋可類推，故如管商墨荀數大家，類皆有竄附痕跡，而竄者非必皆出向歆以後，殆向歆過而存之焉耳。此外亡佚之書，無從懸斷，而其不可信者什居三四，此可以比例而知其概者也。

以上所舉數端，皆本志之未能悉當人意者，雖然，生百世之後而欲研治先秦道術之遺文，觀其流別，則其粲然之迹，固未有能逾本志者，此則五尺童子所同認也。今故爬羅衆論，考而釋之。庶足備汲古之一

綆云爾。

十五年一月廿一日啓超敍於清華學校。

○

晏子八篇。　名嬰。謚平仲。齊景公相。孔子稱善與人交。有列傳。師古曰『有列傳者謂太史公書』

今存隋唐志皆七卷題爲晏子春秋蓋襲史記所稱名崇文總目作十二卷郡齋讀書志文獻通考皆改入墨家。四庫總目改入史部傳記類。

史記管晏列傳云『余讀晏子春秋。詳哉其言之也。其書世多有之。』淮南子要略云『齊景公內好聲色。外好狗馬……故晏子之諫生焉』皆以爲晏子有著書且其書在西漢時蓋甚盛行漢志此書或即司馬遷劉安所見本也。然此殆非春秋時書。尤非晏子自作。柳宗元謂墨子之徒有齊人者爲之。蓋近是。柳宗元辨晏子春秋云『司馬遷讀晏子春秋高之而莫知其所以爲書或曰晏子爲之而人接焉或曰晏子之後爲之皆非也吾疑其墨子之徒有齊人者爲之墨好儉晏子以儉名於世故墨子之徒尊著其事以增高爲己術者且其旨多尙同兼愛非樂節用非厚葬久喪者是皆出墨子又非孔子好言鬼事非儒明鬼又出墨子其言問棗及古冶子等尤怪誕又往往言墨子聞其道而稱之此甚顯白者自劉向歆班彪固父子皆錄之儒家中甚矣數子之不詳也蓋非齊人不能具其事非墨子之徒則其言不若是後之錄諸子者宜列之墨家非晏子爲墨也爲是書者墨之道也』　然其人亦並非能知墨學者。且其依託年代似甚晚。或不在戰國而在漢初也。今傳之本。是否爲遷安所嘗讀者。蓋未可知。然似是劉向所校上之本。非東漢後人竄亂附益也。劉向上奏云『臣向言所校中書晏子十一篇臣向謹與長社尉臣參校讎太史書五篇臣向書一篇參書十三篇凡中外書三十篇爲八百三十八章除復重二十二篇六百二十八章定著八篇二百一十五章其書六篇皆合六經之義又有復重文辭頗異不復遺失復列爲一篇又有頗不合經術似非晏子言疑後世辯士所爲者故亦不敢失復以爲一篇』　其書摶擸成篇。雖先秦遺文間藉以保存。然無宗旨無系統。漢志以列儒家固不類。晁馬因子厚之言改隸墨家。尤爲無取。四庫入史部傳記，尚較適耳。

子思二十三篇。　名伋，孔子孫，爲魯繆公師。

今佚。隋唐志皆有子思子七卷。太平御覽三百八十六、四百三、五百六十五，皆引其文，是宋初尚存。史記孔子世家云：「子思作中庸。」王應麟曰：「沈約謂禮記中庸、表記、坊記、緇衣皆取子思子。」今案：「御覽四百三引子思子曰：『天下有道則行有枝葉，天下無道則言有枝葉。』即表記文，沈約說當可信。

曾子十八篇。　名參，孔子弟子。

今佚。隋唐志皆二卷。大戴禮記有曾子立事、本孝、立孝、大孝、事父母、制言上、制言中、制言下、疾病、天圓等十篇，或即此書之一部。故晁氏謂「視漢亡八篇」也。阮元從戴記中錄出單行而爲之注，題曰曾子注。然曾子立事篇文又在荀子修身、大略兩篇中，然則此十篇果否曾子所著，亦疑問也。其孝經及小戴記之曾子問等篇，疑亦在十八篇中。

漆雕子十二篇。　孔子弟子漆雕啓後。（門人楊樹達謂「後」字爲衍文，以其廁於曾子、宓子之間，曾、宓皆孔子弟子，則著書者當即爲啓，非其後人也。）

今佚。隋志已不著錄。馬國翰輯爲一卷。

漆雕啓即論語之漆雕開。注云「漆雕啓後」，似謂著書者非啓而啓之後人也。說苑記孔子與漆雕馬人問答語，僞家語作漆雕憑，或即其人歟。韓非子顯學篇敍述八儒，有漆雕氏之儒，則其學派在戰國時蓋甚光大。韓非述其學風「不色撓，不目逃，行曲則違於臧獲，行直則怒於諸侯」，此蓋儒而兼俠者。論衡亦述其論性語。

宓子十六篇.　名不齊.字子賤.孔子弟子.

今佚.隋志已不著錄.韓非.呂覽.新書.淮南子.韓詩外傳.說苑.論衡.家語注.皆引宓子語.當是本書佚文.馬國翰輯爲一卷.

論衡本性篇『宓子賤漆雕開公孫尼子之徒.亦論情性.與世子相出入.皆言性有善有惡.』據此.可見孔門討論人性問題.當以漆雕宓二子爲最先.

景子三篇.　說宓子語.似其弟子.

今佚.隋志已不著錄.馬輯一卷.與所輯宓子重複.殊無取.

世子二十一篇.　名碩.陳人也.七十子之弟子.

今佚.隋志已不著錄.馬國翰輯爲一卷.

論衡本性篇『周人世碩以爲人性有善有惡.舉人之善性養而致之則善長.惡性養而致之則惡長.如此則性各有陰陽.善惡在所養焉.故世子作養書一篇.』世子學說要點存者止此.春秋繁露俞序篇亦引世子語.

魏文侯六篇.

今佚.隋志已不著錄.葉德輝曰『樂記引魏文侯問子夏樂.魏策引魏文侯辭韓索兵.及疑樂羊烹子.命西門豹爲鄴令.與虞人期獵.呂覽期賢篇引魏文侯式段干木之閭.樂成篇引與田子方論收幼孤.自知篇引問任座.君德.淮南人閒訓引魏文侯不賞解扁東封上計.韓詩外傳引魏文侯問孤卷子.說苑君道篇引魏文侯賦鼓琴.復恩篇引樂羊攻中山.尊賢篇引下車趨田子方.及觴大夫於曲陽.善說篇引與大夫飲酒使公乘不仁爲觴政.反質篇引御廩災文侯素服辟正殿.新序雜事二引魏文侯出遊見路人負芻.雜事四引與公季成議田子方.刺奢篇引見翟季問牆毀.其言皆近道.當在六篇中』馬輯一卷.

章學誠疑魏文侯平原君之徒皆無著書.漢志所載.或他人著書之篇名.如孟子書中梁惠王之類.亦足備一

說。

李克七篇。　子夏弟子。爲魏文侯相。

今佚。隋志已不著錄。（王應麟曰『韓詩外傳說苑反質篇載魏文侯問李克文選魏都賦注引李克書』）馬輯一卷。

史記貨殖列傳『李克務盡地力』但依他書所記載則彼文似是李悝之誤。姑引以待考。經典釋文敍毛詩傳授源流云。『子夏傳曾申曾申傳李克』果爾則克是子夏再傳弟子矣。

公孫尼子二十八篇。　七十子之弟子。

今佚。隋唐志皆一卷。馬輯一卷。

王應麟曰『似孔子弟子。沈約謂樂記取公孫尼子。劉瓛云緇衣。公孫尼子所作也。馬總意林引之。』今案初學記引公孫尼子云。『樂者審一以定和。比物以飾節。』意林引公孫尼子云『樂者先王所以飾喜也』語皆在今樂記中則沈約之說信矣。北堂書鈔文選注皆引公孫尼子。則其書唐時尚存。

孟子十一篇。　名軻。鄒人子思弟子。有列傳。（案孟子不及見子思說見孟荀傳釋文）

今存七篇。

史記本傳云『孟子……退而與萬章之徒序詩書述仲尼之意。作孟子七篇。』是司馬遷所見本僅七篇也。

趙岐孟子章指題辭云『著書七篇二百六十一章三萬四千六百八十五字。又有外書四篇——性善辯文說孝經爲政。其文不能宏深。不與內篇相似。似非孟子本真。後人依放而託也。』今所傳趙岐注本即司馬遷所見者。外書四篇。經岐鑑別爲僞。後無傳者。遂亡佚。（隋志尚有鄭玄劉熙注孟子各七卷則鄭劉亦皆認外書爲僞矣）其佚文見於法言鹽鐵論顏氏家訓文選注有若干條。清末林春溥曾輯出。信乎『不能宏深』矣。至明季姚士粦所傳孟子外書四篇則又僞中出僞。並非漢時之舊。更不足道。

孫卿子三十三篇。　名況。趙人。爲齊稷下祭酒。有列傳。師古曰『本曰荀卿避宣帝諱故曰孫』

今存。隋唐志十二卷。今本二十卷乃楊倞所析。改題荀子。倞自序云『以文字繁多故分舊十二卷三十二篇爲二十卷其篇第亦頗有移易使以類相從』

劉向敍錄云『臣所校讎中孫卿書凡三百二十二篇以相校除復重二百九十篇定著三十二篇』志言三十三篇殆譌字也。楊倞注本篇第與向本頗有異同。其比較具見超所著要籍解題及其讀法中荀子。全書大概可信。惟君子、大略、宥坐、子道、法行、哀公、堯問七篇。疑非盡出荀子手。或門弟子所記或後人附益也。

芊子十八篇。　名嬰。齊人。七十子之後。師古曰『芊音弭』

今佚。隋志已不著錄。

王念孫曰『史記孟子荀卿傳。楚有尸子。長盧。阿之吁子焉。索隱曰吁音芋。別錄作芋子。今吁亦如字。正義藝文志芊子十八篇顏云音弭。案是齊人阿又屬齊。恐顏誤也。案正義說是也。芋有吁音。故別錄作芋子。史記作吁子。小雅斯干篇『君子攸芋』傳芋大也。釋文芋香于反或作吁』作芊者字之誤耳』

內業十五篇。　不知作書者。

今佚。隋志已不著錄。

王應麟曰『管子有內業篇。此書恐亦其類』啓超案。管子書乃戰國末人雜掇羣書而成。內業篇純屬儒家言。當卽此十五篇中之一篇

周史六弢六篇。惠襄之間。或曰顯王時。或曰孔子問焉。師古曰即今之六韜也

今佚世所傳六韜非此書。

沈濤曰『案今六韜乃文王武王問太公兵戰之事。而此列之儒家。則非今之六韜也。六乃大字之誤。人表有周史大弢。古字書無弢字。篇韻始有之。當爲弢字之誤。莊子則陽篇仲尼問於太史大弢。蓋即其人。此乃其所著書。故班氏有孔子問焉之說。顏以爲太公六韜誤矣。今之六韜當在太公二百三十七篇之內』啓超案沈說是。但今之六韜實亦僞書。

周政六篇。周時法度政教。

周法九篇。法天地立百官。

河間周制十八篇。似河間獻王所述也。

以上三種今佚。隋志皆已不著錄。蓋皆秦漢間人述周代制度之書。既不能入六藝略。則以附諸儒家也。竊疑周官六篇其性質正與此同類。或劉歆將周政六篇改頭換面作爲周官。亦未可知。要之戰國秦漢間儒者喜推論周制。人各異說。如河間周制。即河間獻王之徒所論列。周政周法當亦此類也。

讕言十一篇。不知作者。陳人君法度。師古曰說者引孔子家語云孔穿所造非也

今佚。隋志已不著錄。馬國翰從孔叢子輯出三篇。題孔穿撰。案王肅僞家語後序云『子高名穿。著儒家語十二篇。名曰讕言』顏謂『說者引家語云孔穿所造』即引此也。然班明言『不知作者』顏亦斷其非穿造。則孔叢子之文不足以當此書明矣。

功議四篇。　不知作者。論功德事。

今佚。隋志已不著錄。

甯越一篇。　中牟人。爲周威王師。

今佚。隋志已不著錄。馬輯一卷。

呂氏春秋不廣篇說苑尊賢篇皆記甯越事。賈誼過秦論云『六國之士有甯越……』當卽此人。

王孫子一篇。　一曰巧心。

今佚。據隋志云。梁有王孫子一卷。似唐人編五代史志時其書然意林。藝文類聚。文選注。太平御覽皆引之。似歷唐迄宋初尙存也。馬國翰輯爲一卷。

公孫固一篇。　十八章。齊閔王失國。問之。固因爲陳古今成敗也。

今佚。隋志已不著錄。

史記十二諸侯年表云。『公孫固韓非之徒。各往往捃摭春秋之文以著書。』當卽此人。

李氏春秋二篇。

今佚。隋志已不著錄。

呂覽勿躬篇引李子。疑卽此書。馬氏據之輯爲一卷。

羊子四篇。　百章。故秦博士。

今佚。隋志已不著錄。

董子一篇。名無心，難墨子。

今佚。隋志一卷。馬國翰云：『宋志不載，散佚已久，明陳第世善堂藏書目有之，今復求索不可得矣。』

論衡福虛篇『儒家之徒董無心，墨家之徒纏子，相見講道……』風俗通文略同。

俟子一篇。李奇曰：或作侔子。

今佚。隋志已不著錄。王先謙曰：『官本俟作俟。』陶憲曾曰：『官本是也。廣韻六止俟下云又姓，風俗通云有俟子古賢人（通志氏族略五作六國賢人）著書。應仲遠嘗為漢書音義，則所見本必作俟矣。』

徐子四十二篇。宋外黃人。

今佚。隋志已不著錄。

王應麟曰：『魏世家惠王三十年使龐涓將，而令太子申為上將軍，過外黃。外黃徐子曰：「臣有百戰百勝之術」，即此，外黃時屬宋。』

魯仲連子十四篇。有列傳。

今佚。隋志五卷，錄一卷。唐志一卷。魯連言論，除戰國策及史記本傳著錄數長篇外，水經注，文選注，史記正義，意林，藝文類聚，初學記，太平御覽所引魯連子尚二十餘條，知其書北宋尚存。馬國翰據諸書輯為一卷。

平原君七篇。朱建也。

今佚。隋志已不著錄。

此書置魯仲連與虞卿之間，然則正是趙公子平原君勝也。此蓋劉略之舊，班氏注為朱建，恐誤。

**虞氏春秋十五篇。** 虞卿也。

**今佚。隋志已不著錄。馬輯爲一卷。**

**史記本傳云『爲趙上卿。故號虞卿。』又云『不得意。乃著書。上採春秋。下觀近世。曰節義稱號揣摩政謀凡八篇。以刺譏國家得失。世傳之曰虞氏春秋。』又十二諸侯年表云『虞卿著書八篇。』與本志所錄篇數頗有出入。今戰國策及新序皆記虞卿行事言論。但是否爲本書原文。尚難斷言。**

**高祖傳十三篇。** 高祖與大臣述古語及詔策也。

**今佚。隋志云『梁有漢高祖手詔一卷。』**

**此及孝文傳以入儒家。本無取義。殆因編七略時未有史部詔令等無類可歸。姑入於此耳。**

**陸賈二十三篇。**

**隋志新語二卷。唐志同。今存二卷。析爲十二篇。但非漢志原書之舊。** 四庫總目提要云『案漢書賈本傳稱著新語十二篇漢書藝文志儒家陸賈二十七篇蓋兼他所論述計之隋志則作新語二卷此本卷數與隋志合篇數與本傳合似爲舊本然漢書司馬遷傳稱遷取戰國策楚漢春秋陸賈新語作史記楚漢春秋張守節正義猶引之今佚不可考戰國策取九十三事皆與今本合惟是書之文悉不見於史記王充論衡本性篇引陸賈曰『天地生人也以禮義之性人能察己所以受命則順順謂之道』今本亦無其文又穀梁傳至漢武帝時始出而道基篇末乃引穀梁傳曰時代尤相牴牾其殆後人依託非賈原本歟考馬總意林所載皆與今本相符李善文選注於司馬彪贈山濤詩引新語曰『楩梓仆則爲世用』於王粲從軍詩引新語曰『聖人承天威承天功與之爭功豈不難哉』於陸機日出東南隅行引新語曰『高臺百仞』於古詩第一首引新語曰『邪臣之蔽賢猶浮雲之障日月』於張載雜詩第七首引新語曰『建大功於天下者必垂名於萬世也』以今本核校雖文句有詳略異同而大致亦悉相應似其僞猶在唐前惟玉海稱陸賈新語今存者道基術事輔政無爲資賢至德懷慮纔七篇此本十有二篇乃反多於宋本爲不可解或後人因不完之本補綴五篇以合本傳舊目也』

**劉敬三篇。**

今佚。隋志已不著錄。漢書本傳載敬說高帝都秦。與冒頓和親。徙民實關中。三事。當即此三篇之文。

孝文傳十一篇。　文帝所稱及詔策。

今佚。隋志已不著錄。

賈山八篇。

今佚。隋志已不著錄。漢書本傳載至言一篇。尚有諫文帝除鑄錢。訟淮南王無大罪。言柴唐天子爲不善三疏。皆當在八篇中。但其文不傳。

太常蓼侯孔臧十篇。　父聚高祖時以功臣封。臧嗣爵。

今佚。隋志云。『梁有漢太常孔臧集二卷。』

賈誼五十八篇。

隋志賈子十卷。錄一卷。唐志。賈誼新書十卷。今存。但非漢志原書之舊。四庫總目提要云『漢書藝文志儒家賈誼五十八篇崇文總目云本七十二篇劉向刪定爲五十八篇隋唐志皆九卷別本或爲十卷考今隋唐志皆作十卷無九卷之說蓋校刊隋唐書者未見崇文總目反據今本追改之明人傳刻古書往往如是不足怪也然今本僅五十六篇又問孝一篇有錄無書實五十五篇已非北宋本之舊又陳振孫書錄解題稱首載過秦論末爲弔湘賦且略節誼本傳於第十一卷中今本雖首載過秦論而末無弔湘賦亦無附錄之第十一卷且併非南宋時本矣其書多取誼本傳所載之文割裂其章段顛倒其次序而加以標題殊皆亂無條理朱子語類曰「賈誼新書除了漢書中所載餘亦難得粹者看來只是賈誼一雜記稾耳中間事事有些個」陳振孫亦謂其非漢書所有者輒淺駁不足觀決非誼本書今考漢書誼本傳贊稱凡所著述五十八篇掇其切於世事者著於傳應劭漢書注亦於過秦論下注曰「賈誼書第一篇名也」則本傳所載皆五十八篇所有足爲顯證贊又稱三表五餌以係單于頸師古注所引賈誼書與今本同又文帝本紀注引賈誼書「衞侯朝於周周行人問其名」亦與今本同則今本即唐人所見亦足爲顯證然決無摘錄一段立一篇名之理亦決無連綴十數篇合爲奏疏一篇上之朝廷之理疑誼過秦論治安策等本皆爲五十八篇之一後原本散佚好事者因取本傳所有諸篇雜析其文各爲標目以足五十八篇之數故餖飣至此其書不全眞亦不全僞朱子以爲雜記之稾固未核其實陳氏以爲決非誼書，尤非篤論也』

河間獻王對上下三雍宮三篇。

今佚，隋志已不著錄。

漢書景十三王傳云『武帝時，獻王來朝，獻雅樂，對三雍宮及詔策所問三十餘事。其對推道術而言，得事之中，文約指明。』說苑君道篇建本篇各引獻王語二節，或是其文。

董仲舒百二十三篇。

隋志春秋繁露十七卷，今存。

漢書本傳云『仲舒所著，皆明經術之意，及上疏條敎，凡百二十三篇。而說春秋事得失，聞舉、玉杯、蕃露、淸明、竹林之屬，復數十篇，十餘萬言。』今春秋繁露中有玉杯蕃露竹林三篇，據本傳文，似卽所謂「說春秋事」之數十篇，在百二十三篇以外。然漢志不應不著錄其書，而其所著錄之百二十三篇，亦不應一字不傳於後。疑今本繁露之八十二篇，卽在此百二十三篇中也。然唐宋類書引繁露及董仲舒語爲今本所無者尙不少。詳見蘇輿春秋繁露義證例言而論衡引情性陰陽之說，與今本頗殊，又引旱祭女媧之議，今本不見，此殆八十二篇以外諸篇之佚文矣。

兒寬九篇。

公孫弘十篇。

終軍八篇。

吾丘壽王六篇。

今皆佚。隋志已不著錄。馬國翰各輯爲一卷。

虞丘說一篇。　難孫卿也。

莊助四篇。

臣彭四篇。

鉤盾冗從李步昌八篇。　宣帝時數言事。

儒家言十八篇。　不知作者。

以上五家今皆佚。隋志已不著錄。

桓寬鹽鐵論六十篇。師古曰「寬字次公汝南人也孝昭時丞相御史與諸賢良文學論鹽鐵事寬撰次之」

今存。十二卷。

劉向所序六十七篇。　新序。說苑。世說。列女傳頌圖也。

今存者。新序十卷。說苑二十卷。列女傳八卷。王回列女傳序云「各頌其義圖其狀總爲卒篇傳如太史公記頌如詩之四言而圖爲屏風」　世說佚。隋志析列女傳入史部。

揚雄所序三十八篇。　太玄十九。法言十三。樂四。箴二。

今存太玄法言。州箴官箴。樂四篇已佚。

右儒五十三家八百三十六篇。　入揚雄一家三十八篇。案入者七略所無班補入也今存者九家。爲書十三種。

晏子——今題晏子春秋。

孟子——今存七篇。

孫卿子——今題荀子。

陸賈——今題新語。

賈誼——今題賈誼新書。

董仲舒——今題春秋繁露存八十二篇。

鹽鐵論

劉向所序——今存新序。說苑。列女傳。

揚雄所序——今存太玄法言及箴。

其有專篇或佚文可考輯者十九家。曰子思。曰曾子。曰漆雕子。曰宓子。曰世子。曰魏文侯。曰李克。曰公孫尼子。曰王孫子。曰董子。曰魯仲連子。曰虞氏春秋。曰劉敬。曰賈山。曰河間獻王。曰兒寬。曰公孫弘。曰終軍。曰吾丘壽王。其屬於先秦者十二家。屬於漢者八家焉。

儒家者流。蓋出於司徒之官。助人君順陰陽明教化者也。游文於六經之中。留意於仁義之際。祖述堯舜。憲章文武。宗師仲尼。以重其言。於道最爲高。孔子曰。『如有所譽。其有所試。』唐虞之隆。殷周之盛。仲尼之業。已試之效者也。然惑者既失精微。而辟者又隨時抑揚。違離道本。苟以譁衆所寵。後進循之。是以五經乖析。儒學寖衰。此辟儒之患。

伊尹五十一篇。 ○ 湯相。

今佚。隋志已不著錄。

伊尹時已有著作傳後。且篇數多至五十餘。此可斷其必誣。然孟子已徵引伊尹言論多條。則孟子時已有所謂伊尹書者可知。逸周書有伊尹獻令。其起原當亦頗古也。但以入道家。於義恐無取。

太公二百三十七篇。謀八十一篇。言七十一篇。兵八十五篇。 呂望爲周師尙父。本有道者。或有近世又以案此二字當在有字前爲太公術者所增加也。

今佚。隋志有太公陰謀一卷太公陰符鈐錄一卷太公金匱二卷太公兵法二卷又太公兵法六卷又太公三宮兵法一卷唐志略同

太公書之不足信。亦與伊尹等。卽班固亦言『近世爲太公術者所增加』矣。不依託他人而獨依託太公者。殆齊之稷下談說之徒最衆。喜引開國之君以自重其說。管晏諸書亦以同一理由發生也。秦策稱『蘇秦得太公陰符之謀』。當卽在此『謀八十一篇』中耶。亦可徵戰國初年已有此類書矣。

辛甲二十九篇。 紂臣。七十五諫而去。周封之。

今佚。隋志已不著錄。

左傳。『辛甲爲太史。命百官箴王闕』。此殆史官所傳故書。

鬻子二十二篇。 名熊。爲周師。文王以下問焉。周封爲楚祖。

已佚。今所存一卷十四篇。蓋唐以後人所僞造。

鬻熊之名。始見史記楚世家。其人容或有之。然謂其有著書。實屬難信。此二十二篇者。當是戰國秦漢間人依託耳。今存之一卷本。又僞中出僞。其書爲唐永徽中逢行珪所獻。與庾仲容子鈔馬總意林所言篇數不符。列子引鬻子三條。今本亦無有。四庫提要謂唐人勦賈誼新書作爲贋本。諒矣。

管子八十六篇。　名夷吾。相齊桓公。有列傳。

今存。隋志十九卷。今本二十四卷。

司馬遷曰『余讀管氏牧民山高乘馬輕重九府。詳哉言之也。……其書世多有之。』劉向敍錄云『所校讎中管子書。大中大夫卜圭書。臣富參書。射聲校尉立書。太史書。凡中外書五百六十四。以校除復重四百八十四篇。定著八十六篇。』向所校書所據異本之多與删除複篇之多。皆以此爲最。則此書之傳習極廣。而叢龐雜可以推見。自宋以後。疑之者頗多。葉適云『管子非一人之筆。亦非一時之書。莫知誰所爲。以其言毛嬙西施吳王好劒推之。當是春秋末年。』朱熹曰『管子之書雜。管子以功業著者。恐未必曾著書。如弟子職之篇。全似曲禮。他篇有似莊老。……其內政分鄉之制。國語載之却詳。』又曰『管子非管仲所著。……想是戰國時人收拾仲當時行事語言之類著之。併附以他書。』黃震曰『管子之書。不知誰所集。乃龐雜重複。似不出一人之手。』此諸論皆切中其病。要之此書決非管仲所作。無待深辨。其中一小部分當爲春秋末年傳說。其大部分則戰國至漢初遞爲增益。一種無系統的類書而已。志以入道家。殆因心術內業等篇。其語有近老莊者。阮孝緒七錄以入法家。史記本傳正義引隋唐志以下皆因之。實則援呂氏春秋例入雜家。或較適耳。四庫提要云劉恕通鑑亦曰「管子非一人之筆，亦非一時之書，以其言毛嬙西施吳王好劍推之，當是春秋末年」。今考其文，大抵後人附會多於仲之本書。其他姑無論，即仲卒於桓公之前，而篇中處處稱桓公，其不出仲手，已無疑義矣。書中稱經言者九篇，稱外言者八篇，稱內言者九篇，稱短言者十九篇，稱區言者五篇，稱雜言者十一篇，稱管子解者五篇，稱管子輕重者十九篇。意其中孰為手撰，孰為記其緒言，如語錄之類，孰為述其逸事，如家傳之類，孰為推其義旨，如箋疏之類，當時必有分別。觀其五篇明題管子解者，可以類推。必由後人混而一之，致滋疑竇耳。晁公武讀書志曰「劉向所校本八十六篇，今亡十篇。考李善注陸機猛虎行曰：江邃文釋引管子云：夫士懷耿介之心，不蔭惡木之枝，惡木尚能恥之，況與惡人同處」。今檢管子近亡數篇，恐是亡篇之內，而邃見之，則唐初已非完本矣」。

老子鄰氏經傳四篇。　姓李，名耳。鄰氏傳其學。

老子傅氏經說三十七篇。　述老子學。

老子徐氏經說六篇。　字少季，臨淮人，傳老子。

劉向說老子四篇。

志不著錄老子本書，而僅錄其傳說四家，殊不可解。四家今皆佚，而隋志有河上公注老子，今存，本志卻無之，可證其偽。

文子九篇。　老子弟子，與孔子並時，而稱周平王問，似依託者也。

今存，隋唐志皆十二卷。

柳宗元辨文子云：『……其旨意皆本老子。然考其書，蓋駁書也。其渾而類者少，竊取他書以合之者多。凡孟子輩數家，皆見剽竊，嶢然而出其類。其意緒文詞，又互相牴而不合。不知人之增益之歟，或者衆為聚斂以成其書歟』。要之此書自班氏已疑其依託，今本蓋並非班舊，實偽中出偽也。其中大半勦自淮南子。

蜎子十三篇。　名淵。楚人。老子弟子。（師古曰蜎姓也音一元切）

今佚。隋志已不著錄。

王應麟曰『史記環淵。楚人。學黃老道德之術。著上下篇。索隱正義皆無注。今案文選枚乘七發。「便蜎詹何之倫」注云「淮南子雖有鉤鍼芳餌加以詹何蜎蠉之數猶不能與罔罟爭得也」宋玉與登徒子偕受釣於玄淵。七略蜎子名淵。三文雖殊。其人一也』

關尹子九篇。　名喜爲關吏。老子過關。喜去吏而從之。

隋唐志皆不著錄。原書久佚。今存一卷。本僞品也。

今本之僞。陳振孫宋濂及四庫提要辨之已詳。文筆頗類唐人所譯佛經。辭理雜勦釋道皮毛。蓋唐以後作品也。莊子天下篇以關尹與老聃並稱。且名列聃前。似非聃弟子。呂覽言『老聃貴柔。關尹貴淸』其學似亦不與老氏全同也。

莊子五十二篇。　名周。宋人。

今存郭象注本十卷三十三篇。

陸德明莊子釋文敍錄云『……莊生宏才命世。辭趣華深。正言若反。故莫能暢其弘致。後人增足。漸失其眞。故郭子元云一曲之才妄竄奇說。若閼奕意修之首。危言游鳧子胥之篇。凡諸巧雜。十分有三。漢書藝文志莊子五十二篇。卽司馬彪孟氏所注是也。言多詭誕。或似山海經。或類占夢書。故注者以意去取。其內篇衆家竝同。自餘或有外而無雜。唯子元所注。特會莊生之旨。故爲世所貴』據此則諸注家於外篇雜篇以意去取。並不從同。今郭注本僅三十三篇者，非晉時已佚若干篇，特子元以爲蕪累而簡汰之，如趙邠卿之不注孟子外書四篇耳。未必一致也。焦竑筆乘云：『內篇斷非莊生不能作，外篇雜篇則後人竄入者多。之噲讓國在孟子時，而莊文曰昔者；陳恆殺其君，孔子請討，莊子身當其時，而胠篋曰陳成子弒其君，子孫享國十五世，即此推之，則秦末漢初之言也。豈其年踰四百歲乎？曾史盜跖與孔子同時，楊墨在孔後孟前，莊子內篇三卷未嘗一及，五人則外篇雜篇多出後人可知。又封侯宰相等語，秦以前無之。且避漢文帝諱，改田恆爲田常，其爲假託尤明。』蓋郭氏汰蕪已具特識，然所汰猶未盡。今傳之外雜篇其爲後人聚斂而成者，當尚不少，不止蘇軾所斥盜跖漁父等篇而已。

列子八篇。　名圄寇，先莊子，莊子稱之。

今存張湛注本八卷，蓋晉人僞作。

柳宗元列子辨首疑今本卷首所列劉向敍錄謂列子爲鄭穆公時人，年代相去懸絕，蓋於向敍已不置信矣。又云：『其書亦多增竄，非其實。……其言魏牟孔穿，皆出列子後，不可信。』是並其本書亦疑之矣。高似孫子略遂疑列子爲鴻濛雲將之流，並無其人。然尸子廣澤篇呂氏春秋不二篇皆有「列子貴虛」語，與當時諸家並提，然則固實有其人，非出莊周寓名也。漢志八篇，是否禦寇自著，抑戰國秦漢間人所依託，今無從懸斷。惟今存之張湛注本，決非漢志之舊，殆無可疑。除柳子厚所舉魏牟孔穿外，四庫提要更舉湯問篇鄒衍吹律語以證其非禦寇作，然提要又因周穆王篇記西王母瑤池等語，與穆天子傳合，穆傳晉太康中始出，非劉向時所能僞造，因謂『可確信爲秦以前書』，殊不知今本正由晉人僞造，襲新出之穆傳，此愈可爲贋鼎之一證耳。其書又勦佛理亦足爲東漢末佛經輸入後作品之據。張湛自序言其書南渡時保存流布之始末。事涉誕詭。或卽湛所手僞也。

老成子十八篇。

今佚。隋志已不著錄。

僞列子周穆王篇。『老成子學幻於尹文先生。』莊子天下篇言『尹文接萬物以別宥爲始。』尸子廣澤篇言『料子貴別囿』料老音近豈老成子卽料子耶。

長盧子九篇。　楚人。

今佚。隋志已不著錄。

史記孟荀列傳。『楚有長盧。』御覽三十七引呂氏春秋有稱道長盧子語。

王狄子一篇。

今佚。隋志已不著錄。

公子牟四篇。　魏之公子也。先莊子。莊子稱之。

今佚。隋志已不著錄。

荀子非十二子篇言『魏牟安情性縱恣睢禽獸行。』戰國策趙策。莊子秋水篇。讓王篇。呂氏春秋審爲篇。說苑敬愼篇。僞列子仲尼篇。皆記公子牟言行。

田子二十五篇。　名駢。齊人。游稷下。號「天口駢。」

今佚。隋志已不著錄。

老萊子十六篇。　楚人。與孔子同時。

今佚。隋志已不著錄。

史記老子列傳「老萊子亦楚人也。著書十五篇。言道家之用。」戰國策魏策述老萊子教孔子之言。大戴記將軍文子篇述孔子語子貢以老萊子之行。

黔婁子四篇。　齊隱士。守道不詘。威王下之。

今佚。隋志已不著錄。

列女傳記「魯黔婁先生死。曾子與門人往弔。」則非齊人。更不及威王時矣。或是兩人耶。

宮孫子二篇。

今佚。隋志已不著錄。

鶡冠子一篇。　楚人。居深山。以鶡爲冠。

隋志以下皆作三卷。今存陸佃注本三卷十九篇。非漢志原書。

劉勰文心雕龍稱「鶡冠綿綿。亟發深言。」韓愈集有讀鶡冠子一篇。稱其博選篇「四稽五至」之說。學問篇「一壺千金」之語。柳宗元集有鶡冠子辨一書。則謂其「言鄙淺。好事者僞爲其書。」晁公武陳振孫皆祖柳說。惟四庫提要則又爲之訟直。啓超案今書時含名理。且多古訓。似非出魏晉以後人手。惟晁氏云「按四庫書目。鶡冠子三十六篇。已非漢志之舊。今書乃八卷。前三卷十三篇。與今所傳墨子書同。中三卷十九篇。愈所稱兩卷皆在。宗元非之者篇名世兵亦在。後所存十九論。多稱引漢以後事……』然則此書經後人竄亂附益者多矣今所存者即中三卷雖未必爲漢志之舊然猶爲近古非僞關尹僞鬼谷之比也。

周訓十四篇。

黃帝四經四篇。

黃帝銘六篇。

黃帝君臣十篇。　起六國時。與老子相似也。

雜黃帝五十八篇。　六國時賢者所作。

力牧二十二篇。　六國時所作。託之力牧。力牧。黃帝相。

以上今皆佚。隋志已不著錄。本志以置諸鶡冠子與孫子之間者。殆認此諸書之依託者爲此時代人也，

孫子十六篇。　六國時。

今佚。隋志已不著錄。

沈欽韓曰鹽鐵論論功篇引孫子語。不稱兵法。恐是道家之孫子。

捷子二篇。　齊人。原文尚有『武帝時說』四字王念孫謂涉下條曹羽注文而衍是也

今佚。隋志已不著錄

史記田完世家『自如騶衍。淳于髡田駢。接子。愼到。環淵之徒……』孟荀列傳『愼到趙人田駢接子齊人。環淵楚人皆學黃老道德之術』接子漢書古今人表作捷子在尸子後鄒衍前

曹羽二篇。　楚人，武帝時說於齊王。

郎中嬰齊二篇。　武帝時。

臣君子二篇。　蜀人。

　今皆佚，隋志已不著錄。

鄭長者一篇。　六國時，先韓子，韓子稱之。

　今佚，隋志已不著錄。

　沈欽韓曰：韓非外儲說右兩引鄭長者說。陶憲曾曰：釋慧苑華嚴經音義下引風俗通云：『春秋之末，鄭有賢人，著書一篇，號鄭長者。』

楚子三篇。

道家言二篇。　近世，不知作者。

　今皆佚，隋志已不著錄。

右道家三十七家，九百九十三篇。

　今存者惟管子、老子、莊子三家，而莊子篇數不同，老子原書本志不著錄。所著錄傳說四家皆佚。其存而疑僞者一家，曰鶡冠子。存而可決爲僞者四家，曰鬻子，曰文子，曰關尹子，曰列子。諸僞書中，關尹最晚出。

道家者流，蓋出於史官，歷記成敗存亡禍福古今之道，然後知秉要執本，清虛以自守，卑弱以自持，此君人南面之術也。合於堯舜之克攘，易之嗛嗛，一謙而四益，此其所長也。及放者爲之，則欲絕去禮學，兼弃仁義，曰獨任清虛。可以爲治。

○

宋司星子韋三篇。　景公之史。

公檮生終始十四篇。　傳鄒衍終始書。

公孫發二十二篇。　六國時。

鄒子四十九篇。　名衍。齊人爲燕昭王師。居稷下。號「談天衍。」

鄒子終始五十六篇。師古曰亦鄒衍所說

乘丘子五篇。　六國時。

杜文公五篇。　六國時。師古曰劉向別錄云韓人也

黃帝泰素二十篇。　六國時韓諸公子所作。師古曰劉向別錄云或言韓諸公孫之所作也言陰陽五行以爲黃帝之道也故曰泰素

南公三十一篇。　六國時。

容成子十四篇。

張蒼十六篇。　丞相北平侯。

鄒奭子十二篇。　齊人。號曰「雕龍奭。」

閭丘子十三篇。　名　。魏人。在南公前。

馮促十三篇。　鄭人。

將鉅子五篇。　六國時。先南公。南公稱之。

五曹官制五篇。　漢制似賈誼所條。

周伯十一篇。　齊人。六國時。

衞侯官十三篇。　近世不知作者。

于長天下忠臣九篇。　平陰人。近世。師古曰劉向別錄云傳天下忠臣

公孫渾邪十五篇。　平曲侯。

雜陰陽三十八篇。　不知作者。

右陰陽二十一家三百六十九篇。

隋志以後不立陰陽家其書久已全佚。學說可考者。惟鄒衍終始五德之說見於史記孟荀傳及項羽本紀引南公一語。呂覽制樂篇記宋司星子韋一事耳。張蒼說則略見本傳。

陰陽家者流。蓋出於羲和之官。敬順昊天。歷象日月星辰。敬授民時。此其所長也。及拘者爲之。則牽於禁忌。泥於小數。舍人事而任鬼神。

○

李子三十二篇。　名悝。相魏文侯。富國彊兵。

今佚。隋志已不著錄。

漢書食貨志『李悝爲魏文侯作盡地力之教』。晉書刑法志『律文起自李悝。撰次諸國法。著法經。以爲王

著之政莫急於盜賊。故其律始於盜賊。盜賊須劾捕。故著網捕一篇。其輕狡越城博戲借假不廉淫侈踰制以爲雜律一篇。又以具律具其加減。是故所著六篇而已。商君受之以相秦。』案法經爲漢律九章所本。近人黃奭有輯本。或即在李子三十二篇中。但其書疑亦後人誦法李悝者爲之。未必悝自撰也。

商君二十九篇。　名鞅。姬姓。衞後也。相秦孝公。有列傳。

隋志五卷。唐志改題商子。卷數同。今存其目二十八篇。較漢志少一篇。又兩篇有錄無書。實已佚三篇也。史記商鞅列傳言『讀鞅開塞書』。開塞在今本第七篇。或即用爲全書之名。如以繁露名董子書也。文獻通考引周氏涉筆。以爲『鞅書多附會後事。擬取他詞。非本所論著。』四庫提要云『今考史記稱秦孝公卒。太子立。公子虔之徒告鞅欲反。惠王乃車裂鞅以徇。則孝公卒後。鞅卽逃死不暇。安得著書。如爲平日所著。則必在孝公之世。又安得開卷第一篇卽稱孝公之謚。殆法家者流掇鞅餘論以成是篇。』今案本書徠民篇云『自魏襄以來。三晉所亡於秦者不可勝數。』魏襄王之卒在鞅死後四十二年。又稱『長平之勝』。事在鞅死後七十八年。則其書非鞅所著。更毫無疑義。又弱民篇『楚國之民齊疾而均速』以下皆荀子議兵篇中語。其所言唐蔑莊蹻事。亦遠在鞅死後。然則此書殆戰國末年人聚斂而成。觀其采及荀子。則其出蓋頗晚矣。

申子六篇。　名不害。京人。相韓昭侯。終其身諸侯不敢侵韓。

今佚。隋志云『梁有申子三卷。亡。』新舊唐志仍著錄三卷。晁陳以下皆不著錄。近馬國翰輯其佚說爲一卷。淮南子泰族訓云『今商鞅之啓塞。申子之三符。韓非之孤憤……』啓塞卽開塞。商君書篇名。孤憤。韓非子篇名。然則三符必亦篇名也。申子遺篇可考見者僅此。

處子九篇。師古曰史記云趙有處子

今佚。隋志已不著錄。

王應麟曰『史記「趙有劇子之言」注。徐廣曰。應劭氏姓注云。「處子」風俗通云「漢有北海太守處興」……』

愼子四十二篇。名到。先申韓。申韓稱之。

隋唐志皆十卷。崇文總目二卷。今僅存殘缺五篇。

愼子學說梗概。見莊子天下篇。荀子非十二子篇。天論篇。解蔽篇。史記孟荀列傳稱其著十二論。蓋當時一大家也。其書代有散佚。今所存者威德。因循。民雜。德立。君人。凡五篇。書錄解題稱麻沙本五篇。殆卽此本也。其文簡短。似是後人掇輯所成。其篇名見於羣書治要者尙有知忠。君臣兩篇。逸文散見羣書者亦尙數十條。近江陰繆氏有一鈔本。云是明萬曆間吳人愼懋賞所刻。分爲內外篇。其書鄙俚蕪穢。將現存五篇改頭換面。文義全不相屬。諸書佚文則一無所采。又攀引孟子書中之愼滑釐爲愼到。又因史記之文而僞造爲鄒忌淳于髡愼到田駢接子環淵問答語。眞所謂小人無忌憚者。晚明人譾陋而好作僞書。成爲風氣。原不足責。繆荃蓀輩徒講版本。而不知學術。乃至以『驚人祕笈』相詫。而傳刻者復從而張之。果爾。則豐坊楊愼輩所造書。其祕而可驚者不更多耶。是不可不痛斥而明辨之也。

韓子五十五篇。名非。韓諸公子。使秦。李斯害而殺之。

今存。凡十二卷。篇數同漢志。

開卷初見秦一篇。據戰國策乃范睢之辭。然則本書明有他人著作錯入矣。史記本傳稱『作孤憤、五蠹、內外儲、說林、說難、十餘萬言』雖所舉篇名未必盡然。今書爲後人附益者諒亦非無之也。

游棣子一篇。

鼂錯三十一篇。

燕十事十篇。　不知作者。

法家言二篇。　不知作者。

以上今皆佚。隋志云『梁有鼂氏新書三卷亡。』新舊唐志仍著錄。文選注太平御覽皆引朝子或朝錯新書。知錯書宋初猶存也。馬國翰輯佚文爲一卷。

右法十家二百一十七篇。

今存者三家。一商君。二愼子。三韓子。

法家者流。蓋出於理官。信賞必罰。以輔禮制。易曰『先王以明罰飭法。』此其所長也。及刻者爲之。則無教化。去仁愛。專任刑法。而欲以致治。至於殘害至親。傷恩薄厚。

○

鄧析二篇。　鄭人。與子產並時。師古曰『列子及孫卿並云子產殺鄧析。據左傳昭公二十年子產卒。定公九年駟歂殺鄧析而用其竹刑。則非子產殺也』

已佚。今所傳者蓋僞書。

卷首有劉歆敍錄一篇。末云『其論無厚者言之異同。與公孫龍同類。謹第一。』此文尙爾雅。當爲歆原作。惟中間譌脫似頗多疑「者」字「之」字皆衍文。「一」字當爲「上」字。意謂析書中所論「無厚」所言「異同」略與公孫龍說同。今謹編次以上也「無厚」爲戰國時名家最樂道之一問題——墨子經上篇。『厚有所大也』『端體之無厚而最前者也』。莊子天下篇引惠施說『無厚不可積也其大千里』。又人間世篇『以無厚入有間』。皆其義。厚即幾何學上之體。無厚者指點線面也。歆所見鄧析子原書必有說無厚之義者。歆以校公孫龍子認其所說爲同類。今本首列無厚篇。其文曰『天之於人無厚也君之於民無厚也父之於子無厚也兄之於弟無厚也』。此蓋因歆敍有此二字不得而解。因望文生義。其爲後人師心臆造無疑。「同異」亦當時名家一問題。天下篇所謂『以堅白同異之辯相訾』也。今本云『異同之不可別是非之不可定久矣』。名家以辨同異明是非爲職志。安肯作此說。篇首兩節其舛誤已如此。此外全書皆膚廓粗淺。摭拾道家言與名家根本精神絕相反。蓋唐宋後妄人所爲。決非漢志舊本也。鄧析有無著書本屬疑問。無厚同異諸論皆起自墨經以後。疑原書已屬戰國末年人依託。今本又僞中出僞也。

尹文子一篇。　說齊宣王先公孫龍。

今存二篇疑僞。

今本尹文子二篇。精論甚多。其爲先秦古籍毫無可疑。但指爲尹文作或尹文學說恐非是。莊子天下篇尹文與宋鈃並稱其學『以爲無益於天下者明之不如其已』。名家所提出種種奧賾詭瑣之問題。皆宋尹一派所謂「無益於天下」者也。故彼宗專標「見侮不辱」「情欲寡淺」兩義以此周行天下上說下敎。自餘一切閑言皆從剪斷。呂氏春秋正名篇引尹文語專論「見侮不辱」正與莊子所說同。然則尹文非鄧析惠施一派之名家明矣。今本尹文子『名以檢形形以定名……』等語。皆名家精髓。然與莊子所言尹文學風。幾根本不相容矣。卷首一序題云『山陽仲長氏撰定』似出仲長統所編次。然序中又有『余黃初末始到京師』語。統卒於漢建安中。不能及黃初。疑魏晉人所編。託統以自重。其書則本爲先秦名家言。編者不得其主名。遂歸諸尹文耶。尹文爲齊湣王時人。見呂氏春秋。班云宣王。亦微誤。

公孫龍子十四篇。　趙人。

唐志三卷。今所存六篇。道藏本分上中下三卷。蓋殘缺之書。卻不僞。

成公生五篇。　與黃公等同時。師古曰『姓成公劉向云與李斯子由同時由爲三川守成公生游談不仕』

今佚。隋志已不著錄。

惠子一篇。　名施。與莊子並時。

今佚。隋志已不著錄。

莊子天下篇云『惠施多方。其書五車』。似施所著述甚富。此僅一篇者。殆漢時已散佚矣。今並此一篇亡之。

惠子學說可考見者。僅天下篇所引十事而已。

黃公四篇。　名疵。爲秦博士。作歌詩。在秦時歌詩中。

毛公九篇。　趙人。與公孫龍等並游平原君趙勝家。師古曰『劉向別錄云論堅白同異以爲可以治天下此蓋史記所云隱於博徒者』

今皆佚。隋志已不著錄。

右名七家三十六篇。

今存者公孫龍子一家但殘缺。又鄧析子尹文子二家皆非原書。鄧析尤晚出。

名家者流。蓋出於禮官。古者名位不同。禮亦異數。孔子曰『必也正名乎。名不正則言不順。言不順則事不成。』此其所長也。及警者爲之。則苟鉤鈲析亂而已。

○

尹佚二篇。　周臣。在成康時也。

今佚。隋志已不著錄。

王應麟曰『左傳稱「史佚有言」「史佚之志」。晉語胥臣曰「文王訪於辛尹」。注「辛甲尹佚皆周太史」。說苑政理篇引成王問政於尹逸。尹佚周史也。而爲墨家之首。今書亡。不可考。呂覽當染篇「魯惠公使宰讓請郊廟之禮於天子。天子使史角往。惠公止之。其後在於魯。墨子學焉」。意者史角之後。託於佚歟。』啓超案。周書世俘解云『武王降自車。乃俾史佚繇書。』洛誥云『王命祝冊逸作冊。』今所傳金文中。其冊辭爲逸所宣者甚多。似其人甚老壽。歷數朝。左傳僖十五。文十五。成四。襄十四。昭元。及國語晉語。皆引史逸。其言論蓋極爲周世所重。但漢志何故以入墨家。則所未解也。史佚書。馬國翰有輯本一卷。

田俅子三篇。　先韓子。

今佚。隋志云『梁有田俅子一卷。亡。』

韓非子問田篇。外儲說左上篇。呂氏春秋首時篇。淮南子道應篇。皆述田鳩言行。鳩俅音近。馬驌梁玉繩並以爲一人是也。又墨者鉅子有田襄子。見呂氏春秋上德篇。年代亦略與田鳩相等。（田鳩與秦惠王同時。田襄子於吳起死後爲鉅子。時代較晚但可相及是否一人待考。藝文類聚文選注白孔帖太平御覽等書引田俅子文不少。其書蓋亡於宋代。馬國翰輯爲一卷。

我子一篇。師古曰劉向別錄云『爲墨子之學』

今佚。隋志已不著錄。

隨巢子六篇。　墨翟弟子。

胡非子三篇。　墨翟弟子。

今並佚。隋唐志皆各著錄一卷。

意林迄太平御覽並有引隨巢子胡非子文。其書蓋佚於宋代。馬國翰各輯爲一卷。

墨子七十一篇。　名翟。爲宋大夫。在孔子後。

今存。闕八篇。隋志以下皆分爲十五卷。

右墨六家八十六篇。

今存者墨子一家。

墨家者流。蓋出於淸廟之守。茅屋采椽。是以貴儉。養三老五更。是以兼愛。選士大射。是以上賢。宗祀嚴父。是以右鬼。順四時而行。是以非命。以孝視天下。是以上同。此其所長也。及蔽者爲之。見儉之利。因以非禮。推兼愛之意。而不知別親疏。○

蘇子三十一篇。名秦。有列傳。

張子十篇。名儀。有列傳。

龐煖二篇。爲燕將。

闕子一篇。

國筮子十七篇。

秦零陵令信一篇。難秦相李斯。

蒯子五篇。名通。

鄒陽七篇。

主父偃二十八篇。

徐樂一篇。

莊安一篇。

待詔金馬聊蒼三篇。趙人。武帝時。

右縱横十二家百七篇。

右書今皆佚。惟闕子自藝文類聚迄太平御覽皆徵引之。蓋宋初猶存。蘇子、張子、蒯子、鄒陽、主父偃、則史漢各本傳所載殆皆其文也。史記田儋列傳云。『蒯通者善爲長短說論戰國之權變爲八十一首。』當卽本志之蒯子五篇據「論戰國權變」之文則似不僅說韓信諸語而已。

從横家者流蓋出於行人之官孔子曰『誦詩三百使於四方不能專對雖多亦奚以爲』又曰『使乎使乎』言其當權事制宜受命而不受辭此其所長也及邪人爲之則上詐諼而棄其信

○

孔甲盤盂二十六篇　黄帝之史或曰夏帝孔甲似皆非

太命三十七篇　傳言禹所作其文似後世語（師古曰命古禹字）

伍子胥八篇　名員春秋時爲吳將忠直遇讒死

子晚子三十五篇　齊人好議兵與司馬法相似

由余三篇　戎人秦穆公聘以爲大夫

以上五書今皆佚隋志已不著錄

尉繚子二十九篇　六國時（師古曰『尉姓繚名也音了又音聊劉向別錄云繚爲商君學』）

隋志五卷唐志六卷今存五卷四庫總目入兵家眞僞待考

四庫提要云『漢志雜家有尉繚二十九篇鄭樵譏其見名而不見書馬端臨亦以爲然然漢志兵形勢家實別有尉繚三十一篇故胡應麟謂兵家之尉繚即今所傳而雜家之尉繚並非此書今雜家亡而兵家獨傳鄭以爲孟堅之誤者非也特今書止二十四篇與所謂三十一篇者數不相合則後來已有亡佚非完本矣』案此論甚是但今本是否即兵家尉繚原書尙未敢深信耳史記秦本紀云『大梁人尉繚來說秦王其計以散財物賂諸侯强臣不過三十萬金則諸侯可盡』據此可知尉繚籍貫及時代初學記太平御覽並有引尉繚

子文爲今本所無者。其言又不關兵事。當是雜家尉繚佚文。然則此二十九篇至宋初尙存矣。

尸子二十篇。　名佼。魯人。秦相商君師之。鞅死。佼逃入蜀。

隋唐志皆二十卷。宋時已殘闕。後遂全佚。（王應麟曰『李淑書目存四卷。館閣書目止存二篇。合爲一卷』。但此二本今皆不傳）清嘉慶間汪繼培輯爲二卷。上卷據羣書治要所錄。有篇名。下卷則散見各書者。（震澤任氏元和惠氏陽湖孫氏先後有輯本。汪本最善）劉向言『尸子書凡六萬餘言』。（史記孟荀列傳集解引別錄）又云『尸子著書非先王之法。不循孔氏之術』。（荀子敍錄）劉勰謂其『兼總雜術。術通而文鈍』。（文心雕龍諸子篇）李賢云『尸子二十篇。十九篇陳道德仁義之紀。一篇言九州險阻水泉所出』。（後漢書宦者傳注）此皆唐以前人曾見原書者所記述及批評。今所存佚文多中正和平。頗類儒家言。彥和所謂『兼總雜術』則有之。子政所謂『不循孔氏』則未之見。使佼而果爲商鞅師。則其道術與鞅太不類矣。隋志云『其九篇亡。魏黃初中續』。蓋原書在東漢已佚其六部分。而魏晉間人依託補撰。勰所見本未必卽爲向所見本。而羣書治要及他書所徵引則皆魏黃初以後本也。但其中存先秦佚說甚多。固自可寶。

尸子始見史記孟荀列傳。謂爲楚人。今注謂魯人。名佼。爲商君師云云。不知何據。穀梁傳隱五年引『尸子曰』。則其人似儒家經師也。且今所存佚文亦無一語與商韓一派相近者。班說恐未可信。

呂氏春秋二十六篇。　秦相呂不韋輯智略士作。（案輯集也）

今存。

史記呂不韋列傳云。『乃使其客人人著所聞。集論以爲八覽六論十二紀二十餘萬言。以爲備天地萬物古今之事。號曰呂氏春秋』。卽班所謂「輯智略士作」也。其季冬紀之末篇題曰序意。卽全書之自序。發端云。

『維秦八年歲在涒灘』即成書之年月也此書經二千年無殘缺無竄亂且有高誘之佳注實古書中之最完好而易讀者

淮南內二十一篇 王安

淮南外三十三篇（師古曰『內篇論道外篇雜說』）

今存二十一卷蓋即內篇也外篇久佚隋志已不著錄（晁氏讀書志云『崇文總目云亡三篇李淑邯鄲圖書志云亡二篇』但今本卻完）漢書淮南王安傳『招致賓客方術之士數千人作爲內書二十一篇外書甚衆又有中篇八卷言神仙黃白之術亦二十餘萬言……初安入朝獻所作內篇新出上愛祕之』然則安尚有中篇爲本志所未著錄後代傳有淮南萬畢術豈即其一部耶本志天文家復別有淮南雜子星十九卷易家復有淮南道訓二篇賦家復有淮南王賦八十二篇然則安著作不傳者多矣內篇本二十篇並要略爲二十一要略即自序也高誘序云『安爲辨達善屬文……天下方術之士多往歸焉於是遂與蘇飛李尙左吳田由雷被毛技伍被晉昌等八人（案史記淮南列傳索隱引淮南要略亦舉此八人號爲『八公』惟田由作陳由毛技作毛周今本要略無此文）及諸儒大山小山之徒共講論道德總統仁義而著此書……號曰鴻烈鴻大也烈明也（要略篇注云『烈功也』）以爲明大道之言也』又云『劉向校定撰具名之淮南』要略亦云『此鴻烈之泰族也』（注云『凡二十篇總謂之鴻烈』）然則其書內篇本名鴻烈淮南之名劉向所命隋志以下則因其爲諸子而稱以淮南子也分纂諸賢姓名亦賴高序僅傳

劉班以淮南次呂覽之後而並入雜家者蓋以兩書皆成於賓客之手皆雜采諸家之說其性質頗相類也雖然猶有辯呂不韋本不學無術之大賈其著書非有宗旨務炫博譁世而已故呂覽儒墨名法樊然雜陳動相

違忤。只能爲最古之類書。不足以成一家言。命之曰雜。固宜。劉安博學能文。（詳本傳）其書雖由蘇飛輩分纂。然宗旨及體例。計必先行規定。然後從事。或安自總其成。亦未可知。觀要略所提絜各篇要點及排列次第。蓋匠心經營。極有倫脊。非漫然獺祭而已。高誘序云『其旨近老子。淡泊無爲。蹈虛守靜。出入經道。……事物之類。無所不載。然其大較歸之於道。』此眞能善讀其書者。故淮南鴻烈實可謂爲集道家學說之大成。就其內容爲嚴密的分類。毋寧以入道家也。

東方朔二十篇。

今佚。隋志有東方朔集二卷。

漢書本傳注引劉向所錄云『朔之文辭。客難。非有先生論。此二篇最善。其餘有封泰山。責和氏璧。及皇太子生禖。屏風。殿上柏柱。平樂觀賦獵。八言七言上下。從公孫弘借車。凡朔書具是矣。』案右向所舉十四篇。又北堂書鈔百五十八引嗟伯夷文。選海賦注引對詔。藝文類聚災異部引旱頌。人部引誡子。凡四篇。餘二篇待考。

伯象先生論一篇。　應劭曰『蓋隱者也。故公孫敖難以無益世主之治。』

今佚。隋志已不著錄。

御覽八百十一引新序有公孫敖問伯象先生語。殆卽此一篇之文。

荊軻論五篇。　軻爲燕刺秦王不成而死。司馬相如等論之。

今佚。隋志已不著錄。

王應麟曰『文章緣起。司馬相如作荊軻讚。文心雕龍。相如屬筆。始讚荊軻。』案班云『相如等。』則非止一人之論。蓋總集嚆矢也。漢志無集部。故以附雜家。

吳子一篇。

公孫尼一篇。

博士臣賢對一篇。　漢世。難韓子商君。

臣說三篇。　武帝時所作賦。案此賦字疑衍下賦家別有臣說賦九篇

解子簿書三十五篇。

推雜書八十七篇。

雜家言一篇。　王伯。不知作者。師古曰「言王伯之道伯讀曰霸」案王伯疑即此一篇之篇名

以上今皆佚。隋志已不著錄。公孫尼一篇。次列漢人著作中。與儒家之公孫尼子蓋非一人。

右雜二十家四百三篇。　入兵法。陶憲曾曰「「入兵法」上脫「出蹴鞠」三字兵書四家惟兵技巧入蹴鞠一家二十五篇而諸子家下亦注蹴鞠一家二十五篇是蹴鞠正從此出而入兵法也今本脫出蹴鞠三字則入兵法三字不可解而諸子家所出之蹴鞠亦不知其於十家中究出自何家矣」

雜家者流。蓋出於議官。兼儒墨。合名法。知國體之有此。見王治之無不貫。此其所長也。及盪者爲之。則漫羨而無所歸心。

神農二十篇。○　六國時。諸子疾時怠於農業。道耕農事。託之神農。師古曰「劉向別錄云疑李悝及商君所說」

野老十七篇。　六國時。在齊楚間。應劭曰「年老居田野相民耕種故號野老」

宰氏十七篇。　不知何世。

董安國十六篇。　漢代內史不知何帝時。

尹都尉十四篇。　不知何世。

趙氏五篇。　不知何世。

氾勝之十八篇。　成帝時爲議郎。師古曰「劉向別錄云『使敎田三輔有好田者師之徙爲御史』氾音凡又音敷劍反」

王氏六篇。　不知何世。

蔡癸一篇。　宣帝時以言便宜至弘農太守。師古曰「劉向別錄云邯鄲人」

以上今皆佚隋志惟有氾勝之書二卷唐志惟有尹都尉書三卷。餘皆不著錄。氾勝之書。鄭樵藝文略尚著錄二卷文獻通考始不載。蓋亡於宋末也淸洪頤煊輯爲二卷。

右農九家百一十四篇。

農家者流。蓋出於農稷之官。播百穀。勸耕桑。以足衣食。故八政一曰食。二曰貨。孔子曰。「所重民食。」此其所長也。及鄙者爲之。以爲無所事聖王。欲使君臣並耕。誖上下之序。

○

伊尹說二十七篇。　其語淺薄。似依託也。

鬻子說十九篇。　後世所加。

周考七十六篇。　考周事也。

青史子五十七篇。古史官記事也。

師曠六篇。見春秋。其言淺薄。本與此同。似因託也。

務成子十一篇。稱堯問。非古語。

宋子十八篇。孫卿道宋子。其言黃老意。

天乙三篇。天乙謂湯。其言非殷時。皆依託也。

黃帝說四十篇。迂誕依託。

封禪方說十八篇。武帝時。

待詔臣饒心術二十五篇。武帝時。師古曰「劉向別錄云饒齊人也不知其姓武帝時待詔作書名曰心術也」

待詔臣安成未央術一篇。

臣壽周紀七篇。項國圉人。宣帝時。

虞初周說九百四十三篇。河南人。武帝時以方士侍郎號黃車使者。

百家百三十九篇。

以上今皆佚。隋志已不著錄。惟唐志小說家有鬻子說一卷。不知是否原書。

右諸書與別部有連者。道家有伊尹五十一篇。鬻子二十二篇。此復有伊尹說鬻子說。兵陰陽有師曠八篇。此復有六篇。五行家有務成子災異應十四卷。房中家有務成子陰道三十六卷。此復有務成子十一篇。考其區別所由。蓋以書之內容體例為分類也。文選注三十一引桓譚新論云『小說家者。合叢殘小語。近取譬論以作短篇』。蓋小說家之特色如此。據此。則道家之伊尹鬻子蓋以莊言發攄理論。小說家之伊尹說鬻子說。則叢殘小語及譬喻短篇也。餘可類推。

宋子十八篇。原注云『孫卿道宋子。』然則即荀子正論篇之子宋子——宋鈃也。其人爲戰國一大思想家。其書乃入小說。頗可詫異。案正論篇云『子宋子……率其羣徒。辨其談說。明其譬稱。將使人知情欲之寡也。……』然則宋鈃最好談而善用譬。殆爲通俗講演體。專『取譬論以作短書』。劉班不辨其書之實質。而徒觀其形式。則入之小說宜耳。此書之佚。殆爲我思想界最大損失之一矣。

右小說十五家。千三百八十篇。

小說家者流。蓋出於稗官。街談巷語。道聽塗說者之所造也。孔子曰。『雖小道必有可觀者焉。致遠恐泥。』是以君子弗爲也。然亦弗滅也。閭里小知者之所及。亦使綴而不忘。如或一言可采。此亦芻蕘狂夫之議也。

○

凡諸子百八十九家。四千三百二十四篇。　出蹴鞠一家二十五篇。案從諸子家出而入兵技巧家也

諸子十家。其可觀者九家而已。皆起於王道既微。諸侯力政。時君世主好惡殊方。是以九家之術。蠭出並作。各引一端。崇其所善。以此馳說。取合諸侯。其言雖殊。辟猶水火。相滅亦相生也。仁之與義。敬之與和。相反而皆相成也。易曰『天下同歸而殊塗。一致而百慮。』今異家者各推所長。窮知究慮。以明其指。雖有蔽短。合其要歸。亦六經之支與流裔。使其人遭明王聖主。得其所折中。皆股肱之材已。仲尼有言。『禮失而求諸野。』方今去聖久遠。道術缺廢。無所更索。彼九家者。不猶瘉於野乎。若能修六藝之術。而觀此九家之言。舍短取長。則可以通萬方之略

矣.

# 飲冰室專集之八十五

## 漢志諸子略各書存佚眞僞表 附本志以外僞書

| 存佚 | 眞僞 | | 儒 |
|---|---|---|---|
| 現存 | 眞書 | 全眞 | 孟子（依託四篇已佚）　董仲舒（今所傳春秋繁露全眞但較漢志已佚多篇）　鹽鐵論　新序　說苑 |
| | | 部分竄亂 | 孫卿子（內四五篇有後人竄附痕跡）　賈誼（似補綴改竄） |
| | 依託 | | 晏子（戰國末或漢初依託） |
| 已佚 | 有遺篇遺說可考輯者 | | 子思　曾子　漆雕子　宓子　世子　魏文侯　李克　公孫尼子　甯越 |
| | 全佚者 | | 景子　芊子　內業　周史六弢　周政　周法　河間周制　讕言　功議 |
| | 原佚而後人僞託或補竄者 | | 陸賈（似隋唐間僞補） |
| 本志所無 | 而後人僞造之書 | | 孔叢子（晉人僞造有依託孔臧語）　六韜（依附周史六弢之名而僞撰） |

家　者　流

列女傳（劉向所序四種之三）
太玄
法言
箴（揚雄所序四種之三）

王孫子
李氏春秋
董子
魯仲連子
劉敬
賈山
河間獻王
對上下三
雍
兒寬
終軍
吾丘壽王
莊助

公孫固
羊子
俟子
徐子
平原君
虞氏春秋
高祖傳
孝文傳
孔臧
虞丘說
臣彭
鉤盾冗從
李步昌
儒家言
世說（劉向所序四種之一）
樂（揚雄所序四種之一）

## 道家者

- 老子 原書存但本志不別著錄
- 莊子 內篇全眞外篇雜篇有竄附
- 管子 戰國末依託

- 伊尹 依託
- 太公謀言兵 依託
- 長盧子
- 公子牟
- 田子
- 老萊子
- 鄭長者

- 辛甲
- 老子鄰氏經傳
- 老子傅氏經說
- 老子徐氏經說
- 劉向說老子
- 蜎子
- 老成子
- 王狄子
- 黔婁子
- 宮孫子
- 周訓
- 黃帝四經
- 黃帝銘
- 黃帝君臣

- 鬻子 原書恐已依託今傳者全僞
- 文子 原書依託今本唐人僞
- 關尹子 唐以後人僞
- 列子 晉人僞
- 鶡冠子 魏晉以後僞

- 陰符經 陰符當在太公謀中今本全僞
- 子華子 名見呂氏春秋今本全僞
- 亢倉子 莊子寓言人名唐以後人僞寫其書

| 流 | 陰陽家 |
|---|---|
| | 宋司星子韋<br>鄒子<br>鄒子終始<br>南公<br>容成子<br>張蒼 |
| 雜黃帝<br>力牧右五書俱依託<br>孫子<br>捷子<br>曹羽<br>郎中嬰齊<br>道家言 | 公檮生終始<br>公孫發<br>乘丘子<br>杜文公<br>黃帝泰素<br>鄒奭子<br>閭丘子<br>馮促<br>將鉅子 |

| 者流 | 法家者流 | 名家者流 |
|---|---|---|
| | | |
| | 韓子（第一篇錯入） | 公孫龍子（殘缺且有竄附） |
| | 商君（戰國末依託） | 尹文子（似劉向前依託） |
| | 李子<br>申子（恐依託）<br>愼子（近出一本全僞）<br>鼂錯 | 惠子 |
| 五曹官制<br>周伯<br>衞侯官<br>于長天下忠臣<br>公孫渾邪<br>雜陰陽 | 處子<br>游棣子<br>燕十事<br>法家言 | 成公生<br>黃公<br>毛公 |
| | | 鄧析子（原書已依託今本蓋魏晉後僞） |
| | | |

| | | | | | | | |
|---|---|---|---|---|---|---|---|
| 墨家者流 | | 墨子（內三四篇有竄亂痕跡） | | 尹佚子　田俅子　隨巢子　胡非子 | 我子 | | |
| 從横家者流 | | | | 蘇子　張子　闕子　蒯子　鄒陽　主父偃　徐樂　莊安 | 龐煖　國筮子　秦零陵令信　待詔金馬聊蒼 | | 鬼谷子（唐以後僞） |
| 雜 | 呂氏春秋　淮南內 | | | 由余　尉繚子（今存之本恐是兵家尉繚）　尸子 | 孔甲盤盂　大命（皆依託）　伍子胥（恐依託）　子晚子 | | 於陵子（明人僞） |

| | |
|---|---|
| 家者流 | 農家者流 |
| | |
| | |
| | |
| 東方朔<br>伯象先生 | 尹都尉<br>趙氏<br>氾勝之 |
| 淮南外<br>荊軻論<br>吳子<br>公孫尼<br>博士臣賢對<br>臣說<br>解子簿書<br>推雜書<br>雜家言 | 神農（依託）<br>野老<br>宰氏<br>董安國<br>王氏<br>蔡癸 |
| | |
| | |

| 小說家者流 | 合計 |
| --- | --- |
| | 八家（十二書） |
| | 六家 |
| | 四家 |
| 青史子　師曠　宋子 | 四十七家 |
| 伊尹說　鬻子說　周考　務成子　天乙　黃帝說　封禪方說　待詔臣饒心術　待詔臣安成未央術　臣壽周紀　虞初周說　百家 | 百〇四家 |
| | 七家 |
| | 七書 |

# 附　考諸子略以外之現存子書

漢志諸子略以外。復有兵書數術方技三略。皆後世所目爲子書者。其書散佚益多。存者百不一二。現存各書中有數書爲志中所曾著錄。或似曾著錄者。今並附考之。俾成學治古文者得所抉擇焉。

孫子一卷十三篇。

本志兵書略兵權謀家。『吳孫子兵法八十二篇。』本注云。『圖九卷。』師古曰。『孫武也。』隋志二卷。唐志三卷。今四庫本一卷。今本篇數少於漢志而又無圖。是否任宏所校原本。不敢臆斷。杜牧謂『武所著書凡數十萬言。魏武帝削其繁剩。筆其精切。凡十三篇。』其說不知何據。殆肊測耳。十三篇之說兩見於史記武本傳。然則戰國秦漢間盛行者。蓋止十三篇。漢志有八十二篇者。當時校書以博採爲貴。彙集諸本。去其複重。因付寫定。所增之篇。恐非舊文。正如孟子書。史記本傳僅言七篇。而本志有十一篇。後經趙岐鑑別。乃知原止七篇。餘四篇乃僞書也。孫子篇數之增。計亦猶是。若夢想佚篇。恐不免爲古人所欺矣。此書亦未必孫武所著。當是戰國人依託。書中所言戰事規模及戰術。慮皆非春秋時所能有也。但其非漢以後書。亦可斷言。

吳子一卷。

本志兵權謀家。『吳起四十八篇。』隋唐志皆一卷。亦戰國時書。但未必出吳起手耳。志中篇數之多。恐亦別裁不精所致。今本尚較可信。

司馬法一卷。

本志六藝略禮家。『軍禮司馬法百五十五篇』。今所傳者或即其一部分。史記穰苴列傳云『齊威王使大夫追論古者司馬兵法而附穰苴於其中。因號曰司馬穰苴兵法』。本書或亦其佚文。

山海經十八卷。

本志數術略形法家。『山海經十三篇』。今所傳郭璞注本十八篇。與志異。殆增大荒經以下五篇也。今本卷首有劉秀校進表云『所校山海經凡三十二篇。今定爲一十八篇』。四庫提要疑此表爲僞。殆然。秀表稱伯益所作。蓋本史記論衡及僞列子。史記云『禹本紀山海經所有怪物。余不敢言』。論衡云『禹主行水。益主記異物。海外山表。無所不至。以所見聞作山海經』。（吳越春秋文略同）僞列子云『大禹行而見之。伯益知而名之。夷堅聞而知之』。以此書屬諸禹益。由來舊矣。四庫提要云『觀書中載夏后啓周文王及秦漢長沙象郡餘暨下嶲諸地名。斷不作於三代以上。殆周秦間人所述。而後來好異者又附益之歟。觀楚辭天問多與相符。使古無是言。屈原何由杜撰……』所論最爲平允。夏殷以前不能有此類卷帙繁重之書。此殆可以常理推定者。但如杜佑朱子輩指爲全屬漢以後人杜撰。則殊不然。比者殷墟契文出土。而書中「王亥」「僕牛」諸文。更得一證。（見王國維著殷卜辭中所見先王先公考）益可見此書價値矣。至書中所見秦漢郡名。則出於附益。古籍多然。不獨此書矣。

黃帝素問二十四卷。　靈樞經十二卷。

本志方技略醫經家。『黃帝內經十八卷。外經三十九卷』。無素問等名。後漢張機傷寒論始引素問。晉皇甫謐甲乙經序稱『鍼經九卷。素問九卷。皆爲內經』。內經素問併爲一談。自此唐王冰合注素問靈樞。文謂『

靈樞即內經十八卷之九」大抵素問爲西漢以前書，其是否即漢志中內經．無從證明．靈樞殆魏晉後作也

# 飲冰室專集之八十六

## 中國文化史

### 社會組織篇

#### 第一章　母系與父系

近世社會學者。多言人羣之始。先有母系而後有父系。母系云者。以母爲家族中心。子孫皆從母爲系屬也。現代尙有存其影響者。例如暹羅。此階級是否爲凡人羣所必經。是否爲我民族所曾經。今尙未得完證。然古籍中固有足供此問題研究之資者。

許愼五經異義述今文家經說云。『聖人皆無父。感天而生。』神話所傳。如華胥履人跡而生伏羲。（見詩含神霧及孝經鉤命決）安登感神龍首而生神農。（見春秋元命苞）女節感流星而生少昊。（見宋書符瑞志）女樞感虹光而生顓頊。（見山海經及詩含神霧）慶都感赤龍而生堯。（見春秋合誠圖）女嬉吞薏苡而生禹。（見吳越春秋及論衡）諸如此類。太史公所謂言不雅馴者。姑勿深論。至如商周之祖契稷。史家皆謂帝嚳之子。然玄鳥之詩曰。『天命玄鳥。降而生商。』長發之詩曰。『有娀方將。帝立子生商。』生民之詩曰。『厥初生民。時維姜嫄。』閟宮之詩曰。『赫赫姜嫄。其德不回。上帝是依。……是生后稷。』此皆商周人祀祖廟之樂章。皆頌其妣而不及其祖。使商周果帝嚳之胤。詩人曷爲舍而不言。以吾儕所觀察。「無父感天」說之由來。可作兩種解釋。其一。後人欲推尊其祖爲神聖。以示別於凡人。乃謂非由精血交感所產而為特種神靈所託化。如基督教徒謂瑪利亞以處子而誕基督。此則全屬宗教的作用。無與於事實也。其二。則當婚姻制度未興以前。只能知母為誰氏。不能知父為誰氏。此則母系時代自然之數也。之二說者。後說為近之。

公羊傳云『謂為天之子也。可謂為母之子也。可尊者取尊稱焉。卑者取卑稱焉。』不言父之子而曰母之子。恐亦是母系時代之成語。

四裔諸族。亦多有無父感生之傳說。如槃瓠蠻之祖為犬。高車突厥之祖為狼。蒙古之祖亦為狼。九隆蠻之祖感浮木。滿洲之祖感朱果之類。其所以不能確指其父之故。皆可以母系之一原則解釋之。宋書齊書皆言鮮卑索頭部從母為姓。亦可為初民多經母系時代之一證。

說文姓字下云『人所生也。古之神聖母感天而生子。故稱天子。從女從生。』白虎通姓名篇云『姓者生也。人稟天氣所以生者也。』可見姓之起原。實以母為中心。而於父無與。故其文從女。古之著姓。若姚若姒若姬若姜。若嬀若嬴若姞若妘。字皆從女。若以姓為我國最古之團體。則一姓者即一母系之稱也。堯典所謂『平章百姓。』即善能處理多數之母系團體也。

推想母系時代之情狀。必以親屬牝交為最便利。則其時之團體。蓋純粹的同一血統而無外雜者也。故國語曰。『同姓則同德。同德則同心。異姓則異德。異德則異類。』若後世姓從父。衍一父一母所生之子。當然兼兩姓之血統。則同德同類何以稱焉。故知國語彼文。實姓字最初之定義。不同一母系者謂之異姓。截然為一別血統。故相視為非我族類也。

同姓不婚之制。至周代始確立。然其理論殆早發生於母系時代。國語曰。『同姓不婚。懼不殖也。』叔詹曰。『男女同姓。其生不蕃。』子產曰。『內官不及同姓。美先盡矣。則相生疾。』此殆積母系時代長期間之經驗乃發見血統交合不利傳種之生理上原則流傳至春秋間而士大夫猶常斷斷然以爲戒也故司空季子之言婚姻曰『異德合姓』謂合兩異血統爲匹耦也至於周乃應用此原則以嚴立法制行之三千年至今莫或敢畔大傳云『繫之以姓雖百世而婚姻不通者周道然也』由今日觀之「姓」之意義已變一姓相傳閱百年所雜血統已不知凡幾無復德類同異之問題同姓不婚幾等於無意義反不如中表不婚之尤爲合理然此非所論於母系正盛及初蛻變之時代也

社會學者言母系時代有以甲系之男爲乙系之女所公有者在吾國古籍中不見此痕跡但當其已發見同姓不殖之原則而婚姻制度尚未確立時或當有此制以爲過渡周制諸侯娶於一國同姓兩國從而媵之其事頗奇異其習慣所由來不可考不知與此制有關否

我國若曾有母系時代則此時代以何時終止耶若承認稷契爲母系人物則當是唐虞時此風猶存要之母系必俟婚姻制度確定後始消滅而婚姻制度之漸立恐亦始於唐虞之際耳

## 第二章 婚姻

父系代母系而興自婚姻始也易傳『有夫婦然後有父子』記曰『男女無別則父子不親』未有婚姻則男女共有之則男女別曲禮『日月以告君齋戒以告鬼神爲酒食以邀鄉黨僚友以厚其別也』言昭告於神注籍於國公布於衆以示此男別屬此女此女別屬此男而不與人共也是之謂『夫婦有別』有夫婦則不如前此之僅有母子而更有父子

相傳伏羲始制嫁娶以儷皮爲禮事太荒遠無從證實然觀夏禹傳子知當時父系必已成立婚姻必更在其

前。洎周人所制儀禮。有昏禮一篇。始著爲鄭重的儀式。以實行所謂『厚其別』者。此等儀式。上下通行垂三千年。直至今日除都市中一部分人有所謂新式結婚外。全國猶率其舊。一切法制中效力之强蔑以過是矣。然當昏禮制定之前後。其時之婚姻狀況。猶有一二當推論者。——

其一。社會學者言最初之婚姻起於掠奪。蓋男子恃其膂力掠公有之女子而獨據之。實爲母系革命之始。我國載籍中雖無明徵。然易爻辭屢見『匪寇昏媾』之文。其一曰。『乘馬班如。泣血漣如。匪寇婚媾。』夫寇與昏媾。截然二事。何至相混。得毋古代昏媾所取之手段與寇無大異耶。故聞馬蹄蹴踏。有女啜泣。謂是遇寇。細審乃知其爲昏媾也。爻辭據孔子所推定。謂『興於殷之末世周之盛德。』若吾所解釋不繆。則掠昏之風。商周間猶未絕矣。即據昏禮所規定。亦有痕跡可尋。如親迎必以昏夜。不用樂。女家三日不舉燭。其制禮本意皆不可曉。若以掠昏遺蛻釋之。則是掠者與被掠者兩造各求遏密焉耳。今俗亦尙有存其餘習者。如婿親迎及門。婦家閉門。婦家兒童常譁逐媒妁之類皆是。

其二。社會學者又言掠奪婚姻後。尙經買賣婚姻之一級。在我國古典中。亦無確證。然昏禮納采納徵納幣。皆以貨財爲禮。或亦由古俗蛻來。至如南北朝時。門第之見極重。寒門驟顯貴者。爭出重聘。攀援故家女爲婚。故家亦往往貪其利而就之。（看趙翼廿二史劄記卷十五財婚條。）此與現代美國富家女貪招歐洲零落貴族爲婿。事適相反。要之皆爲虛榮心所蒙。以貨財瀆婚姻之神聖也。明淸律戶婚門下各條。關於婚姻訴訟。常以財禮之處分爲附帶條件。蓋今日鄉曲習慣對此猶極重視也。至「買妾」一辭。遠見曲禮。至今沿之。其爲財婚餘影更顯而易見。

其三昏禮主要精神在以父母之命、媒妁之言、莊嚴鄭重、別嫌明微、然婚姻之始、果遵此嚴格的儀式而成立耶。殆未必然。歐西今俗、男女率於婚前結愛。國內苗族、至今猶以踏舞合婚。事人情不甚相遠、我族初民、恐亦爾爾。其痕跡略可尋者、則周禮媒氏職『以仲春之月會男女、是月也奔者不禁。』其或古代本以豔陽之節、秉蘭贈芍、合歡定情、後聖制禮防淫、曲爲之限、然舊俗終有未可驟革者、因於一年中設一月爲例外、如築堤有閘、資宣洩焉、以毋使潰決、未可知也。

於此有當附帶說明之一種史蹟焉。婦女貞操、我族稱最、然此恐秦漢以後爲然耳。遠古勿論、當春秋時、文物郁郁、不可謂野、而左傳所載魯衛齊晉諸名國之公卿大夫淫辟之事、更僕難數。其甚焉者、親族尊屬卑屬間上烝下報、恬不爲怪、如齊桓公有姑姊妹不嫁者六人、衛宣公奪子伋婦、晉惠公烝賈姬……等、後世所目爲禽獸行者、不絕於史冊、則當時社會風紀之凌亂、略可察也。夫『男女無別、則父子不親』、魯桓公曰『同非吾子、齊侯之子也』、而桓亦遂死於齊難、似此非社會之所以爲安固明矣。秦漢以降、此風漸革、其原因蓋有二、其一由儒家之昌明禮教也。儀禮是否爲周初書、本屬疑問、卽爾、而儒家誦習之本、殆亦曾經孔子修訂、故自儒學盛行、而夫婦有別之倫理觀念、入人日深、而寖成風俗也。其二由法家之嚴厲干涉也。自秦之統一、國家法律效力日强、誅罰所加、豪頑就範。始皇會稽刻石云『……飾省宣義、有子而嫁、倍死不貞、妨隔內外、禁止淫泆、男女絜誠、夫爲寄豭、殺之無罪、男秉義程、妻爲逃嫁、子不得母、咸化廉淸……』夫以當時刻石紀功德、而敍整飭男女風俗之事、多至十二句、約占全文五分一、與滅六王、壹宇內、同侈爲美談、則其重視此種設施、可謂至極、而收效之弘、亦略可推矣。

從婚禮儀式上觀察我國婚姻制度之主要精神。其表現者有兩點。

其一。以婚姻爲舊家庭之擴大及繼續。不認爲新家庭之創立。故見舅姑廟見等儀節。占昏禮主要一部分。與新婿新婦相互間之儀節同一重視。

其二。絕對承認男女平等之原則。記曰。『妻之爲言齊也。一與之齊。終身不改。』故自親迎至於合巹。壹皆用平禮。而尤以「男下女」之精神爲多。

其三。男女作合皆由父母或長親主之。故六禮中除最後親迎一節外。前此自納采以至納幣。皆以父母爲主人。

右三點。除第二點無可疵議外。第一第三兩點。頗爲現代歐化東流所訢病。平心論之。極端的大家庭固不勝其敝。然新舊家庭之聯屬嬗代。在社會結構上實含有重大意義。使新家庭經舊家庭若干時期之卵育訓練而始獨立。其事蓋未可厚非。至於作合之事。自主與干涉。其利害亦各有可言。我國婚禮之素主干涉。固由古代矯正風紀等不得已之故。然其中頗含精意。青年男女自擇配耦。是否必適當。在今日歐美尚爲問題。若我國往日早婚之俗。未成年無別擇力者。更無論矣。以優生學者眼光觀之。茲事應苦心折衷者抑尤多也。

關於婚姻年齡。禮經無明文。周官『媒氏掌萬民之判。令男三十而娶。女二十而嫁。』而戴記所說皆略同。而墨子節用篇則云。『古者聖王爲法曰。丈夫年二十無敢不處家。女子年十五無敢不事人。』此恐皆非有成法。特儒墨兩家各自推論耳。儒家從生理上作觀點。漢書王吉傳。『世俗嫁娶太早。未知爲人父母之道而有子。是以教化不明而多夭。』其言最爲合理。墨家則從人口政策上作觀點。越語記越王句踐令男二十女十七不嫁娶。其父母有罪。蓋務增殖人口也。自漢以後。早婚之風日盛。而政府且常爲法令以助其燄。漢惠帝令『女子十五以上不嫁者五算。』（五倍其丁稅）晉武帝泰始九年制『女年十七父母不嫁者長吏配之。』唐太宗貞觀元年詔『男年二十女年十五以上無家者州縣以禮聘娶。』尤可駭者周武帝建德三年唐玄宗開元廿二年皆下詔以男十五女十三爲嫁娶期。自宋以降雖罕見此項政令然至今民間習慣大率如墨氏所言。

在本節中最後當附述者爲妾媵制度之沿革。妾媵制由多妻制蛻變而來。多妻之來歷其始起於權力掠婚時代男子强有力者得多妻勢所固然。及父系確立以廣繼嗣之理由權力遂變爲權利。雖然嫡庶之名分未有聞焉。堯釐降二女於舜。舜崩二妃未之從。不言其孰爲嫡庶也。殷制兄弟相及。見於卜辭中者無嫡庶之痕跡。契文雖有妾字。函義是否與後世合未敢言也。及周有天下。定立嫡之制以弭爭。因子有嫡庶而母之嫡庶不得不預爲規定。以諸侯論有嫡夫人。有右媵有左媵。嫡及兩媵又各有其姪與娣。是爲九女（公羊傳隱元年何注）等而上之天子十二女。等而下之士庶人之一妻一妾。苟有二女同居者莫不別其名分。此周以後之制也。以爵級別妾數之多寡。此自階級制度時代之遺蛻。十二女九女。由今視之訝其特權之優越。乃在當日或正所以限之使不得過十二與九之數耳。明律『民年四十以上無子者方能置妾。違者笞四十。』則亦承認妾媵制而加以裁制也。

從人權上觀察。蓄妾制之不合理。自無待言。但以家族主義最發達之國。特重繼嗣。此制在歷史上已有極深之根柢。故當清季修訂新民律時。頗有提議禁革者。卒以積重難返。且如歐律以無妾之故而僕僕於私生子之認知亦未見其良。故妾之地位至今猶爲法律所承認也。

離婚與再醮。在後世頗爲社會所賤。古代似不然。婦人有七出。而男子亦可爲出夫。齊太公是已。據檀弓所記。則以孔子之聖而三世出妻其事頗不可曉要之古代夫婦關係之固定似遠不逮今日也喪服有爲繼父之服則父死母嫁不以爲怪矣『有子而嫁』謂之背死不貞此秦之新制也然亦限於有子者而已

## 第三章　家族及宗法

婚姻既興父系斯立父古文作□說文云『家長率敎者從又舉杖』（又卽右手）實則所舉之杖因以率敎亦示威嚴也□與□形義皆極相近說文尹下云「治也從又丿握事者也」「父」所舉杖與「尹」所握事實同一物其後於「尹」下加口以表發令則爲「君」父之與君謂由一字孳乳而來可耳孝經曰『家人有嚴君焉父之謂也』父之本義如此卽家族制度所由成立也

家庭組織及其相互間權利義務關係遠古特別情形如何不可深考自周迄今原則上似無劇烈變化父之在一家尊無與二故喪服「父在爲母朞」明母不得匹父也（父母同服始自明洪武）然『父又爲長子三年』則重其繼父統也（此宗法時代之制漢後實際上已不適用）父母對於子女在古代殆純認爲所有品不承認其獨立人格舊約書中豔稱殺子祭天之事舊蠻夷傳中亦多載『殺長子謂之宜子』諸異俗我國自『敬敷五敎』以後此種觀念固當久革然故書中載瞽瞍日以殺舜爲事尹吉甫賜子伯奇死雖乃涉神話抑可見父母擅奪子女生命固非稀見也及周公作康誥則云『於父不能字厥子乃疾厥子刑茲毋赦』與『子弗祇父服事』同一顯戮漢書賈彪傳記『小民因貧多不養子彪嚴爲其刑毆殺及愛憎而故殺者各減一等』唐律『以刃殺子孫者徒二年故殺者加一等』清律『子孫違犯敎令而祖父母父母非理毆殺者處十等罰

故殺者徒一年』一般平等之原則究未適用也財產則『父母在不有私財』爲古禮所敎唐律猶嚴『卑幼私擅用財』之禁蓋父在時常合一父所產之子若孫爲一家族單位析產而居目爲不祥此觀念至今未盡變且更有以四五世同居或百口同居爲美談者此皆上古父權之遺影也然賈誼言『秦人家富子壯則出分』則父在而子分居財產獨立自戰國時秦俗已然矣財產承襲在周代封建制組織完整時其貴族所有土田蓋皆歸襲爵之子故爭立之事在左傳數見不鮮若庶人之家則其制未聞漢以來貴族制漸消滅則兄弟均分遺產事屢見於史後代法令皆承認均襲之原則清律更詳爲規定云『分析家財田產不問妻妾婢生止以子數均分』故如近世英德俄諸國財產集中爵胄之制蓋革除幾二千年矣

各家庭相互間有大家族之聯屬組織焉此其事殆自然之勢起於遠古然加以人爲的規畫形成一大規模有系統之組織者則周代之宗法也

宗法與封建相輔周代封建制度在歷史上含有重大意義其詳已見政制篇然封建實籍宗法相維繫故研究封建興替之跡及其原因不能不對於宗法稍加說明宗法之制『別子爲祖繼別爲宗繼禰者爲小宗有五世則遷之宗有百世不遷之宗（大傳文）『五世而遷之宗其繼高祖者也故祖遷於上宗易於下』（喪服小記文）今試以封建時一諸侯爲中心作簡單之解釋假定一諸侯於此生有三子其長嫡子襲爲諸侯餘二子不襲爵者謂之別子各自爲開宗之祖繼其世者謂之宗宗有大小大宗者此別子之長嫡累代襲繼者也凡此別子所衍之子孫皆永遠宗之其國一日不已則其家一日不絕故曰百世不遷之宗小宗者例如此別子復有三子其長嫡子繼世爲大宗餘二子復各自立宗繼之者謂之繼禰其所衍之宗謂之小宗小宗亦長嫡世襲其支庶亦代代劈立

小宗。宗之世襲法。大小一也。所異者。大宗則同此一「祖」所出之子孫永遠宗之小宗則宗至同高祖昆弟而止。故曰五世則遷之宗。今爲圖以明之。

後世祖宗合爲一詞。若祖卽宗，宗卽祖者。其實不然。白虎通宗族篇云。『宗，尊也。爲先祖主者，宗人之所尊也。』故祖者父道也。宗者兄道也。以事父之道事其祖。以事兄之道事其宗。則子無宗者。繼體之今君卽其宗。不敢兄君。故無宗名耳。自餘則人人皆奉一大宗。而因其世次之尊卑。兼奉一小宗。至四小宗而止。故謂之「五宗」。凡宗人之於宗子。皆事以兄道。有一宗者。其兄事者一。有五宗者。其兄事者五也。

小宗五世而遷者何也。記曰『親親以三爲五。以五爲九。上殺下殺旁殺而親畢矣。』此義云何。凡人之生。多逮事其祖。故愛敬其父若祖。祖父並己身爲三代。故言親以三起算。愛其祖以及其祖之祖。推之高祖而極。高曾祖父並己身爲五。故曰以三爲五。上數四代。下數四代（子孫曾玄）。並己身爲九。故曰以五爲九。堯典所謂「以親九族」也。愈上則愛愈殺。愈下則愛愈殺。平屬愈疏則愛愈殺。故曰上殺下殺旁殺而親畢。喪服之隆殺準此而立。蓋於高祖者推愛至此而極。過此則不復爲親屬。故祭祀則有四親之廟。高祖以上『親盡則祧』。而宗亦五世則遷也。故以親則至小宗極矣。大宗者則以廣其意。非親之事而族之事也。大傳曰『親親故尊祖。尊祖故敬宗。敬宗故收族。』喪服傳云。『大宗收族者也。』故周禮言九兩繫民。『五曰宗以族得民。』大傳亦言『同姓從宗合族屬。』謂大宗也。

試假定一國君有三子。其子復各有三子。世世如是。則至第三代時。（此君之孫之時）此君所衍有三大宗。第四代有三大宗六小宗。第五代有三大宗二十四小宗。似此除大宗固定不遷外。小宗以三遞乘。孳乳至十代。其小宗之數多至何如。假定繼世之君。君亦各有三子。累至十世。其大小宗之數合計又多至何如。而諸侯者則爲國之羣宗所共宗。天子又爲王國內及羣侯國羣宗所共宗。篤公劉之詩曰。『君之宗之。』傳曰。『爲之君。爲之大宗也。』是天子諸侯雖無大宗之名而有其實也。諸侯與諸侯間亦各相宗。故虞公曰『晉吾宗也。』滕文公曰『吾宗國魯先君。』如是一國中無數小宗以上屬於大宗。無數大宗以上屬諸侯。諸侯迭相宗而同宗天子。故亦「宗周」層層系屬若網在綱。白虎通謂『大宗率小宗小宗率羣弟以紀理族人。』則社會上一大部分事業。皆可以親睦的意味行之由父系部落進爲「家族主義的國家。」其組織於是大完。

右所舉例。國君同姓之宗也。異姓亦有宗。鄭玄注『別子爲祖。』謂『公子若始來在此國者。』則大宗之祖。以二種資格取得。一爲公子。一卽始遷者。第二種當兼同姓異姓而言。唐叔封晉。分殷餘民懷姓九宗。懷姓卽隗姓。實狄族。則不必周同姓始有宗法可知。周制同姓不婚。則異姓之宗皆爲甥舅。故天子之於諸侯。同姓稱伯父叔父。異姓稱伯舅叔舅。而原邑之民自謂『夫誰非王之昏姻。』則宗法又可以爲同異姓之連鎖。此家族政治之旁通也。

宗法以何時始衰壞耶。板之詩曰。『宗子維城。毋俾城壞。』此幽王時詩也。憂其壞則其漸壞益可知。然春秋初年。『翼九宗五正逆晉侯。』則宗法與政治之維繫尙甚密切也。春秋之末。其郛郭確猶存在。叔向云『肸之宗十一族。』謂一大宗下有十一小宗也。自戰國以後。其痕跡遂不復見。

秦漢間存宗法之遺蛻者。則「爲父後」之制是也。就今世普通觀念論。則凡人子未有不後其父者。宗法時代不然。惟長嫡謂之爲父後。支庶則不謂之爲父後。西漢文景以前詔書『賜爲父後者爵一級』之文屢見。可見彼時此種分限猶甚明。實宗法之殘影也。武昭宣以後漸稀見。東漢則幾絕矣。今日影中之影。則惟服制中之承重孫。以長嫡孫爲喪主。諸父雖尊屬而不敢先者。宗人不敢先宗子也。服制爲宗法時代產物。今社會組織已劇變則此亦等於無意義而已。

秦漢以後之社會非宗法所能維持。故此制因價值喪失以致事實上之消滅。然在周代既有長時間之歷史。儒家復衍其法意以立教。故入人心甚深。至今在社會組織上猶有若干之潛勢力。其藉以表現者則鄉治也。別於彼章論之。

## 第四章　姓氏　附名字號證

今世姓氏同物。古則不然。鄭樵云。『三代以前。姓氏分而爲二。男子稱氏。婦人稱姓。』（通志氏族略序）此實錄也。以社會眼光觀之。亦可謂姓爲母系時代產物。氏爲父系成立以後產物。姓久已亡。今所謂姓。皆以氏而冒稱耳。

姓之見於經傳及故書者。如姚、姒、子、姬、姜、嬴、嫣、風、己、祁、任、弋、庸、姞、曹、董、苟、嬉、嬛、妘、伊、酉、隗、芊、曼、熊、偃、允、歸、漆……等。屈指可數。（所舉容有遺漏。但全數考出之殊不難）吾儕可認爲母系時代遺物。至春秋猶存者。其間最可注意者。則神農之後爲姜姓。而姜戎氏來自瓜州。似屬西羌族。而亦爲姜姓。是否同出一母系。抑姓之函義已變。未敢斷定。而南方之姓如芊如曼。西北方之姓如隗等。其得姓之由。是否與諸夏同。皆無可考。要之姓之來由遠在初民時代。國語云。『使名姓之後。能知上下之神祇。氏姓之所出者。謂之宗。』則姓實含有神祕的意味。與神祇同原。後世謂姓由古天子所賜者。（左傳天子建德因生以賜姓）殆臆度之詞耳。

氏蓋部落之稱。古帝皇伏羲氏、高陽氏、高辛氏、陶唐氏、有虞氏等。諸臣如祝融氏、共工氏、有扈氏、有窮氏、大彭氏、豕韋氏等。皆非一人之私名。而部落之共名也。此類之氏。蓋與父系共生。莫知其所自來。及封建制行。而氏日孳乳。鄭樵氏族略推考得氏之由凡三十有二類。雖分類不免瑣碎。而取材蓋云極博。左傳云『天子胙之土而命之氏。諸侯以字爲氏。因以爲族。官有世功則有官族。邑亦如之。』案此。知周代受氏之途有四。其一天子以命諸侯。以國爲氏。管蔡成霍魯衞毛聃……之類是也。故春秋踐土之盟。書曰晉重、魯申、衞武、蔡甲午、鄭捷、齊潘、宋王臣、莒期。晉重者晉文公重耳。魯申者魯僖公申也。此爲氏之最尊貴者。所謂『胙之土而命之氏』也。然春秋後出奔他國。亦有以國爲氏者。如陳敬仲在齊爲陳氏。宋朝在衞爲宋氏。衞鞅在衞秦爲衞氏是也。其二侯國之支庶。以王父字爲氏。其得氏始自大宗小宗之第三代繼祖父者。諸侯之子稱公子。公子之子稱公孫。皆無氏。公孫之子則以公子之字爲氏。魯公子無駭字子展。隱公命其後以字爲展氏。宋孔父嘉之後爲孔氏之類是也。晉羊舌肸稱肸之宗十一族。族卽氏也。蓋避胙土命氏之名。故諸侯所命不曰氏而曰族。其實則一焉。左傳所謂『因以爲族』也。其以祖父之謚或排行爲氏者準此。其三世其官者則以官爲氏。司徒司馬司空之類是。所謂『官有世功則有官族』也。其人不限於懿親。亦不限於舊家。雖羈旅疏賤者皆能以功得之。凡以技術得氏如巫如匠。如甄如漆雕等準此。其四則受有采邑者。以邑爲氏。如周之祭尹蘇劉單魯之臧郈等皆是。所謂『邑亦如之』也。其人不必以親。亦不必以功。惟天子諸侯所欲命而已。自二至四之三種。嚴格的正其名。當謂之族。其後亦通稱爲氏。後世之氏。其來由罕出此四種外者。

此類之氏。與封建宗法相輔。是否爲周以前所曾有。蓋不可知。然殷墟契文中尚不見有氏字。恐其名實始周代。古部落之稱氏。或周人比附而追命之耳。氏既由於錫命。則非普及可知。鄭樵曰『氏所以別貴賤。貴者有氏。賤者有名無氏。今南方諸蠻此道猶存。古之諸侯詛辭多曰「墜命亡氏。踣其國家。」明亡氏則與奪爵失國同也。

」此論甚是。叔向謂『其宗十一族，惟羊舌氏在。』豈其餘十族皆絕嗣，亦但亡其氏，等於齊民耳。由此言之，則氏也者，實貴族政制時代特殊階級之徽識也。

歷戰國以至秦漢，貴族埽跡，自是無人不有氏，氏不復爲特權。漢以後亦復罕新創之氏，今日之氏，什九皆襲自周世者也。其間有因避諱而改姓，或帝王惡其人而改以惡姓者，其事甚希，且不久卽或復或廢。又如元之廉希憲，本西域色目人，生時其父適官廉訪，遂取姓曰廉。清初理塞石本姓李，因恥與李自成同姓，自改姓理。此類創造新姓氏之例，史甚罕見也。

古者姓氏異撰。世本曰『言姓則在上，言氏則在下。』蓋自述其作譜之例，姓氏並舉，以姓列上格，以氏列下格也。混姓氏爲一譚，自史記始。其本紀於秦始皇則曰『姓趙氏』，於漢高祖則曰『姓劉氏』，後世傳記譜牒皆沿其稱，在古則爲不詞矣。四裔諸族所謂姓氏，其性質與周制氏族不同，而與古代以部落爲姓氏者相近。例如回鶻九姓，月支之昭武九姓，拓跋鮮卑初期之九十九姓，實皆部落也。至如北魏之河南宮氏志記獻帝『七分國人，使兄弟領之。』因有紇骨、普、長孫、達奚、伊婁、丘敦、俟之七姓。北盟會編記『女眞至唐末，部領繁盛，設三十首領，每領一姓，遞三十姓。』所謂姓者，全不含血統的意義，亦非因原有之部落狀態，而用人爲的部勒分隸，與華夏立姓之旨相去益遠矣。近代蒙古滿洲入主中原，雖亦各有姓，而不以姓行。蓋其視姓不如漢族之重也。

自魏晉以後，民族移轉，舊姓系統益紊。如金日磾本匈奴，漢武帝取休屠祭天金人之義，賜姓金。劉淵、石勒皆匈奴種，而有漢姓。淵卽位告天，且祀漢高、光武、昭烈爲三祖焉。元魏孝文嚮慕華風，力求同化，凡鮮卑姓皆改爲漢姓。如拓拔之爲元，賀魯之爲周等。通志氏族略卷三十葉十二至十五所載凡百四十五姓。金代亦改女眞姓爲漢姓。如完顏之爲王，烏古論之爲商，見於輟耕錄卷一者，凡三十一姓。唐宋兩代賜異族降王降將姓李姓趙者，更僕難數。又明洪武元年，詔禁胡姓。九年，以火你赤爲翰林編修，更姓名曰霍莊，取火霍音同也。永樂中賜姓益多，如把都帖木兒賜姓名吳允誠，倫都兒灰名柴秉誠之類。其後蒙古色目人多有不待奉詔而自改者。又民國肇建以來，滿洲人什九皆戴漢姓，故今之姓氏，其實質益異於古所云矣。

稱氏而繫以郡望，漢末頗有之，六朝以後益大盛，王則琅玡太原，李則隴西，盧則范陽，崔則博陵……如是凡氏皆繫以郡。其原蓋起於季漢之亂，士民遷徙流亡，不忘故土，及五胡之難，晉室南渡，中原故家之過江者，常懷首邱之思，故郡望在南朝尤重焉。其寖行於南北朝者，固一時風氣所播染，或亦因元魏改姓，而士著故家翹其郡望以示異，未可知也。唐以前譜牒嚴明，如新唐書言『河南劉氏本出匈奴之後劉庫仁』『柳城李氏世爲契丹酋長』『營州王氏本高麗』之類，郡望蓋截然不可混。五代以後，譜學失修，郡望亦幾等於無意義。如吾梁氏，最初見於載籍者爲晉大夫梁泓梁益耳，左傳著焉。今諸梁之郡望皆曰安定，舉國同之，自表晉產也。然元魏改姓，則拔烈蘭氏爲梁氏，諸梁悉安定耶，抑亦有拔烈蘭耶，是未易言也。

歷代命名之沿革，亦有可言者。史記言堯名放勛，舜名重華之類，恐非事實。吾意遠古命名多屬複音字，此當於語言文字篇別論之。殷代命名，皆以甲乙丙丁等干支字，見於契文金文者什九如此，大抵以其生之日爲名也。此種名在社會簡單時，各個人及各家族間交涉稀疏，尚可適用；在複雜進化之社會，其不便甚矣。入周而命名範圍日益廣，太廣之結果，患其猥雜，於是禮家示以限制，如「不以國，不以日月，不以官，不以器物，不以畜牲」之類，凡所以便於識別，毋使與他種名稱相混，抑又取便於諱也。至孔子作春秋，則有『譏二名』之義，故仲孫何忌書曰忌。晉侯重耳書曰重。魏曼多書曰多。然此義似非創自孔子。晉文公名重耳。而祝鮀述踐土之盟。其載書止曰晉重（左傳定四年）。曹始封君叔振鐸。而僖負羈稱先君叔振（晉語）。則春秋初期固有此種稱謂。意蓋欲使文字趨簡易。便於記憶傳寫耶。秦漢間則喜用吉語爲名。急就章之『宋延年。鄭子方。衞益壽。史步昌。周千秋……』此小學讀本之示例。可見一時風尚。漢書中此類人名如孔安國。李延年。霍去病。田千秋……之類可徵也。東漢儒學昌明。實行譏二名之制。試繙後漢書列傳。除方術傳中有六人用二名外（此六人恐亦佚其名而舉其字）。自餘皆單名。無一雙名者。此甚可注意也。魏晉以降。無甚可紀。其最特別者。則元代命名。率皆用排行。或於排行上冠一字。此在史傳中不甚可考見。試稽各家族譜。則什有九皆如是。此實命名之一大退化。其原因何在。吾尙未明。更待研索。

名之外復有字。自周始也。『周人以諱事神。名終將諱之。』諱名不可無以爲代。字之起蓋緣此。其後文勝益甚。不待身後乃始諱名。是故『幼名。冠字。五十以伯仲。』禮家釋其義曰『冠而字之。敬其名也。』是知凡成年者之待遇。皆以直斥其名爲慢矣。故維『父前子名。君前臣名。』欒鍼在晉侯前其父曰『書退』。知罃對楚子稱其父曰『外臣首』之類是也。自餘平輩。率相呼以字。此風似起於西周末而盛於春秋。周初或不爾爾。周公太公。史家皆不能舉其字。召公名奭。周公尊稱之亦僅曰「君奭」。可見當時未有字也。宗周之末。方叔吉甫等似是字。然其名又無可考。爲名爲字尙難斷言。至春秋而士大夫無不以字顯矣。

不惟男子有字也。女子亦有之。曲禮云『男子二十冠而字。女子許嫁笄而字。』說文女部下自嬿至妓十三字。皆注曰「女字」。而彝器之中。女子之字可考見者十有六（王國維觀堂集林卷三女字說）。知周時盛行矣。男子之字曰「某父」。

」「父亦通作甫」如正考父、仲山甫等是。說文甫下云。『君子美稱也。』女子之字見於彝器者多曰某母。則「母」其女子美稱也。至春秋時則多取名字相覆（王引之春秋名字解詁）而冠以「子」字或伯仲叔季等倫次。如顏回字子淵曾點字子皙孔鯉字伯魚仲由字季路等。漢人則多用公卿爲美稱。如何休字邵公。趙岐字邠卿等。實際上其所謂「字」僅一字也。漢人亦有省去「甫」「子」「公」「卿」諸美稱而專用一單字爲字者。如袁盎字絲匡衡字鼎之類。至唐猶有效之者。如顏師古字籀。以二字爲名而以一字爲字。最詭異矣。

古之敬稱以字爲最矣。故儀禮載祭祝之詞皆字其祖禰。子思字其祖曰仲尼。子貢字其師曰仲尼。至後世文勝日甚。乃有以字爲不足以展敬而更以別號相呼者。其始蓋起於逃名避世之士。如春秋末范蠡在齊號鴟夷子皮。在陶號朱公。戰國時有鬼谷子鶡冠子之類。漢初則有商山四皓綺里季。角里先生等。至今莫能舉其姓氏。自晉至六朝而葛洪號抱朴子。陶潛號五柳先生。陶弘景號華陽隱居。是爲自標別號之始。然尚含肥遯自晦之意。至唐而寖濫。如賀知章號四明狂客。元稹號漫郎。陸龜蒙號天隨子。張志和號元眞子之類。文人以爲名高矣。至宋而益濫。文人莫不有號、如六一、老泉、半山、東坡等。講學之風漸起。尊其師者必曰『學者稱爲某某先生。』如濂溪明道之類是。自茲以往。某齋某軒等稱號。徧於賈豎矣。又古者於達官。尊之則稱其官位。至明中葉。又以別號不足爲敬。官位不足示異。乃至以籍貫之稱代人稱。如張居正曰江陵。嚴嵩曰分宜。末流猥濫益甚。貴溪（夏言）烏程（溫體仁）宜興（周延儒）武陵（楊嗣昌）等名詞。紛形諸公私文牘。有如隱謎。不知所指。此風披靡。於今爲烈。曾湘鄉兄終弟及。李合肥父沒子襲。下如袁項城黎黃陂之流。皆各專其縣。甚者徐世昌以郡望而稱東海。孫文以寄日本姓而稱中山。『名不正則言不順』莫此爲甚矣。

『死而謚，周道也。』後世謂爲易名大典。周制『稱天而謚』，美惡必以實。『名之曰幽厲，孝子慈孫不能改。』故周書謚法篇惡謚不少。及秦始皇以爲『臣子議君父不道』，廢之。漢興而復，迄清季不替。民國建，乃革焉。清制惟一品以上例得謚，以下特賜。然謚有美無惡，非古意矣。私謚之風，起於東漢，至今猶有行者。

右名字號謚等，於社會組織無甚關係，因述姓氏類及之。

## 第五章　階級（上）

『物之不齊，物之情也』，歷史上無論在何時代，其人民恆自然分爲若干階級。近世歐美以平等爲法律原則，然而貴賤階級廢，貧富階級興焉。故階級者人類社會所不能免也。其在今日以前，則階級最顯之標識，一曰貴族與平民，二曰平民與奴隸。中國人在全世界諸民族中，可謂最愛平等之國民也。自有成文史籍以來，嚴格的階級分別，即已不甚可見。彼印度至今猶有釋迦時代四級之遺跡，西歐各國在法國大革命前，貴族僧侶之特權至爲優越，日本明治維新前，尚有「穢多」「非人」諸名稱，美國當南北戰爭前，奴隸之待遇非復人道，俄國當蘇維埃革命前，大多數人民皆在農奴狀態之下。求諸我國，則春秋時代已不復能覩此痕跡，前此有無，則不可深考。後此雖有一二時代裂痕頗著，然其地位不如他國之固定，且不久而原狀旋恢復。故階級之研究，在中國史上所占位置，不如歐美各國史之重。但其沿革亦有可言者。

三代以降，「百姓」與民之兩名詞，函義如一。在遠古似不爾。爾堯典『平章百姓』與『黎民於變時雍』對舉，又以『百姓不親』與『黎民阻飢』對舉，是百姓與民異撰。楚語述觀射父釋百姓之義曰『王公之子弟之質能言能聽徹其官者而物賜之姓以監其官是爲百姓。』呂刑『苗民弗用靈』鄭玄注云『苗九黎之君也。此族三生凶惡故著其氏而謂之民民者冥也言未見仁道。』夏曾佑據此諸文因推定古代漢族征服苗族後。自稱其族曰百姓而謂所征服者爲民故民之上繫以黎或以苗因謂「百姓」與「民」爲兩大階級之徽幟。此雖近武斷然遠古社會或如是也。

階級制度成立之主要條件有二一曰將全社會之人畫分爲統治者與被治者之兩級。永溝絕而不能相通。二曰此兩級人不通婚姻。各保持其血統勿使相混。我國古代之貴族平民似不爾爾。第二條件三代前不知何如。就左傳所記春秋時狀況殊不見有隔絕的痕跡。蓋春秋貴族什九皆自王侯支派衍出而周制同姓不婚。其匹耦自不得不求諸本族以外原邑之民自言『夫誰非王之婚姻』可見婚姻範圍普及於士庶也。最爲顯證者。晉文公及趙盾之母皆戎狄異族。盾母尤爲俘虜之女則婚姻不甚拘門第可知。尤當注意者爲妾媵制。妾子身分古來公認而妾更絕對的無門第可言。故階級血統不能嚴畫者勢也。其第一條件。則堯典稱『明明揚側陋』孟子稱『傅說舉於版築。膠鬲舉於魚鹽』此皆言起微賤可以爲君相。雖或後史追述比附之詞。然現存夏殷史料中亦迄無平民不能執政之反證。周初專門之業則有世官。酬庸推恩亦有世祿而世卿之制未聞。故周公太公皆武王時三公。而顧命所載成王時六卿。則周公太公之子不與焉。荀子王制篇所謂『雖王公士大夫子孫。不能屬於禮義。則歸之庶人。雖庶人之子孫。能屬於禮義。則歸之卿相士大夫。』其爲儒家理想之言耶抑周之開國規模實如是。未可知也。

降及春秋。則確爲我國貴族政治極完整之一時期。各國政權。率歸少數名族之手。例如周之周氏、召氏、祭氏、單氏、劉氏、甘氏、尹氏、魯之仲孫氏、（即孟氏）叔孫氏、季孫氏、臧氏、郈氏、展氏、晉之韓氏、趙氏、魏氏、范氏、（即士氏）荀氏、（後分為中行氏知氏）欒氏、郤氏、胥氏、先氏、狐氏、齊之高氏、國氏、鮑氏、崔氏、慶氏、陳氏、宋之華氏、樂氏、皇氏、向氏、鄭之良氏、游氏、國氏、罕氏、駟氏、印氏、豐氏、衛之石氏、甯氏、孫氏、孔氏……春秋二百四十年之史蹟、雖謂純由各國中若干族之人物的活動構成焉可也。

春秋各國雖大部分同施行貴族政治、然各國發達之路徑及構成之形式亦各自不同。試舉其要點如下。

一、各國中之大多數、皆政權全移於貴族、而君主等於守府、如周魯齊晉宋衛鄭……等皆是、就中最特別者為楚國、執政雖常用貴族、至君主黜陟生殺之權、迄未旁落。如令尹子玉、子反、子上、子辛、子南、皆以罪誅黜。

二、以前項理由、故各國貴族之執政者、多由前代親貴廕襲而來、與現代之王室公室或緣屬甚遠。其地位則隨其身分而自然取得。楚國執政之貴族、大率為時主之子若弟若王子圍子囊等、或血統甚近、否則由時主在名族中如鬬氏、薳氏、成氏、陽氏之胤、量才特拔、故含尚賢之意味較多。

三、諸國貴族、率皆公族——即由累代之公子派衍而來者、若楚、若魯、若宋、若鄭、殆皆無例外。惟晉最特別、晉自經驪姬之難、『詛無畜羣公子』、故文襄之子皆斥遣在外、終春秋之世、無晉公子與於盟聘之役、執政更無論矣。晉之貴族、皆獻文兩代功臣子孫、而公族乃無一焉。齊則折衷兩者之間、國、高、崔、慶、皆公族、管、鮑、陳、則他族也。

四、有以一族為諸貴族之領袖、世掌最高政權者。例如魯之季孫氏。在此種制度之下、或畫出政務之一部分專屬某族、例如魯之叔孫氏、世為行人、凡外交事皆專責焉。

五。有以若干貴族輪掌最高政權以年輩取得領袖資格者。如晉自荀林父以後。士會、郤克、欒書、韓厥、知罃、荀偃、士匄、趙武、韓起、魏舒、范鞅、趙鞅以次洊升。其資格爲衆所公認。殆無爭議之餘地。又如鄭之歸生、子良、子罕、子駟、子孔、子展、伯有、子皮、子產、子太叔、以兄弟叔姪之倫次遞升。亦殆無爭議、餘地。在此等制度之下。各貴族皆有取得政權之均等機會。故爭相淬厲以養令名。又凡任執政者。皆久爲諸先輩之副貳。隨習以諳練政務。故於貴族政治中最稱完美焉。

六。治政之重心。有常集於一國之中央。而由一貴族或數貴族總攬之者、如楚、如齊、如宋、鄭、有散於各地方。而由數貴族分領之者。如魯、如晉。故魯之後析爲費國。（費惠公見孟子）而晉爲韓趙魏三家所分。

春秋對貴族政治之內容大略如此。其甚與歐洲異者有三點。其一。無貴族合議之法定機關。如羅馬之元老院者。雖國之大事。亦常集衆討論。然大權實在國君或執政。與議者備諮詢而已。故歐產之議會政治。在我國歷史上絕無前例可以比附。其二。貴族平民之身分。乃相對的而非絕對的。其三。貴族平民享有政治權之分限。亦相對的而非絕對的。以此二因。故歐洲貴族政治之基礎堅牢而久續。我國則脆弱而易破壞。故歐洲受貴族政治之禍極烈。我國則較微。右第一點事實甚易見。二三兩點。須稍附以說明。

春秋最顯之貴族。皆起自中葉以後。如魯之三桓。皆桓公子孫。閔僖之際始執國命。晉諸卿之興。亦略與同時。鄭之七穆。皆穆公子孫。起於文宣以降。前此豈無貴族。蓋已代謝夷爲齊民矣。晉諸卿之興替。最爲顯例。叔向謂『欒、郤、胥、原、降爲皂隸。』此四族者。僖文間最赫赫者也。不及百年。至昭定間則已若此。則貴族之與平民。非畫然有鴻溝不可逾越也明矣。

諸國之最高執政—卽所謂「正卿」，誠爲貴族之獨占權利，自「次卿」以下。則各國皆取開放主義，惟才是求。例如管仲家世雖不可深考，然『少時嘗與鮑叔賈』，則其出於微賤可知，其相齊也，名分雖居『天子二守國高』之下，事實上則政皆彼出焉，又如孔子在宋雖爲貴族，入魯則『吾生也賤』，嘗爲委吏乘田，等於庶人在官者，然亦嘗官司寇，亞三桓一等耳，晚年且有「國老」之號，又如陳敬仲奔齊以『羈旅之臣』官僅工正，而其胤乃專有齊國，又如晉諸大夫聲伯歷舉苗賁皇以下若而人，謂『唯楚有材晉實用之』，此皆乙國亡命羈賤顯貴於甲國者，可見平民在政治上之地位，其與貴族不平等者，實至有限也。

春秋時始終不見有貴族政治痕跡者，惟一秦國，秦之史蹟除穆康兩代左傳稍詳外，餘均闕如，然據他傳記所述，則由余百里奚諸名相，皆起於異邦賤族，秦不惟無世卿之制，其名族亘數代者，於史絕無徵焉，降及戰國，則商鞅張儀范雎以下，爲李斯諫逐客書所列舉者，皆客卿也，蓋秦崛起西陲，文化遠在中原之下，欲求自立，不得不借才異地，貴族制之不適用，勢使然也，然秦旣以此致强，而貴族制至春秋之末亦已不勝其敝，故入戰國而諸國皆「秦化」，貴族埽地盡矣。

貴族階級消滅之原因有三。

一由學問上，前此學問皆在官守，非其人則無所受，才智之士，集於闤闠焉，春秋前後，故國滅亡者接踵，其君其卿大夫，皆變爲平民，各國內亂之結果，要人或亡命他國，或在本國失其爵氏，則亦變爲平民，於是平民中智識分子日多，與貴族相敵，繼以孔墨兩大師以私人講學，弟子後學徧天下，百家趨風而起者，且相望，於是學問之重心，自學府移於民間，勢力隨才智而遞嬗，理固然也。

二由生計上。前此惟農是務。春秋戰國間而商業勃興。農民樸僿不喜事。商則機敏趨時。故『子貢廢著鬻財於曹魯之間。結駟連騎以聘享諸侯。所至國君無不分庭與之抗禮。』呂不韋『居奇貨』操大國君主廢立之柄焉。平民階級中有商人發生。此階級之所以增重也。

三由政治上。各國並立以人才之多少爭强弱。魏以失商鞅故見弱於秦。於是卑禮厚幣以招賢者。燕築黃金臺以羅致樂毅劇辛之徒。齊則稷下先生比列卿者以百數。至如四公子門下雞鳴狗盜監門賣漿之輩皆備致敬禮而獲其用。蓋自秦以用客卿致强。各國承流而處士聲價遂隆隆日上。當時諸國中雖仍有保貴族之餘蛻如齊之諸田楚之昭屈景魏趙之信陵平原等。然皆紆尊降貴不敢以寵位驕人。政治活動區域卒全爲平民階級所占。

豪傑亡秦。猶共戴楚義帝而立六國後。徇諸地者咸以其故家遺族相號召。人情狃於所習。數百年爲民之望者。其勢固殁而猶視也。然而韓成魏豹田儋田廣之徒皆一瞥旋滅。即「世爲楚將」之項氏。亦不過爲新朝作驅除難。而漢高以泗上亭長率其鄉里刀筆小吏與草澤驍雄。不數年而奄有天下。貴族之運。遂隨封建而俱絕。

秦漢之際。除奴隸外。一切臣民皆立於法律平等的原則之下。其有爵位者之秩祿章服特予優異。（除諸侯王公主以宗親享若干特權外）則以賢以功人人可以得之。故不能目爲階級。其待遇略涉歧視者。惟秦末發卒謫戍賈人與贅壻獨先發。漢高帝時禁賈人不得衣繡乘馬。惠帝時令賈人與奴婢倍算。哀帝時禁賈人不得名田。似終兩漢之世。賈人身分在法律上受特別限制。若於漢制中勉求所謂階級者。惟此爲差近耳。

至六朝而有變相之階級——即所謂族望門第者興焉。至唐中葉以降始漸消滅。其起因蓋有二。一由選舉制度之變更。一由民族大移徙之識別。

兩漢選舉。由郡國守相行之。及魏而改用「九品中正法」。立專官以司鄉評。造册籍爲選舉標準。其官在州曰大中正。郡曰中正。州有主簿。郡有功曹。自晉以來。皆以土著之豪右任之。與奪高下。出其手。結果乃至『下品無高門。上品無寒士。』所謂世族者。當其入仕之始。已居清要。起家爲散騎侍郎。祕書郎。著作郎等。平流而致公卿。寒門則起外郡小吏。累歲不能遷一階。（漢制入仕者。大率起家郡曹掾。考績優異。乃察舉孝廉。入爲郎。罕有躐進者。）以故貴者日益貴。賤者日益賤。寖假乃如鴻溝之不可踰越。階級之生。實由於此。

然則高門寒門之分。何自起耶。舊史蓋未嘗質言。以吾推之。則漢末及五胡時代民族移轉。至少當爲構成門第重要原因之一。唐書云『過江則爲「僑姓」。王謝袁蕭爲大。東南則爲「吳姓」。朱張顧陸爲大。山東則爲「郡姓」。崔盧李鄭爲大。關中亦號「郡姓」。韋裴柳薛楊杜首之。代北則爲「虜姓」。元長孫宇文于陸源竇首之。』此所述雖唐時情狀。然其來蓋久。東晉南渡。中原士夫隨而播遷者。翹然自表異。而孫吳以來故家久在吳會者。亦不肯相下。故江左有僑姓與吳姓對抗。五胡之難。異族侵入。徧於河北。土着之民。欲自表爲神明遺胄也。於是乎有郡姓。郡者示異於種落也。魏孝文自代遷洛。盡改漢姓。於是乎有代北之國姓。虜姓云者。唐人名之云爾。南之僑吳。北之郡國。各張其右族以相援繫。族愈大者。其享受特權愈優越。此則後此甲姓乙姓丙姓之名所由生也。

六朝階級界限之嚴。求諸古今。曾無倫比。寒人雖躋貴要。其在交際場中。曾不能與高門齒。右軍將軍王道隆。權重一時。到蔡興宗前。不敢就席。良久方去。興宗亦不呼坐。到漑執政。何敬容語人曰。『漑尙有餘臭。遂學作貴人。

』甚至積重之勢雖帝者亦莫能易之。宋文帝寵宏興宗謂曰。『卿欲作士人得就王球坐。乃當判耳若往詣球。可稱旨就席。』及至宏將坐球舉扇曰『卿不得爾。』宏還奏帝曰『我便無如此何。』紀僧眞顯貴啓宋孝武帝求作「士大夫」帝曰『此事由江斆謝瀹。我不得措意可自詣之。』僧眞承旨詣斆登榻坐定斆命左右。『移吾牀遠客。』僧眞喪氣而退告帝曰『士大夫固非天子所命。』及唐太宗命高士廉等參稽譜牒刊正氏族。而崔氏猶爲第一太宗列居第三。門第思想之倔强不可拔也如此。

其所以致此且持久不壞者。其主要原因則在不通昏姻。魏太和中嘗定望族七姓子孫迭爲婚姻。（見唐書李義府傳）南朝曾否有此規定雖不可深考然以習俗覘之想亦當爾爾。趙邕寵貴欲强婚范陽盧氏。盧母不肯。攜女潛匿外家。崔巨倫姊眇一目其家議下嫁巨倫姑怒曰『豈可令此女屈事卑族。』侯景稱兵犯闕。生殺由己。欲請婚於王謝。梁武帝曰『王謝門高可於朱張以下求之。』景亦終不能奪也。及唐初作氏族志。黜降著姓。然房玄齡魏徵李勣輩猶以得婚崔盧諸族爲榮李義府爲子求婚不得乃奏禁焉其後轉益自貴稱「禁婚家。」男女潛相聘娶朝廷末如之何至文宗時欲以公主降士族猶以爲難乃下詔曰『民間婚姻尙閥閱。我家二百年天子反不若崔盧耶。』則右族之高自矜異蓋可想矣。蓋六朝階級之見入唐雖稍殺直至五代始全消滅也。（趙翼陔餘叢考卷十七六朝重氏族條譜學條）

以種族區別階級。征服者常享特權。不與被征服者齒。此歷史上常例也。晉世五胡之亂。劉石苻姚輩。類皆保塞種人久居內地名爲異族入主實則與草澤英雄崛起者無異。且其戶口稀少不能造成一特別階級故影響於社會組織者甚微。鮮卑之慕容拓跋宇文諸氏皆塞外大部落。其勢可以造成階級。然慕容之侵入也以漸其先固已爲晉室之藩臣編戶。次第同化拓跋自孝文以後。嚮慕華風。且以自標其種爲恥。其種人亦往往不樂內遷。宇文氏則中衰而復興復興後心醉漢化尤甚。方且以步趨成周爲事。以故終六朝之世除北齊高氏稍蔑視漢人外實無種族的階級之可言有之則自金元以後也。

金之本俗管軍民者有「穆昆」譯言百夫長穆昆之上有「明安」譯言千夫長。及有中原。慮士民懷貳。始創屯田軍。凡女直奚契丹之人皆自本部徙居中州與百姓雜處屯田之所自燕南至淮隴之北皆有之亦謂之明安穆昆種人與漢民蓋顯分畛域。世宗慮種人爲民害。乃令自爲保聚其土地與民犬牙相入者互易之其後蒙古兵起種人往戰輒敗。主兵者謂所給田少故無鬬志乃括民田以給之。其所享特權率類是。終金之世明安穆昆之衆別爲一階級居征服者之地位。及宣宗南渡。盜賊羣起民報夙讎不三二日間屠戮淨盡。（趙翼廿二史劄記卷廿八明安穆昆散處中原條金末種人被害之慘條）

金分人民爲三級。曰種人。曰漢人。曰南人。漢人謂先取遼地時所得戶籍。南人則繼取宋山東河南地之人也。元分四級。曰蒙古人。曰色目人。曰漢人。曰南人。色目人指成吉思以來平定西域所收之種落自葱嶺東西以迄歐洲其範圍至廣。其滅金時所得則曰漢人。滅宋時所得則曰南人。據輟耕錄稱漢人八種。一契丹二高麗。三女眞。四竹因歹五朮里闊歹六竹溫七竹亦歹八渤海。而眞漢人反不與焉。豈凡金之遺民在中原者概以女眞目之耶。

政治上權利之差別。金制對於漢人南人尙不甚歧視。元制則分別綦嚴。蒙古人最優。色目次之。漢人次之。南人最下。元史百官志序云『世祖定制總政務者曰中書省秉兵柄者曰樞密院司黜陟者曰御史臺其次在內者有寺有監有衞有府在外者有行省行臺宣慰司使廉訪使。其牧民者曰路曰府曰州曰縣。其長皆以蒙古人爲之。而漢人南人貳焉』。質言之則漢人南人雖可登仕版終不得爲正印官也。成宗本紀云『各道廉訪司必擇蒙古人爲使。或缺則以色目世臣子孫爲之其次始參以色目及漢人』。是色目之待遇亦較漢人優越也。至元二年。詔以蒙古人充各路達爾噶齊漢人充總管回回人爲同知而南人不得與焉。程鉅夫傳記世祖責御史臺言『汝未用南人何以知南人不宜用』則南人之待遇又下於漢人也。中國雖屢經外族侵入然挾征服者之權威以相臨。儕我族於劣等。則未有如元之甚者。二十二史劄記卷三十元制百官皆蒙古人爲之長條

滿洲在關外以民隸軍。畫爲「八旗」。其後蒙古服屬。則置蒙古旗。入遼後得關內外人民及明降將卒。則置漢軍旗。「旗人」與「漢人」之名稱。三百年來。遂成爲對立之兩階級。旗人駐防各省會。與金之明安穆昆頗相類。而體勢更爲隆重。就形式上論。別滿蒙漢三旗於漢人。與元代之四階級頗相類。然而不同者。則清代蒙旗人之在內地。其地位並不如元代色目人之優越。而清代漢人比元代之漢人南人。作官吏之機會。最少也勝一籌。例如中央各官署大小員缺。皆滿漢平分。外省官吏因無雙缺。漢人以自由競爭之結果。且常占優勢。附錄順康雍乾咸同光宣督撫滿漢人數比較表　故清代之滿漢在政治上殆無階級之可言。

## 第六章　階級(下)

平民奴隸分級。蓋起自原始社會。直至現代。猶革而未盡。古代希臘羅馬。以自由共和政體爲揭櫫。夷考其實。則希臘當比黎格力時雅典阿的加兩市人口約合三十萬。而奴隸之數乃在八萬以上。羅馬雖無確實統計。而奴

數比例或更過之所謂自由亦部分的自由而已若印度四姓之制其「首陀羅」一級至今不齒於齊民美洲黑奴俄國農奴最近始革甚矣平等理想之實現如此其艱也其在中國奴隸身分之固定不如他國故其爲社會問題之梗亦不如他國之甚然亦因循數千年至今乃漸絕其間沿革有可言者

奴之名始見於尙書及論語隸之名始見於周禮及左傳

書甘誓「予則奴戮女」湯誓文同論語「箕子爲之奴」周禮左傳言隸者別見下文所引

然又有種種異名曰臣妾曰臣僕

易遯九三「畜臣妾吉」書費誓「臣妾逋逃」周官太宰「臣妾聚斂疏財」左傳僖十七年「男爲人臣女爲人妾」書微子「我罔爲臣僕」

曰童僕

易旅六二「得童僕貞」秦始皇時徐市將童男童女三千人入海求蓬萊後人解爲幼男女非也蓋謂奴婢耳論語「夫人自稱曰小童」蓋自謙之辭猶秦穆公夫人自稱「婢子」

童亦作僮

史記貨殖傳「僰僮」又「僮手指千」司馬相如傳「卓王孫僮客八百人」漢書賈誼傳「今民賣僮者」王褒有僮約見古文苑此外兩漢書言僮者甚多

曰臧曰獲

荀子王霸篇「雖臧獲不肯與天子易執業」楊注「臧獲奴僕賤稱也」漢書司馬遷傳「臧獲婢妾」晉灼注「臧獲敗敵所被虜獲爲奴隸者」方言「荆淮海岱之間罵奴曰臧罵婢曰獲燕齊亡奴謂之臧亡婢謂之獲」文選報任安書李善注引韋昭「善人以婢爲妻生子曰獲奴以善人爲妻生子曰臧又凡人男而歸婢謂之臧女而歸奴爲之獲」

曰豎。

左氏僖公二十四年傳『晉侯之豎頭須守藏者也』又僖公二十八年傳『曹伯之豎侯獳貨筮史』

曰廝。曰役。曰扈。曰養。

公羊宣十二年傳楚子重云『諸大夫死者數人廝役扈養死者數百人』書康誥『民養其勸弗救』

或於其間復分等級曰皂曰輿曰隸曰僚曰僕曰臺臺爲最下蓋指逃奴復獲者故稱『人有十等』遞相臣使。其罰也以次遞降。

左氏昭七年傳楚申無宇云『天有十日人有十等王臣公公臣大夫大夫臣士士臣皁皁臣輿輿臣隸隸臣僚僚臣僕僕臣臺』案此是否當時通行制度尚難確指然昭六年傳載楚棄疾誓辭云『不用命者君子廢小人降』君子當指士大夫小人當指庶人及奴隸小人而言「降」必有等乃可降是「十等」之別最少亦當爲楚國現行制矣其所以區別及名稱所由立今難悉解惟申無宇此言爲執逃奴而發其下文云『若從有司是無所執逃也逃而舍之是無陪臺也』可知陪臺爲逃而復獲者故等最下也

奴隸起源蓋自部落時代之俘虜倔强者殺之馴服者役焉「臣」實爲其最初之名象其稽顙肉袒屈服之形。

說文臣字下云『牽也象其屈服之形』莊子『擎跪曲拳人臣之事也稽顙服之甚也肉袒服之盡也』

此風蓋至春秋戰國間猶有存者。

呂覽『魯國之法凡贖臣妾於諸侯則取金於內府』蓋本國人被俘爲臣妾則以金贖之也據此知春秋時尚俘人爲奴孟子論齊伐燕云『若殺其父兄係累其子弟』據此知戰國時亦然

其次起者卽犯罪人或其家屬剝奪良民資格沒入官爲奴婢周禮司屬所謂『其奴男子入於罪隸女子入於舂槀』是也此制由來蓋甚古故「童」「妾」「僕」等字皆從「辛」罪也。

說文『辛辠也從干二〇二古文上字』謂干犯其上爲罪也辛部所屬惟「童」「妾」二字童字下云『男有辠曰奴奴曰童女曰妾』

妾字下云『有辠女子給事之得接於君者。』辛部下次以丵部。僕字從之。

古代奴隸。大部分皆由此出。故應劭云。『古制本無奴婢。奴婢皆是犯事者。』（風俗通）鄭玄云。『今之奴婢。古之罪人也。』（周禮司厲注）

當春秋時。奴隸蓋有册籍。藏於官府。惟君相得免除之。

左氏襄二十二年傳。『斐豹隸也。著於丹書。欒氏之力臣曰督戎。國人懼之。斐豹謂宣子。「苟焚丹書。我殺督戎」……』

凡罪人子孫未赦免者。蓋皆從奴籍。（？）

左氏傳。『欒、郤、胥、原降在皂隸。』四姓皆貴族之以罪廢者也。此『皂隸』若不作庶人解。則是四姓子孫皆在奴籍也。

春秋以前。奴隸似皆服公役（？）私人蓄奴之事無徵焉。『大夫有貳宗。士有隸子弟。』（左氏桓二年傳文）言以子弟執隸役也。孔子固嘗「從大夫之後。」論語記其日常行事。未嘗有使役奴隸之痕跡。樊遲御。冉有僕。闕黨童子將命。凡服勞者皆門弟子也。以此推之。當時奴隸之用當有限制。而其數蓋亦不多。（？）

戰國之末。社會情狀劇變。戶口日增。民已艱食。重以田制破壞。豪强兼并。工商業勃興。貧富懸隔斯起。於是民間之大地主大商賈。多蓄奴婢。資其勞力以從事於生產貨殖。

史記貨殖列傳。『白圭周人也。與用事僮僕同苦樂。』又云。『齊俗賤奴虜。而刁閒獨愛貴之。桀黠奴。人之所患也。唯刁閒收取。使之逐魚鹽商賈之利。終得其力。起富數千萬。』

故問人之富。數奴以對。

貨殖傳又云。『……馬蹄躈千。牛千足。羊彘千雙。僮手指千。……此亦比千乘之家。』僮手指千者。謂蓄奴百名也。

權貴言奴多至萬數千人，民間富豪亦動輒千數百人。

史記呂不韋列傳「不韋家僮萬人，嫪毒家僮數千人。」又留侯世家「良家僮三百人。」又貨殖列傳「蜀卓氏富至僮千人。」漢書司馬相如傳「臨卭多富人，卓王孫僮客八百人，程鄭亦數百人。」漢書王商傳「私奴以千數。」

至漢時，奴乃成爲一種貨品，公開買賣，與牛馬同視。

漢書賈誼傳「今民賣僮者，爲之繡衣絲履偏諸緣，納之閑中。」可見當時有賣奴公開市場，其場有闌，若馬牛欄然。

一奴之值約萬錢。（？）

王褒僮約「神爵三年正月十五日，資中男子王子淵從成都志安里楊惠買夫時戶下髯奴便了，決賈萬五千，奴從百役使，不得有異言。」

奴亦爲餽贈品。

漢書司馬相如傳「卓王孫分與文君僮百人，錢百萬，文君乃與相如歸成都，買田宅爲富人。」

乃至可以贖罪，可以易官爵。

漢書鼂錯傳「錯勸帝募民以丁奴婢贖罪及輸奴婢欲以拜爵者。」又食貨志「武帝募民能入奴婢，得終身復，爲郎增秩。」

奴之來源則亦與古異，其一，當時拓土日廣，與邊徼劣等民族相接觸，輒掠而賣之，略如近世白人販非洲黑奴矣。諸邊皆有，而滇蜀間之西南夷實奴之主要供給地。

周禮有蠻隸、閩隸、夷隸、貉隸，竊疑此爲漢時事實。史記貨殖列傳「巴蜀沃野，南御滇、僰、僰僮，西近邛、笮、笮馬、旄牛。」此列舉各地物產，言僰產之僮與笮產之馬及旄牛同爲主要貨品也。

其二，內地良民亦往往被略賣爲奴。

漢書欒布傳「布爲人所略賣爲奴於燕。」又外戚傳「竇后弟廣國四五歲時，家貧，爲人所略賣。」

其三，或以饑餓自賣或賣子。

漢書食貨志．『高祖令民得賣子．』又高祖本紀．『五年夏五月．詔民以饑餓自賣爲人奴婢者．皆免爲庶人．』又賈誼傳．『歲惡不入．請賣爵子．』

其四．或爲豪家强占抑良作賤．

後漢書梁冀傳．『冀或取良人悉爲奴婢．至數千人．名曰自賣人．』

其五．或以特別事故願自鬻．

史記張耳傳．『貫高與客孟舒等十餘人．皆自髠鉗爲王家奴．』漢書季布傳．『布匿濮陽周氏．周氏進計．布許之．乃髠鉗布．衣褐．置廣柳車中之魯朱家所賣之．』又刑法志．『文帝時．女子緹縈願沒入爲官奴婢以贖父罪．』

其六．或以子女質錢．謂之贅子．逾期不贖．遂淪爲奴．

漢書賈誼傳．『秦人家貧子壯則出贅．』嚴助傳．『歲比不登．民待賣爵贅子以接衣食．』如淳注云．『淮南俗賣子與人作奴婢．名曰贅子．三年不贖．遂爲奴婢．』說文．『贅．以物質錢也．从敖貝．敖者猶放．貝當復取之也．』是贅卽典當之義．贅子者．猶今之典身立有年限取贖也．說詳錢大昕潛研堂答問．

凡此皆春秋以前所未聞者．奴隸數量之激增．職此之由．

以上所言皆私奴也．官奴數量．亦視前有增無減．其來源．一曰輕罪人之科「作刑」者．一歲刑爲「罰作．」爲「復作．」二歲刑爲「司寇作．」三歲刑爲「鬼薪．」爲「白粲．」四歲刑爲「完城旦舂．」五歲刑爲「髠鉗城旦舂．」此卽周官所謂「入於罪隸舂稾」者．當其服刑時間．則爲官奴．故亦謂之「徒．」

漢舊儀．『男爲戍罰作．女爲復作．皆一歲．司寇男備守．女爲作如司寇．皆作二歲．鬼薪者．男當爲祠祀伐山之薪蒸也．女爲白粲者．以爲祠祀擇米也．皆作三歲．完城旦舂四歲．男髠鉗爲城旦．女爲舂．皆作五歲．』

二曰重罪人已服死刑而家族沒官者．鯨面爲奴婢．非邀特赦．不得爲良．

魏志毛玠傳。『漢律。「罪人妻子沒爲奴婢。黥面。」今眞奴婢。祖先有罪。雖歷百世猶有黥面供官。』

此項「相坐」法。起於秦之商鞅。漢文帝雖嘗明詔廢除。然事實則終漢之世。未之能革。官奴之多。此實主因。

文帝元年詔。『盡除收帑相坐律令。』然武帝建元元年詔。『赦吳楚七國帑輸在官者。』可知景帝時已復行相坐律矣。其他兩漢諸傳中。緣坐之事。仍且常見。安帝永初四年詔。『建初以來諸訞言他過坐徙邊者。各歸本郡。其沒入官爲奴婢者。免爲庶人。』是此法至安帝時猶存之明證。

三曰人民以私奴入官贖罪買爵者。及官沒收民間私奴者。此在武帝時蓋亟行之。

入官贖罪拜爵事。已詳前注。沒收民間私奴者。史記平準書云。『楊可告緡徧天下。乃分遣御史廷尉正監分曹郎治郡國緡錢。得民財物以億計。奴婢以千萬數。其沒入奴婢。分諸苑養狗馬禽獸及與諸官。官益雜置多。徙奴婢衆。而下河漕度四百萬石及官自糴乃足。』

坐是之故。官奴日益多。寖假成爲財政上一問題。至元帝時始議裁汰。然已積重難返。

漢書杜延年傳。『坐官奴婢乏食免官。』又貢禹傳。『禹言官奴婢十餘萬游戲無事。稅良民以給之。宜免爲庶人。』

私奴方面。奢僭無度。亦成爲社會上大問題。雖倍其口算以窘畜奴之家。然爲效蓋鮮。

漢書惠帝紀注引漢律。『人出一算。算百二十錢。唯賈人與奴婢倍算。』

成帝時始敕漸禁。

漢書成帝本紀。『永始四年詔曰。公卿列侯親屬近臣多畜奴婢。被服綺縠。其申敕有司以漸禁之。』

哀帝時始立限制。以爵位高下爲蓄奴多寡之差。然其奉行程度何若。蓋不能無疑。

漢書哀帝本紀。『即位詔曰。「諸侯王列侯公主吏二千石及豪富多蓄奴婢田宅亡限。其議限例。」有司條奏。「諸侯王奴婢二百人。列侯公主百人。關內侯吏民三十人。諸名田畜奴婢過品。皆沒入縣官。」……』

諸奴婢既皆由罪沒或買賣而來。非如印度「首陀羅」等之先天的區別。故一遇赦免。旋復爲良。兩漢免奴之詔屬下其關於官奴者五次.

一.文帝後四年免官奴婢爲庶人.

二.武帝建元元年赦吳楚七國帑輸在官者.

三.哀帝即位恩詔命官奴婢年五十以上免爲庶人.

四.光武建武六年詔王莽時吏人沒入爲奴婢不應舊法者免爲庶人.

五.安帝永初四年諸沒入爲官奴婢者免爲庶人.

右五次中惟第一第五次爲普行放免.餘三次皆部分的放免.

關於私奴者六次.

一.高帝五年詔民以饑餓自賣者皆免爲庶人.

二.光武建武二年詔民有嫁妻賣子欲歸父母者恣聽之.敢拘執論如律.

三.光武建武七年詔吏人遭亂及爲青徐賊所略爲奴婢下妻欲去留者恣聽之.敢拘制不還以賣人法從事.

四.光武建武十二年詔隴蜀民被略爲奴婢自訟者及獄官未報一切免爲庶人.

五.光武建武十三年詔益州民自八年以來被略爲奴婢者皆一切免爲庶民.或依託爲人下妻欲去者恣聽之.拘留者比青徐二州以略人法從事.

六.光武建武十四年詔益涼二州奴婢自八年以來自訟在所官.一切免爲庶民.賣者無還直.

右西漢初一次全體解放.東漢初五次皆局部解放.

其間最可注意者關於私奴之六次皆行諸喪亂初定之時與地.蓋認其掠賣爲不法行爲.西漢自文景後.東漢自明章後.對於私奴絕無解放之舉.殆承認其正當權利.謂非政府所宜强奪矣.

魏晉迄唐變相的奴婢有二種.一曰佃客.二曰部曲.

佃客起於晉初王公貴人各自占蔭以官品爲差多者四五十戶少者一戶。

文獻通考卷十一『晉武帝平吳之後令王公以下得蔭人以爲衣食客及佃客官品第一第二者佃客無過五十戶三品十戶四品七戶五品五戶六品三戶七品二戶八品九品一戶』又『東晉官品第一第二佃客無過四十戶每品減五戶至第九品五戶』

其主人號曰『大家』「其客皆注家籍皆無課役其佃穀與大家量分』通考原文蓋一種農奴制也。

案通考原文云『皆無課役』下文又云『其課丁男調布絹各二丈絲三兩綿八兩祿絹八尺祿綿三兩二分租米五石……』頗不可解。馬端臨謂『晉以來人皆授田無無田之戶是以戶賦之入於公家及私屬皆重』此說恐非如此則何以云「無課役」又何取於蔭耶此自述晉代課役常制耳非謂以此課佃客也

最可注意者兩點前此之奴皆以口計此獨以戶計前此之奴由買賣或掠奪而來此獨由蔭而來後世所謂「投靠」蓋起於此。

晉書食貨志『各以品之高卑蔭其親屬多者及九世少者三世又得蔭人以爲衣食客佃客』據此知佃客實投靠以避免課稅故「注家籍」等於親屬也。

此制是否南北朝尚通行何時消滅今難確考然佃客目的在託庇以免賦役「大家」則利其勞力以自封殖則其事當隨賦稅制度爲轉移北魏行均田制其受田也『奴婢依良』或於佃客之存在不無影響也。

魏書孝文本紀『太和九年詔均天下人田諸男夫十五以上受露田四十畝婦人二十畝奴婢依良』

復次吾儕試一繙唐律當立發見其中有多數以「部曲奴婢」連舉之條文。

名例「略和誘人」條『略和誘部曲奴婢及藏逃亡部曲奴婢……』

名例「同居相爲隱」條『曲奴婢爲主隱皆勿論』

名例「官戶部曲」條『諸官戶部曲官私奴婢有犯本條無正文者各準良人』

名例「稱道士女冠」條。『觀寺部曲奴婢於三綱與主之期親同。』
戶婚律「養雜戶爲子孫」條。『若養部曲及奴爲子孫者。』
戶婚律「緣坐非同居」條。『若部曲奴婢犯反逆者。』
賊盜律「部曲奴婢殺主」有專條。
賊盜律「殺人移鄉」條。『殺他人部曲奴婢並不在移限。』
賊盜律「穿地得死人」條。『部曲奴婢於主冢墓……』
賊盜律「知略和誘」條。『略和誘部曲奴婢而買之者。』
賊盜律「共盜併贓」條。『主遣部曲奴婢盜者。』
鬬訟律「部曲奴婢良人相毆」有專條。
鬬訟律「部曲奴婢過失殺主」有專條。
鬬訟律「毆緦麻親部曲奴婢」有專條。
鬬訟律「部曲奴婢詈舊主」有專條。
鬬訟律「部曲奴婢告主」有專條。
詐僞律「妄認良人爲奴」條。『諸妄認良人爲奴婢部曲妻妾子孫者……』
雜律「奴姦良人」條。『其部曲及奴姦主者……』
捕亡律「容止他界逃亡」條。『……其官戶部曲奴婢亦同。』
斷獄「與囚金刃解脫」條。『……部曲奴婢與主者罪亦同。』
斷獄「死罪囚辭窮竟」條。『……部曲奴婢於主者皆以故殺罪論。』
斷獄「聞知恩赦故犯」條。『……若部曲奴婢毆及謀殺……』

所謂「部曲」者果何物耶。吾儕讀後漢書三國志即已屢見此名詞。南北朝史則更夥。其意義亦隨時代而漸變。其初蓋純屬一種非正式的軍隊。漢制兵由徵調。非將帥所得私。及其末年。邊將擁兵自重者始別募一種兵如後世所謂「家丁」者以爲己腹心。而部曲之名立焉

魏志董卓傳『卓故部曲樊稠等合圍長安城』蜀志馬超傳『父騰徵爲衛尉。以超領其部曲，』此皆起自涼州。當爲部曲最初發生之地，（？）

其後天下大亂。民離散無所歸。諸將競招懷之以爲己有。

魏志衛覬傳『關中膏腴之地。頃遭喪亂……歸者無以自業。諸將各競招懷以爲部曲。郡縣貧弱不能與爭』

崛起草澤之英雄多藉之以成大業。

蜀志關羽張飛傳『先主以羽飛爲別部司馬。分統部曲』吳志孫堅傳『勒部曲整頓行陣』

部曲不惟壯丁而已。大率舉家相附。且往往隨主將移徙。

魏志李典傳『典宗族部曲三千餘家。居乘氏。自願徙詣魏郡……遂徙部曲宗族萬三千餘口居鄴』又鍾會傳『將部曲數十家渡江』吳志韓當傳『將家屬部曲男女數千人奔魏』又朱桓傳『部曲萬口妻子盡識之』晉書祖逖傳『將部曲百餘家渡江』

其與主將關係既如此密切。故除爲別人所擊散或攘奪外。率父子相繼襲領。而部曲遂成爲一家之所有物。

蜀志馬超傳『領父騰部曲』吳志孫策傳『袁術以堅部曲還策』又孫韶傳『統父河部曲』又朱桓傳『使子異攝領部曲』

部曲皆有『質任』不能擅自解除寖假遂變爲法律上一種特殊階級。

晉書武帝紀『泰始元年詔復百姓徭役。罷部曲將吏長以下質任』又『咸甯三年大赦。除部曲督以下質任。』質即周官所謂質劑。任保也「質任」蓋如後世投靠賣身之甘結。罷除須下明詔。則其不易罷除可知。

經六朝至唐。社會情狀日變。部曲遂至全失其軍隊的性質而與奴隸同視。

唐律疏議『部曲奴婢是爲家僕』又卷十七『奴婢部曲身繫於主』

雖然部曲之視奴婢亦有間唐制分賤民爲若干級而奴婢最賤『律比畜產』其處分常適用『物權法』部曲則仍比諸人類

唐律疏議卷六『奴婢賤人律比畜產』又卷十七『部曲不同資財故別言之奴婢同資財故不別言』

故其權利義務亦有等差

唐律鬬訟律二『諸部曲毆良人者加凡人一等奴婢又加一等……其良人毆傷殺他人部曲者減凡人一等奴婢又減一等』又雜律上『諸錯認良人爲奴婢者徒二年爲部曲者減一等錯認部曲爲奴者杖一百』

此部曲沿革及身分之大凡也

唐制別賤民於良民賤民中又分三級最下曰奴婢次則番戶次則雜戶

唐書職官志『都官郎中員外郎掌配役隸凡公私良賤必周知之凡反逆相坐沒其家爲官奴婢一免爲番戶再免爲雜戶三免爲良民』

番戶亦稱官戶

唐會要前文原注云『諸律令格式有言官戶者是番戶之總號非謂別有一色』

部曲身分與官戶同國有者爲官戶私有者爲部曲

唐律鬬毆律二部曲奴婢良人相毆條原注云『官戶與部曲同』唐書高宗紀『顯慶二年十二月勅放還奴婢爲良及部曲客女者聽』放奴婢爲部曲即等於『一免爲番戶』也

部曲之女謂之「客女」其身分亦等於官戶

唐律疏議卷十三『客女謂部曲之女或有於他處轉得或放婢爲之』

官戶與雜戶異者官戶惟屬本司無籍貫於州縣雜戶雖散配諸司驅使仍附州縣戶貫

唐律疏議卷三『官戶者謂前代以來配隸相生。或有今朝配沒。州縣無貫。唯屬本司。雜戶者。謂前代以來配隸諸司職掌。課役不同百姓。依令老免進丁受田依百姓例。』

雜戶者。如少府監所屬之工樂雜戶。太常寺所屬之太常樂人等類。

唐大詔令集卷八十一武德二年八月詔『太常樂人……前代以來轉相承襲。或有衣冠世緒。公卿子孫。一沾此色。後世不改。婚姻絕於士籍。名籍異於編甿。大恥深疵。良可哀愍……宜得蠲除。一同民例……』

更有所謂「隨身」者。則契約雇傭之奴僕。在約限內亦與良殊科。

唐律疏議卷二十五注『隨身之與部曲色目略同。』又卷二十一釋文『二面斷約年月賃人指使爲隨身。』是「隨身」即今之雇僕。

此有唐一代奴隸名色之大凡也。

唐時奴隸。除當時因罪沒官及前代奴籍相承外。大率販自南部。東南則閩粵。西南則川黔湘桂諸地。謂之「南口」。

唐書玄宗紀『天寶八載……其南口請禁蜀蠻及五溪嶺南夷獠之類。』

唐會要卷八十六『元和四年勅嶺南黔中福建等道。雖處遐俗。莫非吾民……公私掠賣奴婢。宜令所在長吏切加捉搦。』

豪强商賈。用以市易。用以餽贈。

唐會要卷八十六『元和九年詔自嶺南諸道。輒不得以良口餉遺販易。及將諸處博易。又有求利之徒。以良口博馬。並勅所在長吏嚴加捉搦。』

又『太和二年勅嶺南福建桂管邕管安南等道百姓。禁斷掠買餉遺良口……』

又『大中九年勅嶺南諸州貨賣男女。奸人乘之。倍射其利。今後無間公私土客。一切禁斷。』

朝廷且以爲貢品。

又『大歷十四年五月詔。邕府歲貢奴婢。使其離父母之鄉。絕骨肉之戀。非仁也。宜罷之。』

而獠奴最盛行於公私間。所在皆有焉。

文獻通考四裔考『獠蓋蠻之別種。自漢中達於邛笮山谷之間。所在皆有。……遞相劫掠不避親戚。賣如猪狗。……被縛者卽服爲賤隸。不敢更稱良矣。……後周武帝平梁益。每歲出兵獲其生口以充賤隸。謂之「壓獠」。商旅往來者亦資以爲貨。公卿逮於人庶之家有獠口者多矣。』案杜甫集中卽有示獠奴阿段一詩。足證唐時獠奴所在皆有。獠奴殆卽漢之僰僮歟。

西北緣邊則有突厥奴。吐蕃奴。回鶻奴。

又『大足元年勅西北緣邊州縣不得畜突厥奴婢。』又『大中五年勅邊上諸州鎭送到投來吐蕃回鶻奴婢等。並配嶺外。不得隸內地。』

東北登萊一帶亦盛販新羅奴。

又。『長慶元年。薛苹奏。有海賊詃掠新羅良口將到登萊州界及緣海諸道賣爲奴婢。……請所在嚴加捉搦。』又。『太和二年。勅海賊詃掠新羅良口。……雖有明勅。尚未止絕。』

蓋自初盛唐以來。武功恢張。幅員式廓。劣等民族接觸日多。而掠賣惡風亦日熾。唐代之奴。除罪隸外。此其大宗矣。

北胡凶暴。每有寇抄。畜產之外。掠及人民。自匈奴時蓋已然。然永嘉五胡之亂。諸胡率皆久居塞內。雜伍編氓。故其竊踞之地所得戶籍。尚未聞以賤隸相視。自南北以敵國對峙。元魏破江陵時。盡以所俘士民爲奴。無間貴賤。中國衣冠之族淪入奴籍自此始。至宇文周之末乃漸放免焉。

通考卷十一『周武帝天和元年詔江陵人年六十五以上爲官奴婢者放免。建德元年又詔江陵所獲俘虜充官口者悉免爲百姓。』

遼金元以還。毒痡滋甚。遼伐渤海伐宋伐高麗所俘者悉以充配賜。

續通考十四。『遼太宗天顯五年。以所俘渤海戶賜皆呼等。』又『聖宗統和四年。以伐宋所俘生口賜皇族及乳母。』又。『二十九年以伐高麗所俘人分置諸陵廟。餘分賜內戚大臣。』又。『統和七年詔南征所俘有親屬分隸諸帳者。皆給官錢贖之。』

靖康之難。自帝胄以迄黎庶。陷虜者皆宛轉狼藉。

洪邁容齋隨筆　卷。『自靖康之後。陷於金虜者。帝王子孫宦門士族之家盡沒為奴婢。使供作務。每人月支稗子五斗。令自舂為米。得一斗八。升。用為餱糧。歲支麻五把。令緝為裘。此外更無一錢一帛之入。……』

元初諸將競掠中原良民以為私戶。豪橫益非人理。

元史張雄飛傳。『前阿爾哈雅行省荊湖。以降民三千八百戶沒入為家奴。自置吏治之。歲收其租賦。有司莫敢問。』

又世祖本紀。『至元十七年。詔覈阿爾哈雅及圖克特穆爾等所俘丁三萬二千餘人並放為民。』

又宋子貞傳。『東平將校占民為部曲戶。謂之「腳寨」。擅其賦役。幾四百所。子貞悉罷歸州縣。』

又張德輝傳。『兵後孱民依庇豪右。歲久掩為家奴。德輝為河南宣撫使。悉遣為民。』

又雷膺傳。『江南新附。諸將往往強籍新民為奴隸。膺為湖北提刑按察副使。出令為民者數千。』

又王利用傳。『都元帥塔爾海抑巫山數百口為奴。利用為提刑按察使。出之。』

又袁裕傳。『南京總管劉克興掠良民為奴隸。後獲罪。裕籍其家奴隸得復為民者數百。』

雖屢申禁令。而視同具文。

元史耶律楚材傳。『太宗元年。籍中原民。時將相大臣有所驅獲。往往寄留諸郡。楚材因括戶口。并令為民。匿占者死。』

又太宗本紀。『十二年籍諸王大臣所俘男女為民。』

又廉希憲傳。『至元十二年。希憲行省荊南。令凡俘獲之人。敢殺者以故殺平民論。有立契券質要子者。重其罪。仍沒入其直。』

又世祖本紀。『至元二十年。禁權勢沒人口為奴及黥其面者。』

蓋元代綱紀最紊亂，始終沿塞外之俗，『以殺戮俘虜爲耕作，』朝廷本無勤恤民隱之意，而法復不能行於貴近，故蓄奴惡習唐宋後本有漸革之勢，至元而復熾，將帥官吏倡之於上，莠民效之於下，江南豪富，有蓄奴多至萬家者。

續通考卷十四，『元武宗至大二年十月，樂實奏言江南富室有蔽占王民奴使之者，動輒百千家，有多至萬家者，可增其賦稅。』

直至明末，腥風猶播，而江南特甚。

顧炎武日知錄卷十三，『太祖數藍玉之罪曰，「家奴數百」，今日江南士大夫多有此風，一登仕籍，此輩競來門下，謂之投靠，多者亦至千人……』又云，『人奴之多，吳中爲甚，其專恣暴橫，亦吳中爲甚，有王者起，當悉免爲良民，而徙之以實遠方空虛之地，士大夫之家所用僕役，並令出貲雇募，如江北之例，則豪橫一清，而四鄉之民，可以安枕，其爲士大夫者，亦不至受制於人。』

迨清康熙間「奴變」一役，數千年養奴之習，乃告一大結束矣。

「奴變」一役，偏及江南全省，此事惟聞諸故老，知縉紳之家，罹禍極烈，顧亭林所謂『士大夫受制於人』者，蓋洞燭幾先矣，然事之始末，官私文書紀載極稀，吾今不能言其情形，並其年月亦不能舉出，今後當極力設法蒐集資料，海內博聞君子，倘能以所知事實相告，不勝大幸。

清之未入關，其歷年寇鈔畿輔，遠及齊晉，所至亦常有掠人爲奴之事。

顏習齋之父，即被掠爲奴之一人，類此者甚多，但此等記載，康雍乾間禁燬殆盡，今難博引，皇朝通考卷二十載乾隆四年上諭云，『國初俘獲之人，年分已遠，及印契所買奴僕之中，有盛京帶來，帶地投充之人，係旗人轉相售賣者，均應開戶，』觀此知清初此類之奴頗不少也。

順治定鼎以後，頗思立綱紀以繫民望，故除犯罪者「發滿洲披甲人爲奴」之外，自餘元初慘掠之習，似尚無所聞(?)，其滿洲世僕有所謂「包衣」者，雖存主奴名分，仍得應試出仕。

包衣舊例雖官至極品，對舊主仍執主僕禮，至　年始命凡三品以上包衣皆出籍，見等書。

漢人方面，則雍正元年解放山西樂戶，浙江惰民，五年解放徽州伴儅，寧國世僕，八年解放蘇州丐戶，乾隆三十六年解放廣東蜑浙江九姓漁戶及各省凡有似此者。

皇朝通考卷十九。雍正元年上諭。『山西等省有樂戶一項。其先世因明建文末不附燕兵被害。世世不得自拔。令各屬禁革。俾改業爲良。又浙江紹興府之惰民。與樂籍無異。亦令削除其籍。俾改業與編氓同列。』五年諭。『江南徽州府有伴儅。寧國府有世僕。本地呼爲細民。其籍業與樂戶惰民同。甚至有兩姓丁戶村莊相等。而此姓爲彼姓執役。有如奴隸。究其僕役起自何時。則茫然無考。非實有上下之分……可悉開除爲民。』八年又以蘇州之常熟昭文二縣丐戶與浙江惰民無異。命削除丐籍。

乾隆三十六年諭。『廣東之蜑戶。浙江之九姓漁戶。及各省凡有似此者。悉令該地方查照雍正元年山陝樂戶成案辦理。令改業爲良。』

自是社會上類似奴隸之劣等階級。緣法律之保障。悉予豁除。

事實上卻未淨盡。例如吾鄉及附近各鄉皆有所謂世僕者。其在吾鄉者爲異姓。其人爲吾梁姓之公僕。問其來由。正如雍正諭所謂「僕役起自何時茫然無考」者。

其身分特異之點則(一)不得與梁姓通昏姻。(鄰鄉良家亦無與通婚者。其婚姻皆限於各鄉之世僕。)(二)不得應試出仕。(三)不得穿白襪。其職務則(一)梁家祠堂祭祀必須執役。(二)凡梁家各戶有喜事凶事必須執役。但祠堂及各戶所以酬之者頗豐。故其人生計狀況尚不惡。依乾隆三十六年上諭。此輩早已當列爲編氓。然而至今不改者。則社會積習之惰力然也。

私人則除蓄婢女外。男奴幾全部絕跡。其事實及原因。下方更詳言之。

關於奴婢之身分及待遇。歷代法制。變革頗繁。漢律亡佚。其所規定不可悉見。然董仲舒建議謂『宜去奴婢。除專殺之威。』(見漢書食貨志)則其時得專殺奴婢可知。此議雖在武帝時。然終西漢之世未見施行。及光武建武十一年三月始下詔曰『天地之性人爲貴。其殺奴婢不得減罪。』雖未能全采仲舒去奴之議。然揭示人權觀念。確立平等原則。可稱二千年極有價值之立法。

其年八月詔『敢炙灼奴婢論如律。免所炙灼爲庶民。』十月又詔『除奴婢射傷人棄市律。』此二詔與前詔同一精神。然卽此可見前此炙奴婢不爲罪而奴婢誤傷人卽處極刑也。

大抵東漢一代儒學盛行。合理的制度多在此時建設。奴隸最少而待遇亦最優。經三國南北朝以至隋唐。人權思想轉形退化。唐律疏議中『奴婢比畜產』『奴婢同資財』之語屢見不一見。『諸奴婢有罪其主不請官司而殺者杖一百無罪而殺者徒一年。過失而殺者勿論』疏議卷二十二 此其去專殺也幾何

史記田儋列傳『儋佯爲縛其奴從少年之廷欲謁殺奴』應劭注云『古殺奴婢皆當告官儋欲殺令故詐縛奴以謁也』晉書刑法志『奴婢捍主主得謁殺之』然則主人殺奴婢自秦以來卽爲法律所許不過須經「謁」「請」之一程序耳

至關於犯罪制裁之規定。壹皆以良賤不平等爲原則。殺傷部曲奴婢不特主及親屬擬罪從輕。卽他人亦多不實抵。

唐律主人殺奴婢之制裁。具如前文所述。一般良民惟故殺他人部曲擬絞。餘俱無死罪。毆殺傷奴婢者減凡人二等。故殺者亦只流三千里。

奴婢殺主。唐律無文。蓋謀殺未成。或毆而致傷。皆已處死。其罪更無可加也。

唐律卷十七『諸部曲奴婢謀殺主者皆斬。謀殺主之期親及外祖父母者絞。已傷者皆斬』卷二十二『諸部曲奴婢過失殺主者絞。卽毆主之期親及外祖父母者絞。已傷者皆斬。詈者徒二年。』

此種律文大體爲宋元明清律所因襲。惟常人（本主除外）毆死或故殺奴婢。明清律皆處絞。漸復漢建武之舊矣。現行刑律則奴婢犯罪加等。對於奴婢犯罪減等諸條文什九削除。大體已采用平等原則。蓋受近世人權思想之影響使然也。

奴婢身分之世襲。卽所謂「家生子」者。實由良賤禁通婚姻而來。秦漢之間。蓋男女間有一方爲奴者其所生

子卽爲奴。

方言三『凡民男壻婢謂之臧。女而婦奴謂之獲。』文選報任安書注引韋昭曰『善人以婢爲妻生子曰獲。奴以善人爲妻生子曰臧。』

唐律對於奴與良人通婚絕對禁止。

唐律戶婚律「奴娶良人爲妻」條云。『諸與奴娶良人女爲妻者徒一年半。女家減一等。離之。其奴自娶者亦如之。主知情者杖一百。……卽妄以奴婢爲良人而與良爲夫妻者徒二年。各還正之。』

又「雜戶不得娶良人」條。『諸雜戶不得與良人爲婚。違者杖一百。官戶娶良人女者亦如之。良人娶官戶女者加二等。……』按此則奴婢固有罰。良人自貶罰更重。

元律稍進步。男女間有一方爲良人者。其所生子卽爲良人。

元刑法志姦非篇『諸奴有女已許嫁爲良人妻卽爲良人。』又『諸良民竊奴隸生子。子離母還主。奴竊良民生子。子隨母爲良。』

然淸初滿洲世僕名分極嚴。輒復擴其俗以及漢族。故家生之奴。淸中葉蓋未革焉。

大淸會典戶部則例卷三『凡漢人家奴。若家生若印契買若雍正十三年以前白契所買以及投靠養育年久。或婢女招配生子者。俱照八旗之例子孫永遠服役。』

奴婢身分之解除。其在官奴方面蓋有二途。一曰法定年齡之限制。

周官屬人。『凡七十者未齔者不爲奴。』通考卷十二。『漢哀帝卽位詔官奴婢五十以上免爲庶人。』『周武帝天和元年詔江陵人年六十五以上爲官奴婢者令放免。』『唐顯慶二年敕官奴婢年六十以上及廢疾者並免賤。』此外類此之詔令尙多。

二曰政府之恩免或豁免雜戶。例如北周建德六年平齊詔『凡諸雜戶悉放爲百姓。』如前所述淸雍正乾隆屢次放免樂戶等事。此等雜戶。其直接服役義務本甚希。不過名義上不齒於齊民。故革之較易。其直接服役之官奴婢。則除前所述漢代恩詔外。後世普行豁免之事亦常有之。不具舉。（參看通考續通考之戶口考奴婢各條）然唐制則分等級。

有「官奴婢一免爲番戶再免爲雜戶三免爲良人」之規定此項直接服役之官奴婢衣食於官已久驟然解放其存活亦頗成問題如最近清宮之放免太監爲恩爲虐蓋尙待事實上之判定也

其私奴方面亦有二途一曰政府勒免

漢書高祖紀五年詔『民有饑餓自賣爲人奴婢者皆免爲庶人』後漢書光武紀建武二年五月詔『民有嫁妻賣子欲歸父母者悉聽之敢拘執論如律』後世此項恩詔尙多看通考續通考奴婢條

二曰本主自行放免

唐律疏議卷十二『依戶令放奴婢爲良及部曲客女者聽之皆由家長給手書長子以下連署仍經本屬申牒除附』

然關於私奴解放其法律效力恆不如官奴之强蓋自古然矣

---

官奴以俘虜及罪沒爲大宗私奴則買賣爲大宗歷代對於禁制買賣奴婢之立法法文法意皆往往相矛盾故其効力相消加以法律實施之能率不强法且成具文奴婢制度之久而不革實由於此漢制已有賣人之禁

後漢書光武紀建武七年五月詔『吏民遭饑亂及爲賊所掠爲奴婢下妻欲去留者悉聽之敢拘執不還以「賣人法」從事』所謂賣人法之條文今已亡佚然晉書刑法志引陳羣新律序曰『盜律有和賣買人』日知錄注惠氏引盜律曰『略人略賣人和賣人爲奴婢者死』所謂「盜律」即蕭何九章律之一篇光武詔所謂「賣人法」即指此

唐以後律對於略賣和賣課罪綦嚴卽長親賣子孫亦皆有罰

看唐律盜律「略人略賣人」「略和誘奴婢」「略賣期親卑幼」「知略和誘和同相買」諸條及宋刑統大明律大淸律例本篇諸條

故自明以來凡寫賣身文契者皆改稱「義男義女」

沈之奇明律輯注云『祖父賣子孫爲奴婢者問罪。給親完聚。是無罪良人。雖祖父亦不得賣子孫爲賤也。……故今之爲賣身文契者皆不書爲奴爲婢而曰義男義女。……』

雖然。一面律文如彼。一面詔勅事例等往往與律意全相矛盾。卽最近至清中葉仍常發見有承認買賣人口爲正當權利之法令。

皇朝通考卷二十。『康熙二年定八旗買賣人口兩家赴市納稅記册令領催保結列名若係漢人令五城司坊官驗有該管官印票准賣。』『十一年申買人用印例。』『五十三年准四十三年以前白契所買之人俱斷與買主。』雍正元年定白契買人例自康熙四十三年起至六十一年止白契所買之人俱不准贖身。』『乾隆三年定自乾隆元年以前白契所買作爲印契者不准贖爲民。』『二十八年定入官人口之例年在十歲以上至六十歲者每口作價銀十兩六十歲以上作銀五兩九歲以下每一歲作銀一兩。』

既有此等法令。則律文中略賣和賣科罪諸條。豈非完全等於無效。況律中明有多條爲奴婢身分不平等之規定。既禁買賣則私家奴婢從何而來。律文本身精神已不一貫。何怪其推行無力。去奴之議。所以自董仲舒倡之二千年而迄不能實行者。蓋坐是耳。

自宣統元年頒行禁革買賣人口條例。而現行新刑律關於奴婢身分之各條文沿自明清律者亦已完全删去。主奴名義。絕對爲法律所不容許。在立法事業上不能不謂爲一種進步。以後則視所以推行者何如耳。

就事實上論。女婢至今依然爲變相的存在。男奴則自清中葉以來早已漸次絕跡。此蓋非由法律强制之力使然。其原因實在生計狀況之變動與賦役制度之改良。所謂生計狀況之變動者。戰國秦漢間奴隸階級驟興。由於田制破壞。豪强兼幷。前文既已言之。凡畜奴者皆以殖產也。故史記貨殖傳盛稱白圭刁間以善用奴致富。又言『僮手指千與千戶侯等』漢書張安世傳稱其『家童七百人皆有手技作事內治產業累積纖微是以能殖其富』後漢書樊宏傳稱其『課役童隸各得其宜上下戮力財利歲倍』至如王褒僮約雖屬滑稽之文然其所敍什九皆農田力作事爲殖產而蓄奴亦可以窺見消息之一斑矣此後每經一度喪亂及秩序恢復後奴制轉盛蓋緣亂後地廣人稀豪強盛行占併則藉奴力開墾經營以自殖夫行大農制之社會最利蓄奴小農則否美國六十年前因南北利害衝突致演放奴戰爭表面上雖揭櫫「正義人道」其中實含有生計上重大意味善讀史者類能言其故矣我國自清中葉以後腹地各省人丁滋衍地狹民稠不容大農發生之餘地畜奴者無所利故不禁自絕也

所謂賦役制度改良者秦漢以來行口算之賦（即人頭稅）又有兵役力役皆按丁籍徵收徵發而貴近豪強常享免賦免役之特權民之苦賦役者則相率逃亡逃亡無所得衣食則自鬻或被誘略爲奴漢立「奴婢倍算」之制思所以防遏救濟之然爲效蓋甚寡蓋豪貴固善於隱匿即不隱匿而區區之算不足損其畜奴殖產之利也晉制許品官蔭人爲衣食客或佃客限以戶數由今日觀之似是獎厲豪強特權在當日立法則固已含裁抑之意蓋不明定法蔭之限則其所包庇者正不止此數也唐代部曲之多亦由於此蓋在主人庇蔭之下一切賦役皆可以逃避也自宋王安石雇役法行民之苦役者稍蘇而賦則如故元代固絕無所謂政治縱將吏恣奪朘削奴之特多在史蹟上爲例外明承元敝苟簡無所革正中葉後權璫恣虐民不堪荼毒惟自鬻於達官豪宗以求活所謂「投靠」是也甚至有「帶地投靠」者投靠既多丁籍益虛財政收入益窘則以原額攤派於未投靠之人未投靠者益苦則終久亦出於投靠而已明代江南宦族最多而蓄奴之風亦最盛弊實由此清康熙

五十一年定「丁隨地起」之制，廢弛「滋生人口永不加賦」之諭，此在我國財政立法上實開一新紀元。其目的並不在禁奴，然而投靠不勸自絕，逃亡販鬻亦清其源，事有責效在此而收效在彼者，此類是也。自今以往，生計組織受世界潮流之影響而劇變，大工行將代大農而興，其利於畜奴也蓋相若，奴之名義，固非現代所能復活，然而變相之奴且將應運生焉，此則視勞動立法之所以防救者何如矣。

本章脫稿後見社會科學季刊第三卷第三號有王世杰君著中國奴婢制度一文，與鄙著互相發明者頗多，望讀者一參考。

## 第七章　鄉治

歐洲國家積市而成，中國國家積鄉而成，故中國有鄉自治而無市自治。

鄉蓋古代鄰里鄉黨比閭州族之總名，專稱鄉者則指一國中最高之自治團體。

劉熙釋名『五家爲伍，以五爲名也。又謂之鄰，鄰連也，相接連也。又曰比，相親比也。五鄰爲里，居方一里之中也。五百家爲黨，黨長也，一聚之所尊長也。萬二千五百家爲鄉，鄉向也，衆所向也。』周禮鄭注『二千五百家爲州，百家爲族，二十五家爲閭。』

周禮有鄉師、鄉大夫、州長、黨正、族師、閭胥、比長諸職，管子則有鄉師、鄉良人、州長、里尉、游宗、伍長或軌長諸職。其制不盡相脗合，兩書蓋皆戰國末年所記述，未必皆屬事實，即事實亦未必各國從同也。其職權之內容，則周禮所說重在鄉官，管子所說重在鄉自治。

管子曰『野與市爭民，鄉與朝爭治。』又曰『朝不合衆，鄉分治也。』（俱權修篇文）其鄉分治之實蹟，則如立政篇所言。

『分國以為五鄉。鄉為之師。分鄉以為五州。州為之長。分州以為十里。里為之尉。分里以為十游。游為之宗。十家為什。五家為伍。什伍皆有長焉。築障塞匿。一道路。博出入。審閭閈。慎筦鍵。筦藏於里尉。置閭有司。以時閉。有司觀出入者。以復於里尉。凡出入不時。衣服不中。圈屬羣徒不順於常者。閭有司見之。復無時。若在長家子弟臣妾屬役賓客。則里尉以譙於游宗。游宗以譙於什伍。什伍以譙於長家。譙敬而勿復。一再則宥。三則不赦。凡孝弟忠信賢材賢良儁材。若在長家子弟臣妾屬役賓客。則什伍以復於游宗。游宗以復於里尉。里尉以復於州長。州長以計於鄉師。鄉師以著於士師。……三月一復。六月一計。十二月一著。凡上賢不過等。使能不兼官。罰有罪不獨及。賞有功不專與。……』

又小匡篇曰。

『政既成。鄉不越長。朝不越爵。罷士無伍。罷女無家。士三出妻。逐於境外。女三嫁。入於舂穀。是故民皆勉於為善。士與其為善於鄉。不如為善於里。與其為善於里。不如為善於家。是故士莫敢言一朝之便。……皆有終身之功。……是故匹夫有善可得而舉。有不善可得而誅。政成國安。以守則固。以戰則強。』

管子書中尤有一奇異之制度。曰鄉治之性質。以職業為類別。其大類有二。曰士農之鄉。曰工商之鄉。大抵前者如今之鄉村。後者如今之都市。由今日觀之。一地方區域中只有單純一種之職業。為事殆不可能。雖然。一區域中以某種職業為主。則亦非無之。例如英之牛津劍橋。雖亦有工商業。然可命為學校區。其波明罕門治斯達。雖亦有學校。然可命為工業市。管子之意。大概如此。

管子小匡篇『制國以為五鄉。商工之鄉六。士農之鄉十五。……士農工商四民者。國之石民也。不可使雜處。雜處則其言咙。其事亂。是故聖王處士必於閒燕，處農必就田野。處工必就官府，處商必就市林。今夫士，羣萃而州處，閒燕則父與父言義，子與子言孝，……長者言愛，幼者言弟，旦夕從事於此。以教其子弟，少而習焉，其心安焉，不見異物而遷焉，是故其父兄之教不肅而成，其子弟之學不勞而能，是故士之子恆爲士，今夫農，羣萃而州處，審其四時，權節具備其械器用，……少而習焉，其心安焉，不見異物而遷焉，是故其父兄之教不肅而成，其子弟之學不勞而能，是故農之子恆爲農，今夫工，……是故工之子恆爲工，今夫商……是故商之子恆爲商，』

管子又有所謂「作內政寄軍令」之法，以鄉兵爲軍事基礎，且極言其效用曰，

『……是故卒伍政定於里，軍旅政定於郊。內教既成，令不得遷徙，故卒伍之人，人與人相保，家與家相愛，少相居，長相游，祭祀相移，死喪相恤，禍福相憂，居處相樂，行作相和，哭泣相哀，是故夜戰其聲相聞，立以無亂，晝夜其目相見，足以相識，驩欣足以相死，……』

孟子述古代井田之制亦曰，

『死徙無出鄉，鄉田同井，出入相友，守望相助，疾病相扶持，則百姓親睦。』

漢儒公羊傳宣十五年何注更詳述其制度內容曰，

『夫飢寒並至，雖堯舜躬化，不能使野無寇盜，貧富兼并，雖皋陶制法，不能使强不陵弱，是故聖人制井田之法而口分之，一夫一婦受田百畝，……五口爲一家，公田十畝，……廬舍二畝半，八家……共爲一井，故曰井田，……』

『井田之義，一曰無泄地氣，二曰無費一家，三曰同風俗，四曰合巧拙，五曰通財貨，因井田以爲市，故曰市井，……別田之高下善惡，分爲三品，……肥饒不得獨樂，墝埆不得獨苦，故三年一換土易居，……是謂均民力，』

『在田曰廬，在邑曰里，一里八十戶，八家同一巷，中里爲校室，選其耆老有高德者名曰父老，其有辯護伉健者爲里正，皆受倍田，得乘馬，父老比三老孝弟官屬，里正比庶人在官者，』

『民春夏出田，秋冬入保城郭，田作之時，父老及里正，旦開門坐塾上，晏出後時者不得出，暮不持樵者不得入，

『五穀畢入。民皆居宅。里正緝趨績。男女同巷。相從夜績。至於夜中。故女功一月得四十五日。作從十月盡正月止。男女有所怨恨。相從而歌。饑者歌其食。勞者歌其事。

『男年六十女年五十無子者。官衣食之……

『十月事訖。父老教於校室。八歲者學小學。十五者學大學。其有秀者移於鄉學……

『三年耕。餘一年之畜。九年耕。餘三年之積。三十年耕。有十年之儲。雖遇水旱。民無近憂。四海之內。莫不樂其業……』

綜括上列諸書所述。則古代鄉治主要事業有四。（一）農耕合作。（二）義務教育。（三）辦警察。（四）練鄉兵。其精神則在互助。其實行則恃自動。其在於道德上。法律上。則一團之人。咸負連帶責任。因人類互相依賴。互相友愛互相督責的本能而充分利用之濬發之。以構成一美滿而鞏固的社會。此鄉治之遺意也。

周禮大司徒。『五家爲比。使之相保。五比爲閭。使之相受。四閭爲族。使之相葬。五族爲黨。使之相救。五黨爲州。使之相賙。五州爲鄉。使之相賓。』

其羣集燕會之事。見於儀禮者。有鄉飲酒禮。鄉射禮。見於周禮者。有州社之祭。（州長職）見於禮記者。有賓蜡之祭。（禮運篇）有郵表畷等之祭。（祭法篇）見於論語者。有儺祭。其他如詩經之『琴瑟擊鼓以迓田祖』（小雅甫田篇）『獻羔祭韭朋酒斯饗』（七月篇）等。大率以歲時聚集一地方團體之全民。於娛樂之中施以教育焉。

諸書所說。是否悉屬古代通行事實。抑有一部分爲著書者述其理想中之社會制度。今未敢懸斷。但左傳記鄭人游於鄉校以議執政（襄公三十一年）則春秋時確有鄉校可知。論語記孔子與鄉人飲酒。則鄉飲酒禮當時通行可知。準此以推。則諸書所說。最少有一大部分應認爲事實。而鄉治精神。殆有足以令人感動者。故孔子與於蜡賓。慨然想慕『大道之行。』（禮運文）又曰。『觀於鄉而知王道之易易也。』（鄉飲酒義文）

戰國以降。土地私有。而農民役於豪强。商業勃興。而社會重心移於都市。鄉治漸失其勢力。而規模亦日以隳壞。然在漢時。郡國猶行鄉飲酒鄉射禮則其他條目亦當有行者。(？)

儀禮鄭注鄉飲酒禮篇目下云『今郡國十月行此飲酒禮』鄉射禮篇目下云『今郡國行此禮以季春。』

其鄉官則有「三老」「嗇夫」「游徼」分掌教育賦稅獄訟捕盜等事。

漢書百官公卿表云『大率十里一亭。亭有長。十亭一鄉。鄉有三老有秩嗇夫游徼。三老掌教化。嗇夫職聽訟收賦稅。游徼徼循禁賊盜。』

其職權蓋由國家所賦予。其人蓋由長官所察舉。不純屬自治。但所察任例必爲本籍人。

漢書高帝紀『二年二月令舉民年五十以上有脩行能帥衆爲善者。置以爲三老。鄉一人。擇鄉三老一人爲縣三老。與縣令丞尉以事相教。』

多能舉其職。名稱往往著於史冊。

例如壺關三老茂上書詔衞太子寃。見漢書武帝紀。朱邑爲桐鄉嗇夫。沒而民祀之。見漢書循吏傳。爰延爲外黃嗇夫。仁化大行。見後漢書本傳。

三國六朝。史載蓋闕。惟後魏孝文及後周蘇綽。皆曾一度刻意復古。頗著成效。至隋開皇間而鄉官盡廢。無復鄉治可言矣。

日知錄卷八。『後魏太和中。李冲上言。宜準古五家立一鄰長。五鄰立一里長。五里立一黨長。長取鄉人彊謹者。……孝文從之。史言立法之初。多稱不便。及事既施行。計省昔十有餘倍。於是海內安之。後周蘇綽作六條詔書曰。非廣州郡之官。皆須善人。爰自黨族閭里正長之職。皆當審擇。隋文帝師心變古。開皇十五年始盡罷州郡鄉官。……』

宋程顥爲留城令。立保伍法。量鄉里遠近爲保伍。使力役相助。患難相恤。奸僞無所容。孤煢老疾者。責親黨使無失所。行旅疾病出於途者。皆有所養。時稱善政。王安石因之。名曰保甲法。其始蓋教民以自衞。使習武事。詰姦盜。

采周禮相保相受之意而實行商鞅連坐之法。其教育事項生計事項救恤則皆未及焉。其後漸練以爲鄉兵。欲藉以禦外侮。然沮撓者旣多。奉行者復無狀。天下騷然。非久旋廢。

熙寧中保甲法。民十家爲一保。選主戶有幹力者一人爲保長。五十家爲一大保。選一人爲大保長。十大保爲一都保。選衆所服者爲都保正。主客戶兩丁以上選一人爲保丁。兵器非禁者聽習。每一大保夜輪五人儆盜。凡告捕所獲以賞格從事。同保犯强盜殺人……等罪知而不告者依伍保法連坐。熙寧三年始行於畿甸。以次推及全國。四年始令畿內保丁肄習武事。後亦行於全國。至熙寧九年保甲民兵七百十八萬二千二十八人。詳見宋史兵志。

保甲法雖以安石故爲世詬病。然明洪武十五年。淸嘉慶十九年。猶明詔推行之。其意蓋取消極的維持治安。爲國家地方行政之輔助。而行之能否有效。則恆視長官所以督率之者何如。

純粹的鄉自治。古今蓋多有之。惟舊史除國家法制外。餘事皆附人以傳。自治非一人之畸行。則無述也。固宜其成績着於史冊者。則有如漢末避亂徐無山中之田疇。蓋立法及一切行政乃至教育等。皆不藉官力自舉焉。

三國志田疇傳『……疇入徐無山中。營深險平敞地而居。躬耕以養父母。百姓歸之。數年間至五千餘家。疇與其父老約束制相殺傷犯盜諍訟之法。法重者至死。其次抵罪二十餘條。又制爲婚姻嫁娶之禮。興舉學校講授之業。班行其衆。衆皆便之。至道不拾遺……』

宋則呂大防及其昆弟大臨等作藍田呂氏鄉約。行之而大效。朱熹復增損約文。廣爲傳播。後此言鄉治者多宗焉。其精神注重教育及患難之周恤。於地方行政及生計事項無所及。

呂氏鄉約有四綱。一德業相勸。二過失相規。三禮俗相交。四患難相恤。朱氏增損本全文見朱子全書卷七十四。前兩綱臚舉若干德目。第三綱述最普通之交際禮節。第四綱分水火、盜賊、疾病、死喪、孤弱、誣枉、貧乏凡七條。務舉互助互救之實。

明王守仁撫江西。所至敎民立鄉約。其約蓋增損呂朱本而去其繁縟禮文。加入公斷。防盜。及禁止重息放債等事項。

看王文成全書卷十七南贛鄉約。

此外義田、社倉、社學，宋明以來所在多有。義田主恤貧，社倉主救荒，社學主敎育。成效如何，則存乎其人。

義田創自范仲淹，社倉創自朱熹，社學起原待考。

鄉治之善者，往往與官府不相聞問，肅然自行其政敎。其强有力者且能自全於亂世，盜賊汚吏莫敢誰何。例如吾粵之花縣，在明末蓋爲番禺縣甌脫地。流賊起，其民築堡砦自衞。淸師入粵，固守不肯剃髮，不許官吏入境。每年應納官課，以上下兩忙前彙齊置諸境上，吏臨境則交割焉。一切獄訟皆自處理，帖然相安。直至康熙二十一年始納土示服，淸廷特爲置縣曰花縣。斯可謂鄉自治之極效也已。

此事始末淸代官書皆削不載，但言昔爲盜窟，康熙二十一年盜效順，置爲縣而已。然吾鄉父老類能言其事。吾幼時聞諸先王父，蓋有明遺老二人如田疇者爲之計畫主持。二老臨終語其人毋復固守，民從其言，乃納土。距淸之興三十餘年矣。先王父尙能擧二老姓名，惜吾已忘之。曾見某筆記中亦約略記此事，今亦不能憶其書名，容更詳考。

大抵吾國鄉治，其具有規模可稱述者頗多。特其鄉未必有文學之士，有之亦習焉不察，莫或記載，史家更不注意及此，故一切無得而傳焉。以吾三十年前鄉居所覩聞吾鄉之自治組織，由今回憶，其足以繫人懷思者既非一。今述其梗概，資後之治史者省覽焉。

吾鄉曰茶坑，距厓門十餘里之一島也。島中一山，依山麓爲村落，居民約五千。吾梁氏約三千，居山之東麓，自爲一保；餘袁、聶等姓分居環山之三面，爲二保，故吾鄉總名亦稱三保。鄉治各決於本保，其有關係三保共同利害者，則由三保聯治機關法決之。聯治機關曰「三保廟」，本保自治機關則吾梁氏宗祠「疊繩堂」。

自治機關之最高權，由疊繩堂子孫年五十一歲以上之耆老會議掌之，未及年而有「功名」者（秀才監生以上）亦得與焉。會議名曰「上祠堂」（聯治會議則名曰「上廟」）。本保大小事皆以「上祠堂」決之。

疊繩堂置值理四人至六人。以壯年子弟任之。執行耆老會議所決定之事項。內二人專管會計。其人每年由耆老會議指定。但有連任至十餘年者。凡值理雖未及年亦得列席於耆老會議。

保長一人。專以應官。身分甚卑。未及年者則不得列席耆老會議。

耆老及值理皆名譽職。其特別權利只在祭祀時領雙胙及祠堂有讌飲時得入座。保長有俸給。每年每戶給米三升名曰「保長米。」由保長親自沿門徵收。

耆老會議例會每年兩次。以春秋二祭之前一日行之。春祭會主要事項爲指定來年值理。秋祭會主要事項爲報告決算及新舊值理交代。故秋祭會時或延長至三四日。此外遇有重要事件發生。卽臨時開會。大率每年開會總在二十次以上。農忙時較少。冬春之交最多。

耆老總數常六七十人。但出席者每不及半數。有時僅數人亦開議。

未滿五十歲者只得立而旁聽。有大事或擠至數百人。堂前階下皆滿。亦常有發言者。但發言不當。輒被耆老訶斥。

臨行會議。其議題以對於紛爭之調解或裁判爲最多。每有紛爭。最初由親支耆老和判。不服。則訴諸各房分祠。不服則訴諸疊繩堂。疊繩堂爲一鄉最高法庭。不服則訟於官矣。然不服疊繩堂之判決而興訟。鄉人認爲不道德。故行者極希。

子弟犯法。如聚賭鬥毆之類。小者上祠堂申斥。大者在神龕前跪領鞭扑。再大者停胙一季或一年。更大者革胙。停胙者逾期卽復。革胙者非經下次會議免除其罪不得復胙。故革胙爲極重刑罰。

耕祠堂之田而拖欠租稅者停胙。完納後立卽復胙。

犯竊盜罪者。縛其人游行全鄉。羣兒共詬辱之。名曰「游刑。」凡曾經游刑者最少停胙一年。

有姦淫案發生。則取全鄉人所豢之豕。悉行剌殺。將豕肉分配於全鄉人。而令犯罪之家償豕價。名曰「倒豬。」凡會犯倒豬罪者永遠革胙。

祠堂主要收入爲嘗田。各分祠皆有。疊繩堂最富。約七八頃。凡新淤積之沙田皆歸疊繩堂。不得私有。嘗田由本祠子孫承耕之。而納租稅約十分之四於祠堂。名曰「兌田。」凡兌田皆於年末以競爭投標行之。但現兌此田不欠租者。次年大率繼續其兌耕權。不另投標。遇水旱風災則減租。凡減租之率。由耆老會議定之。其率便爲私人田主減租之標準。

支出以墳墓之拜埽祠堂之祭祀爲最主要。凡祭皆分胙肉。歲杪辭年所分獨多。各分祠皆然。故度歲時雖極貧之家皆得豐飽。

有鄉團。本保及三保聯治機關分任之。置鎗購彈。分擔其費。團丁由壯年子弟志願補充。但須得耆老會議之許可。團丁得領雙胙。鎗由團丁保管。（或數人共保管一槍）盜賣者除追究賠償外。仍科以永遠革胙之嚴罰。鎗彈由祠堂值理保管之。

鄉前有小運河。常淤塞。率三五年一濬治。每濬治由祠堂供給物料。全鄉人自十八歲以上五十一歲以下皆服工役。惟耆老功名得免役。餘人不願到工或不能到工者須納免役錢。祠堂雇人代之。遇有築堤堰等工程亦然。凡不到工又不納免役錢者受停胙之罰。

鄉有蒙館三四所。大率借用各祠堂爲教室。教師總是本鄉念過書的人。學費無定額。多者每年三十幾塊錢。少者幾升米。當教師者在祠堂得領雙胙。因領雙胙及借用祠堂。故其所負之義務。則本族兒童雖無力納錢米者亦不得拒其附學。

每年正月放燈。七月打醮。爲鄉人主要之公共娛樂。其費例由各人樂捐。不足則歸疊繩堂包圓。每三年或五年演戲一次。其費大率由三保廟出四之一。疊繩堂出四之一。分祠堂及他種團體出四之一。私人樂捐者亦四之一。

鄉中有一頗饒趣味之組織。曰「江南會」。性質極類歐人之信用合作社。會之成立。以二十年或三十年爲期。成立後三年或五年開始抽籤還本。先還者得利少。後還者得利多。所得利息。除每歲杪分胙及大宴會所費外。悉分配於會員。（鄉中娛樂費。此種會常多捐）會中值理。每年輪充。但得連任。值理無俸給。所享者惟雙胙權利。三十年前吾鄉盛時。此種會有三四個之多。鄉中勤儉子弟得此等會之信用。以赤貧起家而致中產者蓋不少。

又有一種組織頗類消費合作社或販賣合作社者。吾鄉農民所需主要之肥料曰「麻麩」。常有若干家相約以較廉價購入大量之麻麩。薄取其利。以分配於會員。吾鄉主要產品曰葵扇。曰柑。常有若干家相約聯合售出。得較高之價。會中亦抽其所入之若干。此等會臨時結合者多。亦有繼續至數年以上者。會中所得。除捐助娛樂費外。大率每年終盡數攤充分胙之用。

各分祠及各種私會之組織。大率模仿疊繩堂。三保廟則取疊繩堂之組織而擴大之。然而鄉治之實權。則什九操諸疊繩堂之耆老會議及值理。

先君自二十八歲起。任疊繩堂值理三十餘年。在一個江南會中兼任值理亦二三十年。此外又常兼三保廟及各分祠值理。啓超幼時。正是吾鄉鄉自治最美滿時代。

此種鄉自治。除納錢糧外。幾與地方官全無交涉。（訟獄極少）竊意國內具此規模者尚所在多有。雖其間亦恆視得人與否爲成績之等差。然大體蓋相去不遠。此蓋宗法社會蛻餘之遺影。以極自然的互助精神作簡單合理之組織。其於中國全社會之生存及發展。蓋有極重大之關係。自清末摹仿西風將日本式的自治規條勦譯成文頒諸鄉邑以行「官辦的自治」所謂代大匠斲必傷其手。固有精神泯然盡矣。

自治又必須在社會比較的安寧有秩序時乃能實行。鄉民抵抗力薄。受摧殘亦較易。故每值鼎革喪亂之際。能保持其地位如漢末之徐無山明末之花縣者蓋甚希。疇昔對斬木揭竿之盜。尙可恃鋤耰棘矜以自衞。今則殺人利器日益精良。非鄉民所能辦。而大盜復從而劫持之。例如吾粵自國民政府成立後。盡奪各鄉團自衞之鎗械。於是民只能束手以待盜之魚肉。田疇且鞠爲茂草。其他建設更何有。恐二千年來社會存立之元氣自此盡矣。

## 第八章　都市

歐洲各國。多從自由市展擴而成。及國土既恢。而市政常保持其獨立。故制度可紀者多。中國都市。向隸屬於國家行政之下。其特載可徵者希焉。現存之書。若三輔黃圖長安志東京夢華錄夢粱錄武林舊事春明夢餘錄日下舊聞等。其間可寶之史料雖甚多。然大率詳於風俗。略於制度。其所記述又限於首都。至如兩京三都諸賦。則純屬文學作品。足資取材者益少。本章惟於所記憶之範圍內對於一二首都爲斷片的記述。而近世之商業都市則較詳焉。續蒐資料。更當改作也。

古代蓋無鄉市之別。『民春夏出田。秋冬入保城郭。』公羊傳宣十五年何注文 城郭不過農民積儲糗糧歲終休燕之地而已。其後職業漸分。治工商業者吏之治人者。皆以闤闠域闕爲恆居。於是始有「國」與「野」之分。野擴爲村落。國衍爲城市。

孟子滕文公篇。『請野九一而助。國中什一使自賦。』又萬章篇。『在國曰市井之臣。在野曰草莽之臣。』周禮中邦國都鄙對文。或國與鄙對文尤多。鄙卽野也。說文『或邦也。』邦國之國字實以「或」字爲正文。外加圍者表垣壁保聚之意。卽古代「秋冬入保」之地也。

後此城市。可分爲政治的軍事的商業的之三種。古代則同出一源。蓋築爲崇墉以保積聚。以圉寇盜。而商旅亦於是集焉。其後政務漸擴。卽以爲行政首長所注地。爲出令之中樞。故最初之都市。皆政治都市也。市行政卽占中央行政之重要一部分。周禮天官之內宰。地官之司市、質人、廛人、胥師、賈師、司虣、司稽、肆長、泉府、司門、司關、秋官之禁暴氏、野廬氏、蜡氏、雍氏、萍氏、司寤氏、司烜氏諸職。其所職掌。類皆今世市政府所有事也。

內宰掌建國立市事。
司市總掌市之治教政刑量度禁令。
質人掌稽市之書契質劑裁判買賣之爭議。
廛人掌市之徵收事項。
胥師賈師察詐僞平物價。
司虣司稽掌維持市之秩序。
泉府掌官賣事業及金融。
司門司關掌入市稅。
禁暴氏掌禁民衆之亂暴及不法集會者。
野廬氏掌修理掃除道路種樹及其他道禁。

蜡氏掌掩埋市中屍骸，
雍氏掌溝渠。
萍氏掌水禁。其職略如水上警察。
司寤氏掌夜禁。
司烜氏掌火禁。

使周禮若全部可信。則周時市政之特點略如下。一曰貨品須經市官檢查。有妨害風化或治安及竄僞者皆禁之。

司市『以政令禁物靡而均市。以賈民禁僞而除詐。凡市僞飾之禁在民在商在賈在工者各十有二。』王制列舉某物某物不粥於市者若干事與此相應。

二曰賣買契約有一定程式。由市官登記。市官得聽判商事訴訟。訴訟有「時效」的限制。

質人『掌成市之貨賄。凡賣買者質劑焉。大市以質。小市以劑。掌稽市之書契。……凡治質劑者。國中一旬。郊二旬。野三旬。都三月。邦國朞。期內聽。期外不聽。』

三曰市官得斟酌情形。干涉物價之騰貴。貨物滯銷者。市官則買入之以轉賣於人。

賈師『凡天患。禁貴賣者。使有恆價。四時之珍異亦如之。』

泉府『斂市之不售貨之滯於民用者。以其價買之。物揭而書之。以待不時而買者。』

四曰市官得貸錢與民而取其息。略如現代之銀行。

泉府『凡賒者。祭祀無過旬日。喪紀無過三月。凡民之貸者。與其有司辨而授之。以國服爲之息。』

五曰市有巡察之官。略如今之警察。犯違警罪者得處罰之。

司虣『掌憲市之禁令禁其鬬嚻者與其暴亂者出入相陵犯者以屬游飲食於市者若不可禁則搏而戮之』

司稽『掌巡市而察其犯禁者與其不物者而搏之掌執市之盜賊以徇』

胥『執鞭度而巡其前……凡有罪者撻戮而罰之』

禁暴氏『掌禁庶民之亂暴力正者……凡國聚衆庶則戮其犯禁者以徇』

六曰得收入市稅或免之

司關『凡貨不出於關者舉其貨罰其人國凶札則無關門之征』

七曰有專官掌埽除道路及道旁種樹等事又有專司救火者

掌固『修城郭溝池樹渠之固』

野廬氏『掌國道路宿息林樹掌凡道禁』

司烜氏『以木鐸修火禁邦若屋誅則爲明竁焉』

八曰有公立旅館

遺人『凡國野之道十里有廬廬有飲食三十里有宿宿有路室路室有委五十里有市市有候館候館有積』

周禮雖不敢信爲周公之書然據其他傳記所散見則春秋時列國國都其行政實頗纖悉周備故陳國司空不視塗道無列樹而單襄公卜其將亡孔子爲魯司寇而朝不飲羊市無詐價

單襄公事見國語周語「定王使單襄公聘於宋」篇孔子事見荀子儒效篇及僞家語

戰國時舊邦次第翦滅併爲七雄政治勢力漸趨於集中而大都市亦隨之而起齊表東海泱泱大風自管仲隰朋以工商立國至威宣而益盛故稷下談士萃文化之藪臨菑戶著極殷樂之觀

史記田敬仲世家『齊宣王喜文學游說之士……七十六人皆賜列第爲上大夫不治而議論是以齊稷下學士復盛且數百千人』

齊策。『臨菑之中七萬戶。……臨菑甚富而實其民無不吹竽鼓瑟彈琴擊筑鬥雞走狗六博蹹鞠者。臨菑之塗車轂擊。人肩摩。連衽成帷。舉袂成幕揮汗成雨家殷人足志高氣揚。』

自餘各國都會故實雖書闕有間而弘敞殷盛殆相彷彿。

越絕書記『吳大城周四十七里二百一十步二尺。陸門八其二有樓水門八。南面十里四十二步五尺。西面七里百一十二步三尺。北面八里二百二十六步三尺東面十一里七十九步一尺。吳郭周六十八里六十步。』所記里步。詳細如此。決非臆造。然則春秋戰國間吳故城其大幾等今之北京矣。

越絕書又言『吳市者春申君所造。闕兩城以爲市在湖里。』市而闕兩城爲之。則其大可想。

魏之大梁趙之邯鄲其實況雖無可考。然據史記信陵平原諸傳猶可彷彿其一二。

秦漢以降政治統一全國視聽集於首都。秦始皇及漢諸帝先後移各地彊宗大俠豪富以實長安。所謂『三選七遷。充奉陵邑所以强榦弱枝隆上都而觀萬國。』班固西都賦文其政策與近世法王路易十四之鋪張巴黎蓋相似。

史記秦始皇本記『秦并天下……徙天下豪富於咸陽十二萬戶……每破諸侯寫放其宮室作之咸陽北阪上南臨渭自雍門以東至涇渭殿屋複道周閣相屬。』

漢書地理志『漢興立都長安。徙齊諸田楚昭屈景及諸功臣家於長陵。後世世徙吏二千石高訾富人及豪桀并兼之家於諸陵。蓋亦以强榦弱支。非獨爲奉山園也。』

西漢盛時長安以政治首都同時並爲商業首都。壯麗殷闐。超越前古。

班固西都賦『建金城其萬雉。呀周池而成淵。披三條之廣路。立十二之通門。內則街衢洞達。閭閻且千。九市開場。貨別隧分。人不得顧。車不得旋。闐城溢郭。傍流百廛。紅塵四合。烟雲相連。』

張衡西京賦。『廓開九市。通闤帶闠。旗亭五重。俯察百隧。』

三輔黃圖。『長安市有九。各方二百六十六步。六市在道西。三市在道東。凡四里爲一市。致九州之人。在突門夾橫橋大道。市樓皆重屋。又有旗亭樓。在杜門大道南。又有當市樓。有令署以察商賈貨財買賣貿易之事。三輔都尉掌之。

## 市民品流複雜。習俗豪侈。最稱難治。

西都賦『於是既庶且富。娛樂無疆。都人士女。殊異乎五方。游士擬於公侯。列肆侈於姬姜。鄉曲豪俊游俠之雄。節慕原嘗。名亞春陵。連交合衆。騁騖乎其中。』

漢書地理志『……是故五方雜厝。風俗不純。其世家則好禮文。富人則商賈爲利。豪傑則游俠通姦。瀕南山近夏陽。多阻險。輕薄易爲盜賊。常爲天下劇。又郡國輻湊。浮食者多。民去本就末。列侯貴人車服僭上。衆庶倣效。羞不相及。嫁娶尤崇侈靡。送死過度。』案據以上諸文。可見漢時長安。實具有近代各國大都市之規模。

漢制掌市政之官。一曰京兆尹及長安令。（東漢則河南尹與洛陽令）其常職雖同於郡國守相及縣令長。管其所屬郡縣之一切民事。然其課績實以首都治理之能舉與否爲殿最。若比附今制。則京兆尹正如倫敦巴黎之市長也。漢代以「徙郡國豪傑實關中」。故市民複雜。撫御最難。加以達官貴戚所聚。撓法者多。故京兆尹必以武健綜覈者爲稱職。如雋不疑、韓延壽、趙廣漢、王尊、王章皆其選也。其夙以循良著稱如黃霸之流。一登斯職。聲譽頓減焉。

漢書百官公卿表『內史。周官。秦因之。掌治京師。景帝二年。分置左內史右內史。武帝太初元年。更名京兆尹。左內史更名左馮翊。』

漢書張敞傳稱『京兆典京師。長安中浩穰。於三輔尤劇。』雋不疑傳稱『不疑爲京兆尹。京師吏民敬其威信。』趙廣漢傳稱『廣漢爲京兆尹。發長安吏自將。至博陵侯霍禹第。搜索私屠酤。又率長安丞捕賊。』

張敞傳稱『敞爲京兆尹。長安市無偸盜。』則長安吏卒皆統率於京兆尹可知。

漢京兆尹職權甚大。可以專行誅殺。看漢書卷七十六趙尹韓張兩王列傳。便知其概。

漢書酷吏傳『義縱遷長安令。直法行治。不避貴戚。尹賞以三輔高第選守長安令。得一切便宜從事。』

後漢書董宣傳『特徵爲洛陽令。搏擊豪强。莫不震慄。』又周紆傳。『徵拜洛陽令。貴戚跼蹐。京師肅淸。』可見兩漢之長安洛陽二令。苟得其人。則亦能行其職權。

二曰執金吾，掌徼巡京師，擒姦討猾，其職略如今之警察。

唐六典『中尉。秦官掌徼巡京師』

漢書百官公卿表『中尉掌徼循京師。武帝太初元年更名執金吾』

後漢書注引漢官『執金吾緹騎五百二十人。輿服導從。光滿道路。羣僚之中。斯最壯矣。世祖歎曰「仕宦當作執金吾」』

崔豹古今注（玉海引）『金吾棒也。以銅爲之。御史大夫司隸校尉亦得執焉』案此棒疑爲衞士所執。若今警察之持棍。北齊書崔暹傳『暹爲御史中尉。世宗出之東山。遇暹在道。前驅爲赤棒所擊。世宗回馬避之』北齊之御史中尉。其職正如漢之執金吾。導從皆持赤棒。時高澄正以世子執朝政。見之亦須避道也。

三曰司隸校尉，初本暫設，與執金吾權限不甚分明。其後遂爲統部之官，等於州牧，京師市政非所管矣。

漢書百官公卿表『司隸校尉。武帝征和四年初置。持節從中都官徒千二百人。捕巫蠱。督大姦猾。後罷其兵。察三輔三河弘農』

玉海引漢儀『司隸校尉職在典京師。外部諸郡無所不糾』案司隸本武帝末年爲察捕巫蠱一時權設。其職略如民國以來所謂軍警執法處衞戍總司令等。其職權與執金吾相混。亦正如總司令部之與警察廳爭權。其後權力日張。則三輔（京兆尹左馮翊右扶風）皆其屬部。故漢地理志以京兆等郡爲司隸所部。而六朝以降則直改稱「司州」矣。

後漢書鮑永傳『永爲司隸校尉。帝（光武）叔父趙王良尊戚貴重。永以事劾良大不敬。……乂辟鮑恢爲都官從事。恢亦抗直不避强禦。帝常曰「貴戚且宜斂手以避二鮑」……』案此可見東漢初司隸職權之一斑。

右三官者，皆以國家大吏（官皆中二千石）而綰都市之政，其主要職責在摧豪强，糾奸慝，以維持市之秩序。至於市官有令丞等職，則皆小吏奉行細故，不足爲重輕也。

漢書百官表京兆尹所屬有長安市廚兩令丞。左馮翊所屬有長安四市四長丞。

右三官者，後代遞相沿襲，而職權之伸縮因時而異。西漢之京兆尹，在東漢魏晉則爲河南尹，在東晉宋齊梁陳則爲丹陽尹。在北魏都代時爲萬年尹。遷洛後爲河南尹。在後周及隋皆爲京兆尹。唐則京兆河南太原三尹。五代北宋則開封尹。南宋則臨安尹。遼則五京皆以留守行尹事。金則爲大興府尹。元則大都路都總管。明清則順天府尹。民國復爲京兆尹。歷代之中兩漢及兩宋尹權最重。苟得其人。則於市政能有所整飭。六朝則恆爲要人領兵者所兼。於吏事市政兩無關焉。唐則專爲地方官監屬縣之治而已。元明皆以應辦官府供需。與清末各省首縣職權相類。清及民國則爲地方官。略如唐制。京師坊市之事。非所過問。此其大較也。

執金吾與司隸校尉職權本相混。魏晉復漢初名爲中尉。東晉稱北軍中候。宋齊梁陳皆爲衞尉。北魏爲城門校尉。隋爲左右武候大將軍。唐五代爲左右金吾衞大將軍。宋爲左右金吾衞司仗司。金元爲都指揮使司。明爲錦衣衞親軍指揮使司。其後復設東廠以內監領之。故並稱廠衞。清爲步軍統領。清末置警部及京師警察廳。警部後改爲民政部。民國復改爲內務部。又別置京師市政公所。以內務部次長領之。而步軍統領仍存。專管四郊。至十三年始併於警廳焉。又常有所謂衞戍總司令警備總司令等與警察對峙。權力恆在其上。此歷代首都保安機關沿革之大凡也。

凡此組織。皆與市政之獨立。市民之自治。絕無關係。然歷史事實之所以詔吾儕者。實止於此。一言蔽之。則吾民族只有鄉自治之史蹟。而無市自治之史蹟而已。首都如此。其他大小都市。亦壹皆由地方官吏主持。可以類推。

歷代都市狀況。雖故事雜記中間有紀載。然皆瑣屑散漫。難可條次。今略舉其有述者。則——漢長安街道修廣平直。列樹甚多。

三輔決錄『長安城面三門。四面十二門。皆通達九逵。以相經緯。衢路平正。可並列車軌。三塗洞開。隱以金椎。周以林木。左出右入。爲往來之徑行者升降有上下之別。』

東漢末洛陽曾以機引水灑掃道路。

後漢書宦者傳。『作翻車渴烏施於平門外橋西。用灑南北郊路。以省百姓灑道之費。』

苻堅時長安沿郊有旅館。街中有列樹。北魏孝文時之洛陽亦然。

晉書苻堅載記。『自長安至於諸州。皆夾路樹槐柳。二十里一亭。四十里一驛。旅行者取給於塗。工商販賣於道。百姓歌之曰。「長安大街。夾樹楊槐。下走朱輪。上有鸞棲。」……』

楊衒之洛陽伽藍記。『伊雒之間。夾御道有四夷館。……附化之民。萬有餘家。門巷修整。閭闔塡列。青槐蔭陌。綠柳垂庭。……』

北魏時洛陽市面積蓋甚大。商民以職業分別部居。

洛陽伽藍記。『御道南有洛陽大市。周迴八里。市東有通商達貨二里。里內之人盡皆工巧屠販爲生。資財巨萬。市南有調音樂律二里。……市西有退酤治觴二里……市北有慈孝奉終二里……別有準財金肆二里。富人在焉。凡此十里。多諸工商貨殖之民。千金比屋。層樓對出。……』

隋則於長安洛陽盛開河渠。

徐松唐兩京城坊考。『長安龍首渠永安渠皆隋開皇三年開。清明渠亦開皇初開。洛陽通津渠隋大業元年開。』

陰渠之制。蓋起於漢。武帝時。其後魏武帝行之於鄴。唐代似亦行之於洛陽（？）元明以降則大行於北京。

史記河渠書。『武帝初。發卒萬餘人穿渠。自徵引洛水至商顏下。岸善崩。乃鑿井。深者四十餘丈。往往爲井。井下相通行水。水頹以絕商顏東至山嶺十餘里。』

水經注。『魏武引漳流自城西東入。逕銅雀臺下。伏流入城東注。謂之長明溝。』

唐兩京城坊考。『洩城渠自含嘉倉出。流入漕渠。』名曰「洩城」。似是宣洩汙水。其制爲陰爲陽。無考。今北京沿城之陰溝——即大明溝。蓋起於元代。明清因之。及民國而廢。

盛唐長安中公園蓋天子與庶民同樂。

曲江宮殿櫛比同時又爲都人士游賞之地杜詩『江頭宮殿鎖千門』其麗人行又寫士女雜沓游冶之狀且言『愼勿近前丞相嗔』自餘詩文紀曲江宴游者甚多文宗太和九年敕『都城勝賞之地唯有曲江承平以前亭館接連近年廢毀思俾葺修要創置亭館者給與閑地任其營造』

在今日研究古都市狀況其資料較多者惟南宋之臨安（杭州）蓋有吳自牧夢粱錄周密武林舊事兩書里巷瑣故往往甄錄又歐人馬可波羅游記亦多稱述焉今於其坊陌之繁麗士女之昌丰不必多述剌舉如下數事以見其概臨安全盛時人口蓋百萬（？）除官俸米由官支給外每日民間食米由米鋪供給者尚需二千石（？）戶數約三十萬（？）

夢粱錄卷十八戶口條引乾道志人口十四萬五千八百八淳祐志三十二萬四百八十九咸淳志四十三萬二千四十六其卷十六米鋪條則云『城內外不下百十萬口每日街市食米除府第官舍宅舍富室及諸司有該俸人外細民所食每日城內外不下一二千餘石皆需之鋪家』

武林舊事卷六『俗諺云「杭州人一日吃三十丈木頭」以三十萬家爲率大約每十家日吃擂搥一分合而計之則三十丈矣』案擂搥蓋舂米之杵。

其人口登記甚周悉。

馬可波羅游記『每家必以家人姓名書之門上妻子奴隸同居友人須一一記入人死則删舊名育兒則添新名故國家周知人口多少遊客至京師者逆旅主人須以客之姓名並來去時日登記入簿』

其所屬市鎭十有五略如今之分劃市區。

見夢粱錄卷十三兩赤縣市鎭條。

其市肆則以貨物種類分地段。

舊事卷六諸市條載各行市所在地。如藥市在炭橋。花市在官巷。書坊在橘園亭……等。

其專管市政之官曰點檢司（？）

夢粱錄武林舊事多言點檢司辦某事某事。大概是管市政之官。其官似屬於戶部。

市之收入。不得其詳。大抵酒稅占重要部分。

舊事卷六『點檢所酒息日課以數十萬計而諸司邸第及諸州供送之酒不與焉』

其民以服色辨職業。

夢粱錄卷十八。『士農工商諸行百戶衣巾裝著皆有等差。香鋪人頂帽披背子。質庫掌事裹巾著皂衫角帶。街市買賣人各有服色頭巾可辨是何名目人』

民俗敦厚。樂相友助。尤敬愛外客。

夢粱錄卷十八風俗條。『人皆篤高誼。若見外方人為人所欺。衆必為之救解。或有新搬來居則鄰人爭借動事。遣獻湯茶。指引買賣。吉凶事出力與之扶持』又云『富家每沿門親察貧家。遇夜以碎金銀或錢令插於門縫以周其苦。俾侵晨開戶得之如自天降』遊記『其人從未有執兵器自衞者。亦無喧嘩忿爭之事。工商家與人貿易尤誠樸無欺。待外國人尤懇摯。忠告輔助如不及』又云『國中絕無莠民。夜不閉戶』

其學校有大學學生一千七百十六人。有醫學學生二百五十人。

看夢粱錄卷十五學校條。

其慈善事業有施藥局。慈幼局。養濟院。漏澤園及米場柴場。

施藥局每年官撥錢十六萬貫。以賞罰課督醫員。慈幼局雇乳媼育棄兒。養濟院收養老病者。漏澤園十二所收瘞遺骸。米場柴場官收買柴米。以原價售與貧民。詳見夢粱錄卷十八恩沛軍民條。』

游記云『路有殘疾不能謀生者。即引至病院。公費給養。無疾游民則迫充公役。』

**其巡警分二十二區。其救火事業設備極周。**

看夢粱錄卷十防隅巡警條。帥司節制軍馬條。（原文太長不錄）游記亦言『地多火災。故火禁極嚴。救火極敏捷。萬二千石橋。每橋有司擊柝者。救火者由各橋鱗集。動以千數。』

淳祐臨安志卷六『輦下繁盛。火政當嚴。自趙公與𥲅尹正京邑。因嘉定以來成規。增置潛火軍兵。總為十二隅七隊。皆就禁軍數內抽撥。』

此當時消防隊沿革之大凡也。該志詳述各區人數。十二隅共千一百二十二人。潛火七隊共八百七十六人。城南北廂潛火隅兵千八百人。城外四隅千二百人。合計四千九百九十八人。

**有保險倉庫數十所。設於水中央。**

夢粱錄卷十九塌房條『城郭內北關水門裏。有水路周迴數里。於水次起造塌房數十所。為屋數千間。專以假賃與市郭間鋪席宅舍及客旅寄藏物貨。四面皆水。不惟可避風燭。亦可免偷盜。必月月取索假賃（租錢）者。管巡廊錢也。（因須支給守夜巡警薪水）』

**有公設浴室三千所。**

游記云『其民好潔。間日輒浴。浴室之美備。洪大為天下最。』

**有公設酒樓十一所。極壯麗。**

武林舊事卷六臚舉其名。如和樂樓豐樂樓等。云『已上並官庫。每庫設官妓數十人。各有金銀酒器千兩。以供飲客之用。每庫有祗直者數人。名曰下番。……凡肴核盃盤。各隨意擕至庫中。初無庭人。……』案吳文英周密皆有登豐樂樓長詞。調寄鶯啼序。讀之可見此項酒樓游賞之勝。豐樂樓後因大學學生爭坐鬧事。停止公開。見舊事卷五。

**私家園林亭館皆公開游覽。**

舊事卷五湖山勝概篇所記。皆公共游覽之地。其中私人園館甚多。私館公開。蓋宋時風俗如此。觀洛陽名園記可知。至今西湖諸園依然為半公開的，亦沿宋舊也。

公園亦天子與庶民同樂。

舊事卷三載朱静佳六言詩，『柳下白頭釣叟，不知生長何年，前度君王遊幸，賣魚收得金錢。』又載孝宗常經斷橋旁小酒肆，見太學生俞國寶所題風入松一詞，爲之改竄，可見天子雅游，不異民庶。

全市有石橋一萬二千座，高者雖大艦亦可通行，道路皆以石礫築成，兩旁設分道，各闊十步，其下爲溝，以洩積水，有公差常司淘運。

俱見游記。所謂溝者爲陽溝抑陰溝，俟查原文乃明。

夢粱錄卷十三，『街道巷陌，官府差雇淘渠人沿門通渠，道路污泥，差雇船隻搬載鄉落空閒處。』

諸如此類，可紀者甚多，在九百餘年前有此等市政，良可以無慚於世界，其他都市，書闕有間，不能一一論列也。

復次，述商業都市。

春秋前之商業，不足以成都市，商業都市，蓋萌芽於春秋之末，而漸盛於戰國中葉，以後當時政治都市，實惟各國之都，然自工商業勃興，則地之交通利便爲貨物集散綰轂者，自然爲商旅所萃，而新都市興焉，故范蠡逐時於陶，呂不韋居奇於陽翟，皆非國都也。

史記貨殖列傳，『范蠡乘扁舟遊於五湖，在陶爲朱公，朱公以陶爲天下之中，諸侯四通，貨物所交易也。』案陶今山東定陶縣。

史記呂不韋列傳，『不韋陽翟大賈也。』案陽翟今河南禹縣。

秦漢以降，政治都市，集於一，此外則以商業所萃爲發展主要條件，司馬遷序傳貨殖，最能了解此中消息，傳中所舉當時大都市如下。

(甲)關中區域（潼關以西今陝西四川甘肅諸省）

(一)長安（今陝西長安縣）

『關中自汧雍以東至河華膏壤沃野千里……秦孝文繆居雍隙隴蜀之貨物而多賈獻孝公徙櫟邑櫟邑北卻戎翟東通三晉亦多大賈武昭治咸陽因以漢興長安諸陵四方輻湊並至而會地小人衆……』

(二)巴蜀（今四川）

『巴蜀亦沃野地饒巵薑丹沙石銅鐵竹木之器南御滇僰僰僮西近邛笮笮馬旄牛然四塞棧道千里無所不通唯褒斜綰轂其口』

(三)天水（今甘肅通渭縣）隴西（今甘肅狄道縣）北地（今甘肅環縣）上郡（今陝西榆林道及內蒙鄂爾多斯左翼地）

『天水隴西北地上郡與關中同俗然西有羌中之利北有戎翟之畜畜牧爲天下饒』

(乙)三河區域（今河南全省及山西南部）

(一)河東之楊（今山西洪洞縣）平陽（今山西臨汾縣）

楊平陽西賈秦翟北賈種代種代石北也地邊胡數被寇人民矜懻忮好氣任俠爲姦不事農商然迫近北夷師旅亟往中國委輸時有奇羨

……故楊平陽陳椽其間得所欲』

(二)河內之溫（今河南溫縣）軹（今河南濟源縣）

『溫軹西賈上黨北賈趙中山中山地薄人衆猶有沙丘紂淫地餘民民俗懁急仰機利而食』

(三)河南之洛陽（今河南洛陽縣）

『洛陽東賈齊魯南賈梁楚』

(四)潁川（今河南禹縣）及南陽之宛（今河南南陽縣）

『潁川南陽夏人之居也……南陽西通武關鄖關東南受漢江淮宛亦一都會也俗雜好事業多賈其任俠交通潁川

（丙）燕趙區域（今直隸）

（一）趙故都邯鄲（今直隸邯鄲縣）

『邯鄲亦漳河之間一都會北通燕涿南有鄭衞鄭衞俗與趙相類然近梁魯微重而矜節濮上之邑徙野王野王爲氣任俠』

（二）燕故都燕（今京師）

『夫燕亦勃碣之間一都會也南通齊趙東北邊胡上谷至遼東地踔遠人民希數被寇大與趙代俗相類而民雕悍少慮有魚鹽棗栗之饒北鄰烏桓扶餘東綰濊貉朝鮮眞番之利』

（丁）齊魯梁宋區域（今山東全省及河南東部江蘇北部）

（一）齊故都臨菑（今山東濟南）

『齊帶山海膏壤千里宜桑麻人民多文綵布帛魚鹽夫臨菑亦海岱之間一都會也……其中具五民』

（二）陶（今山東定陶縣）睢陽（今河南商丘縣）

『夫自鴻溝以東芒碭以北屬巨野此梁宋也陶睢陽亦一都會也……好稼穡雖無山川之饒能惡衣食致其畜藏』

（戊）楚越區域（今淮河及長江流域各省及其以南）

（一）西楚之楚故都江陵（今湖北江陵縣）

『夫自淮北沛陳汝南南郡此西楚也其俗剽輕易發怒地薄寡於積聚江陵故郢都西通巫巴東有雲夢之饒』

（二）西楚之陳（今河南陳留縣）

『陳在楚夏之交通魚鹽之利其民多賈徐僮取慮』

（三）東楚之吳（今江蘇蘇州）

『彭城以東、東海、吳、廣陵、此東楚也。其俗類徐僮。朐繒以北、俗則齊。浙江南則越。夫吳自闔廬春申王濞三人招致天下之喜游子弟。東有海鹽之饒、章山之銅、三江五湖之利、亦江東一都會也。』

（四）南楚之楚故都壽春今安徽壽縣及合肥今安徽合肥縣

『衡山、九江、江南、豫章、長沙、是南楚也。其俗大類西楚。郢之後徙壽春、亦一都會也。而合肥受南北潮、皮革鮑木輸會也。』

（五）越之番禺今廣東廣州

『九疑蒼梧以南至儋耳者、與江南大同俗、而揚越多焉。番禺亦一都會也。珠璣、犀、瑇瑁、果布之湊。』

據貨殖傳所言、『關中之地、於天下三分之一、而人衆不過什三。然量其富、什居其六。』故右表所謂第一區域者、實占當時全國財富之過半。而其惟一大都市、即京師—長安。巴蜀隴西諸地、實不過長安之貿易區域及物品供給地而已。故傳中亦不數其都市之名。蓋關中都市之發達、爲絕對的集中狀態也。此外大都市、則在今河南者七、在今直隸山東山西安徽者各二、在今江蘇湖北廣東者各一、其他諸省無聞。可見當時經濟狀況、北豐而南嗇。其在北地、則西部尤殷賑焉。今所謂東南富庶之區者、西漢全盛時則『江淮以南、無凍餒之民、亦無千金之家』、氣象適相反矣。

漢後、江淮以南、遂漸開拓。三國時吳之鼎立、以至晉宋兩次南渡、在政治上爲分化發展、經濟上亦當然隨之爲轉移。長江流域及東部沿海岸線、陸續發生新都市。二千餘年間、變化殊著。其大勢別在地理篇論之、今不詳敍。

現代之商業都市、大約可以現行之八十九個大小通商口岸、總括無遺。換言之、則今日海關常關所在地、即全國商業集散之要所。再換言之、則商業市之繁榮、實以對外貿易之關係爲主要條件也。今專就此部分爲歷史的觀察說明我國「通商口岸」之來歷。

中外交通自漢初即以廣州爲孔道。貨殖傳所謂『番禺一都會。珠璣犀瑇瑁果布之湊。』蓋貨品自海外來者集焉。東漢末中國與羅馬之海道交通殆即以交州或廣州爲鍵。

後漢書西域傳。『桓帝延熹九年大秦王安敦遣使自日南徼外獻象牙犀角瑇瑁』

中國印度間之海通西漢時似已頗盛其海程見班志而綰轂之者則廣東也。

漢書地理志。『自日南障塞徐聞合浦船行可五月有都元國。又船行可四月有邑盧沒國。又船行可二十餘日有諶離國。步行可十餘日有夫甘都盧國自夫甘都盧船行可二月餘有黃支國……黃支之南有已程不國漢之譯使自此還矣』據此則漢時航路出發點不在今廣州市而在今廣州灣已程不丁謙謂屬南印度境待考。

廣州以通商關係故自漢至隋繼續發達。觀官吏貪黷之跡可想見市廛殷賑之概。

晉書吳隱之傳『廣州包帶山海珍異所出一篋之寶可資數世……故前後刺史皆多黷貨』

南齊書王琨傳『廣州刺史但經城門一過便得三千萬也』

隋書侯莫陳穎傳『時朝廷以嶺南刺史縣令貪鄙蠻夷怨叛妙簡清吏以鎭撫之』

隋末迄唐。大食（阿剌伯）波斯人與中國貿易極盛。中國通商口岸因此漸擴充及於廣州以外外國人著述中關於此方外之記載最古者爲九世紀中葉阿剌伯地理學家伊般哥達比 Ibn khordadbeh 之道程及郡國志。

此書一八六五年譯成法文。一八八九年重譯成荷蘭文。據歐洲學者所考定大概爲八四四年至八四八年間（唐武宗會昌四年至宣宗大中二年）作品。此書吾未得見以下所引據日本桑原騭藏者伊般哥達比中之支那貿易港文中（史學雜誌三十卷十號）但桑原亦未見原書亦從歐人論文中轉引云。

據彼書所記則中國當時通商口岸有四最南者爲 Loukin 迤北曰 Khanfou 更迤北曰 Djanfou 最北曰 Kantou 經東西學者考證辨難之結果則第一口岸爲龍編實今安南境之河內第二爲廣府即廣州第三爲泉府即廈門第四爲江都即揚州

原書略云『自 Semb（此爲印度地名即玄奘西域記之瞻波義淨寄歸傳之占波新唐書之占婆）至中國第一口岸 Loukin 水陸路皆約一百 Farsange 由此往 Khanfou 海行四日陸行二十日由 Khanbou 行八日至 Djanbou 更行六日至 Kontou』此四市所在地東西學者不一其說今據桑原所徵引定爲以上四地其各家所根據之理由恕不詳引。

還觀中國記載則當時沿海大市實惟此四處文宗太和八年曾下詔言『嶺南福建及揚州蕃客』之當保護。令各節度使優待嶺南蓋包舉龍編廣州二地福建則泉州揚州則江都也。

全唐文卷七十五太和八年詔『南海蕃舶本以慕化而來固在接以仁恩使其感悅如聞比年長吏多務徵求嗟怨之聲達於殊俗……其嶺南福建及揚州蕃客宜委節度使常加存問……任其來往通流自爲交易』

案唐時安南都護府屬嶺南道龍編即嶺南節度使下之一縣（看舊唐書地理志上）伊般書中四市此詔僅舉三地以兩市隸嶺南也。

當時回敎隨大食商人勢力入中國其根據地亦即廣泉揚三州。

明何喬遠閩書卷三七『……門徒有大賢四人唐武德中來朝遂傳敎中國一賢傳敎廣州二賢傳敎揚州三賢四賢傳敎泉州』

故知唐時通商口岸可指數者實如伊般氏所云也今依其順序加以敍述。

其一龍編即今安南之河內——

續漢書郡國志引交州記云『龍編縣西帶江有仙山數百里』

舊唐書地理志嶺南道安南都護府條下云『貞觀元年置』

元和郡縣志卷三十八『龍編縣在交州東南四十五里』

蓋外船入境之第一碼頭。先經彼而後達廣州。

舊唐書地理志『交州都護制諸蠻。其海南諸國大抵在交州南及西南居下海中洲上。相去或三五百里。三五千里。遠者二三萬里。』自漢武以來朝貢必由交趾之道。』

唐李肇國史補卷下『南海舶。外國船也。每歲至安南廣州。』

中唐以後且曾議於其地設市舶司焉。

陸宣公奏議卷十八有『論嶺南請於安南置市舶中使狀』一篇。內云『嶺南節度使奏。「近日船舶多往安南市易。」……』

其名亦屢見於詩人謳歌及公牘。

沈佺期有「度安海入龍編」一詩。見全唐詩卷四。陸龜蒙詩云。『路入龍編海舶遙。』見全唐詩卷二十三。

高駢回雲南牒敍平定安南事蹟云。『比者親征海裔。克復龍編。』見全唐文卷八十二。

蓋自兩漢時今兩廣之地。全屬交州刺史治。而龍編實爲其首府。東漢建安十五年交州刺史始移治番禺 故入唐猶爲商業重鎮。驍與廣州爭席。及清光緒十一年以後。安南劃隸法國。龍編繁盛之蹟。只留供讀史者之憑弔而已。

其二廣州。——廣州自漢以來既爲一都會。及唐則市舶使在焉。市舶使者。海關之起源。總管對外貿易而直隸於政府者也。其始置之年無考。

市舶使爲唐代創置無疑。但自唐六典至舊唐書職官志。新唐書百官志皆不載其官。故無從考其始置之年。（顧炎武天下郡國利病書卷百二十言貞觀十七年始置。實誤引宋史紹興十七年之文。桑原氏辨之甚詳。）

惟玄宗開元初既有是官。似是特派大員專領。

市舶使之名最初見於史者曰周慶立。新唐書柳澤傳云。『開元中監嶺南選。時市舶使周慶立造奇器以進。』又册府元龜卷五四六云。『柳澤開元二年爲嶺南監選使。會市舶使右衛威中郎將周慶立波斯僧及烈等廣造奇器異巧以進。……』似其官爲特派。非節度使兼領。

又舊唐書玄宗紀『開元二年周慶立爲安南使舶使。』似其時舶使駐安南也。

時亦似宦官任之。

通鑑卷二二三胡注『唐置市舶使於廣州。以收商舶之利。時以宦者爲之。』

舊唐書代宗紀『廣德元年十二月甲辰宦官市舶使呂太一逐廣南節度使張體。縱下大掠廣州。』杜甫詩『自平中官呂太一。收珠南海千餘日。』即記其事。

又新唐書盧奐傳稱『奐爲南海太守。中人之市舶者。亦不敢干其法。』按奐爲玄宗時人。則中官領市舶。自玄宗末年已然矣。

其後蓋兼領於節度使焉。

柳宗元爲馬總作嶺南節度使饗軍堂記云。『……其外大海多蠻夷。由流求訶陵。西抵大夏康居。環水而國以百數。則統於押蕃舶使焉。內之幅員萬里。以執秩拱壁時聽教命。外之羈屬數萬里。以譯言贄寶歲帥貢職。合二使之重。以治於廣州。故賓軍之事宜無與校大。』據此知市舶使亦名押蕃舶使。由節度使兼領。故曰合二使之重。莫與校大也。此文作於憲宗元和八年。或者自呂太一叛亂後。朝廷鑒其禍。乃收其權於節度使也。

唐書黃巢傳『……巢又丐安南都護廣州節度使。書聞。右僕射於琮議「南海市舶利不貲。賊得益富。而國用屈。」……』可見唐末亦以節度使領市舶。故巢欲得之。而朝議靳不與也。

蓋當唐全盛時。海外交通之發達。爲從來所未有。正如韓愈所云『唐受天命爲天子。凡四方萬國。不問海內外。無大小。時節貢水土百物。大者特來。小者附集。』(送殷員外序)而綰轂其口者實惟廣州。故廣州市之殷闐。爲天下最。李肇記其事云。

『南海舶每歲至安南廣州。師子國舶最大。梯而上下數丈。皆積寶貨。至則本道奏報。郡邑爲之喧闐。有蕃長爲主領。市舶使籍其名物。納舶腳……』(國史補卷下)

又天寶九載．僧鑑眞往游日本．道出廣州．記其所睹情形云．

『江中有婆羅門波斯崑崙等船．不知其數．並載香藥珍寶．積載如山．其舶深六七丈．師子國．大石國．骨唐國．白蠻．赤蠻等往來居住．種類極多．州城三重．都督執六纛．一纛一軍．威嚴不異天子』

鑑眞書中國失傳．日本有之．名曰唐大和上東征傳．見羣書類從卷六十九．

韓愈嘗爲文送嶺南節度使鄭權赴任．亦云．

『其海外雜國若躭浮羅、流求、毛人、夷亶之州、林邑、扶南、眞臘、干陀利之屬．東南際天地以萬數．或時候風潮朝貢．蠻胡賈人舶交海中』送鄭尙書序

觀此則廣州繁榮之狀——外國人來往之多．民物之殷阜．略可想見．故當時印度乃至西域各國人皆呼廣州曰「中國」長安則曰「大中國」

義淨求法高僧傳卷上．『有一故寺．但有塼基．厥號支那寺．』自注云．『支那卽廣州也．摩訶支那卽京師也．』案摩訶譯言大．

據鑑眞『往來居住．種類雜多』之文．知外國人雜居城中者不少．此外同樣之記載尙多．

舊唐書王鍔傳．『廣人與夷人雜處．地征薄而叢求於川市．鍔能計居人之業而榷其利．所得與兩稅相埒．』

王虔休進嶺南王館使院圖表（全唐文卷五一五）云．『今年波斯古邏本國二舶．順風而至……寶舶薦臻．倍於恆數……除供進備物之外．並任蕃商列肆而市……』

故廣州貝殊方詭俗．詩人往往詫歎．形諸吟咏．

圖書集成卷一三一四引廣東通志（舊志）云．『自唐設結好使於廣州．自是商人立戶．迄宋不絕．詭服殊音．多留寓流濱灣泊之地．築室聯城．以長子孫．使客至者．往往詫異．形諸吟咏．陸龜蒙詩「居人愛近環珠浦．候吏多來拾翠洲．賨稅盡應輸紫貝．蠻童多學帶金鉤．」……』

案。張九齡送廣州周判官詩『海郡雄蠻落』。王建送鄭權尚書之南海詩『勅設薰鑪出蠻辭呪節開』。張籍送鄭尚書赴廣州詩。海外蠻夷來舞蹈』。又『蠻聲喧夜市』。皆足爲當時諸蠻雜居之證。

**有時長官處置失宜則惹起騷動。**

資治通鑑卷二〇三『廣州都督路元叡爲崑崙所殺。元叡闇懦。僚屬侵漁不已。商胡訴於元叡。元叡索枷欲繫治之。羣胡怒。有崑崙袖劍直登廳事。殺元叡及左右十餘人而去。』案舊唐書南蠻傳云『林邑已南皆拳髮黑身。通號爲崑崙。』崑崙蓋唐時對印度及馬來人之通稱。

**甚者相率爲寇亂。**

舊唐書西戎傳波斯條。『乾元元年波斯與大食同寇廣州。劫倉庫。焚廬舍。浮海而去。』案此殆如英法聯軍之燒圓明園矣。杜甫諸將詩『迴首扶桑銅柱標。冥冥氛祲未全銷。越裳翡翠無消息。南海明珠久寂寥。』即詠其事。

**據當時阿剌伯商人之旅行記。則當乾符五年黃巢陷廣州時。回教徒景教徒祆教徒被害者已十二萬人。則外國人流寓之多可想。**

唐五代時阿剌伯人之中國旅行記。近代陸續發現譯成歐文者不少。內中有一部爲阿蒲卓 Ahou zeyd 所著。記回回歷二六四年（西紀八七八）有大盜 Banshoa 攻陷 Khanfou 摩哈默教徒基督教徒穆護教徒被殺者十二萬（據日本坪井九馬三史學研究法引）回歷二六四年卽乾符五年。新唐書僖宗紀言黃巢以乾符六年陷廣州。而舊唐書盧攜傳新五代史南漢世家皆云事在五年。然則阿蒲卓書所云 Khanfou 者卽廣府。其所云大盜 Banshou 者必黃巢之訛無疑。唐書黃巢傳稱『巢焚室廬殺人如蓺。』其屠戮固不限於外國人。然此役亦可謂千年前之義和團矣。

**黃巢亂後廣州元氣固大傷。然在唐末猶不失爲一樂土。五代時南漢劉氏割據其地。尚極侈靡焉。**

昭宗大順元年。劉崇龜任嶺南節度使。時黃巢亂後十二年也。廣州府志卷七十六紀其事云崇龜至廣州。修理城隍。撫卹瘡痍。嶺海靖安。民夷賴之。』是廣州並未十分殘破之證。

五代史南漢世家云『唐末南海最後亂。僖宗之後。大臣出鎮者。天下皆亂。無所之。惟除南海而已。亦廣州較爲寧謐之證。』

其三泉州。——泉州爲唐時通商口岸。可據之史料較乏。然福建爲當時外商湊集之一區域則甚明。

唐會要卷百『天祐元年三佛齊使者蒲栗訶至福建。』文苑英華卷四五七載乾寧三年授王潮威武軍（福州）節度使制云。『閩越之間。島夷斯雜。五代史記卷六八記王審知政績稱其招來海中蠻夷商賈。』此皆唐時福建通商之證。前所述文宗太和八年詔明言嶺南福建揚州蕃商。則蕃商悉集此三區甚明。

福建中則泉爲首。關據當時回教傳播區域可推。

前文引何喬遠閩書稱『摩哈默德四門徒。其二人各傳敎廣州揚州。其二人傳敎泉州。』今揚州故蹟雖無可考。然廣州現存有懷聖寺番塔（今粵人所稱花塔街）宋方信孺南海百詠謂創建於唐時。泉州現存淸淨寺有阿剌伯文之碑。謂創建於宋大中祥符二年。（據桑原隲藏著蒲壽庚事蹟）則唐代回敎隨大食商人勢力以入中國。而其最初根據地爲廣泉二州蓋事實也。

泉州至南宋以後。駸駸奪廣州之席。爲全國第一口岸。其事實當在下文別論之。

其四揚州。——揚州爲唐時第一大都市。時有『揚一益二』之稱。

資治通鑑卷二五九唐昭宗景福元年條下云。『先是揚州富庶甲天下。時人稱揚一益二。』

爲鹽鐵轉運使所在地。東南財政樞軸寄焉。

唐代最著名之財政家劉晏鹽頓鹽鐵及漕運。卽以揚州爲根據地。宋洪邁容齋初筆卷九云。『唐世鹽鐵轉運使在揚州。盡斡利權。判官多至數十人。商賈如織。故諺稱「揚一益二」。謂天下之盛。揚爲一而蜀次之也。』

王象之輿地紀勝云。卷三十七『自淮南之西。大江之東。南至五嶺蜀漢十一路百州遷徙貿易之人。往還皆出揚州之下。舟車日夜灌輸京師者居天下十之七。』此雖宋人記述之言。其所述者實唐以來情狀也。

唐書李襲譽傳。『揚州江吳大都會。俗喜商賈。』又蘇瓌傳。『揚州地當衝要。多富商大賈。』皆唐代揚州商業極盛之證。又唐會要卷八十六載代宗大曆十四年詔書云。「令王公百官及天下長吏。無得與民事爭利。先於揚州置邸肆貿易者罷之。」則當時揚州爲利權淵藪可知。

大抵因海岸江岸變遷之結果揚州地勢今昔頗殊在盛唐時揚州城蓋距江岸甚近其江岸又距海岸甚近海船出入已便焉

唐李頎送劉昱詩『鸕鶿山頭片雨晴揚州郭裏見潮生』又李紳入揚州郭詩序『潮水舊通揚州郭內大曆以後潮信不通』此可爲中唐以後揚州岸移海遠之證

坐是蕃客麕集教徒沓來

文宗太和八年詔言『揚州蕃客』閩書記『一賢傳教揚州』具見前引

波斯胡店往往而有

明謝肇淛五雜俎卷十二『唐時揚州常有波斯胡店太平廣記往往稱之想不妄也』案太平廣記未及細查當更有資料可采

偶值兵亂則外商罹其難者且不少

舊唐書田神功傳『神功兵至揚州大掠居人……大食波斯賈胡死者數千人』此肅宗上元元年事也可見當時揚州外僑不少

狹邪曲巷且多賈胡足跡供詩人譏笑之資

全唐詩諧謔二載崔涯嘲妓詩云『雖得蘇方木猶貪玳瑁皮懷胎十箇月生下崑崙兒』崔涯與白居易同時集中多揚州游冶詩

觀此可知揚州爲唐代第一都市即以對外貿易論其殷盛亦亞於廣州矣後經五代之亂揚州糜爛最劇自此不復爲互市重鎮

舊唐書秦彥傳『江淮之間廣陵大鎮富甲天下』自畢師鐸秦彥之後孫儒楊行密繼踵相攻四五年間連兵不息廬舍焚蕩民戶喪亡廣陵之雄富掃地矣』觀此可知揚州衰落之原因南宋洪邁容齋隨筆卷九「唐揚州之盛」條下云『本朝承平百七十年尙不能及唐之什一今日眞可酸鼻也』可見經北宋百餘年間揚州迄不能恢復重以金軍蹂躪南宋後益不可問矣

宋代頗獎勵對外貿易。先後置市舶司之地七。元因之。而其地頗有異同。明初因元舊。中葉以後。因倭寇而始設海禁。末年還弛焉。清初以鄭氏據臺灣。禁海益嚴。康熙二十二年。臺灣平。始弛禁。設江海浙海閩海粵海四榷關。大抵由宋初迄清之道光。沿海諸市雖遞有盛衰。而廣州泉州寧波上海恆保持優越地位。後此南京條約之所謂「五口通商」者。卽沿歷史上基礎而成立也。今列舉宋元明三朝之重要海港如左。

宋代市舶司所在地及其建置沿革。據宋史食貨職官兩志可考見者如下。

(一)廣州開寶四年置

(二)杭州初置年不詳熙甯九年議罷未行南宋乾道二年罷

(三)明州(今寧波)同上

(四)泉州元祐二年置南宋建炎初罷未幾復

(五)密州板橋鎮(今膠州青島)元祐三年置

(六)秀州(今松江)宣和間置監官

(七)江陰紹興二十九年置市舶務

(八)溫州初置年不詳

元置市舶司七。後漸裁併。僅存其三。元典章。柯劭忞新元史卷六十二引及元史食貨志記其名如下。

(一)廣州初置年不詳大抵因宋之舊至元二十五年改稱海南博易市舶提舉司

(二)泉州至元十四年置

(三)杭州初置年不詳至元三十年罷

(四)慶元（今寧波）至元十四年置

(五)上海

(六)澉浦（今海鹽）右二地皆至元十四年置大德二年罷併入慶元

(七)溫州初置年不詳至元三十一年併入慶元

明代市舶司置罷不常。其曾置者則有以下諸市。

(一)太倉黃渡此為一市抑二市待考吳元年置洪武三年罷

(二)明州洪武初置洪武七年罷永樂元年復嘉靖元年再罷三十九年再復四十四年再罷萬歷中再復

(三)泉州同上

(四)廣州洪武初置洪武七年罷永樂元年復嘉靖後全國舶司總於此市

(五)交趾雲南永樂初置為兩官分領兩地抑一官兼領兩地司署設在何處皆待考

據右所述。合以清初之四海關。則自唐迄明各通市之廢興如下表。

| 今地＼朝代 | 唐 | 宋 | 元 | 明 | 清（南京條約以前） |
|---|---|---|---|---|---|
| 膠州（青島） | | 密州板橋鎮 | | | |
| 揚州 | 揚州 | | | | |

| | | | | | |
|---|---|---|---|---|---|
| 松江（華亭及上海） | | 秀州 | 上海 | | 江海 |
| 太倉 | | | | 太倉黃渡 | |
| 杭州 | | 杭州 | 杭州 | | |
| 海鹽 | | | 澉浦 | | |
| 寧波 | | 明州 | 慶元 | 明州 | 浙海 |
| 泉州（廈門） | 泉州 | 泉州 | 泉州 | 泉州 | 閩海 |
| 廣州 | 廣州 | 廣州 | 廣州 | 廣州 | 粵海 |
| 安南 | 交趾龍編 | | | 交趾 | |
| 雲南 | | | | 雲南 | |

右諸市中。揚州安南。唐以後皆漸衰落。安南今且淪為異域。雲南據樊綽蠻書所記似唐時已頗占重要位置。蠻書云大銀孔南有婆羅門波斯闍婆勃泥崑崙數種外通交易之處多諸珍寶宋則至斧畫江。等諸化外。元亦不聞經略。惟明始一措意焉後亦無聞太倉暫興旋替。溫州僅為寧波附庸皆不復細敍。惟敍自餘各市狀況。

其一廣州——宋初廣杭明三舶司並立而廣州實占全國對外貿易額百分之九十八以上。

清梁廷枏粵海關志引北宋畢仲衍之中書備對記神宗熙寧十年之貿易統計表而加案語云『謹按備對所言三州市舶司所收乳香三十五萬四千四百八十九斤其內明州所收惟四千七百三十九斤。杭州所收惟六百三十七斤而廣州所收者則有三十四萬八千六百七十三斤是雖三處置司。實只廣州最盛也』

朱彧（北宋末人）萍洲可談卷二云『崇寧初。三路各置提舉市舶司。三方惟廣最盛。』案所謂三路者。廣南東路。福建路。兩浙路也。是時泉已闢市矣。

南宋及元。雖一時爲泉州所壓倒。然廣州終常保持優勢。他地市舶司屢有裁併。惟廣則除海禁時代外。常爲互市門戶。歷千年無替。

絕對的海禁時代。一爲明嘉靖元年迄三十九年。二爲淸順治元年迄康熙二十二年。廣州閉關。惟此兩時期耳。

淸康熙海禁開後。首設粵海關總西南洋互市之樞。至鴉片戰役後。則以條約定爲五口通商之第一口焉。

廣東通志卷一八。『康熙二十四年開南洋之禁。番舶來粵者歲以二十餘柁爲率。至則勞以牛酒。牙行主之。所謂「十三行」是也。』

其二泉州——泉州自唐太和時已爲蕃客走集之地。入宋而寖盛。當眞宗時。其地僑民蓋已甚多。創建頗壯麗之回教寺院。故神宗時已咸有置市舶司之必要。哲宗時遂實行。

泉州淸淨寺創建於大中祥符二三年之間。有現存阿剌伯文碑記爲證。前文已引及。則當時泉州外僑之多可想。宋史食貨志『熙寧五年。詔發運使薛向曰「東南之利。舶商居其一。比言者請置司泉州。其創法講求之」……』又云『元祐二年增置市舶司於泉州』

南宋以杭州爲行在所。泉州以晉江轉輸內地便利。故駸駸奪廣府之席。爲全國對外通商之總門戶。

吳自牧夢粱錄卷十二云『若欲船泛外國買賣。則自泉州便可出洋』可見當時以泉州爲海外航線之出發點。

及其末年。泉州市舶提舉官有西域人蒲壽庚者。且能舉足輕重。以制宋元興亡之鍵。泉之爲重於天下可概見矣。

蒲壽庚宋史元史皆無傳。其人蓋阿剌伯人。先世僑居廣州。久以豪富聞。壽庚遷於泉。提舉泉市舶三十餘年。宋末任爲福建招撫使。杭州陷。宋少帝逃至泉。欲依之。壽庚不納。旋以泉降元。殺戮宋宗室。宋不能偏安於閩粵。實壽庚之由。近日本桑原隲藏著蒲壽庚事蹟一書。考證其全部史實。爲歷史界一傑作。

入元。泉州仍繼續其在商市中所占之最優地位。元史記西南諸蠻夷所在。大率以泉爲計里之起點焉。

元史外夷傳爪哇條下云『自泉南登舟海行者。先至占城而後至其國。』又馬八兒條下云『自泉州至其國約十萬里。』此類尙多。

當時歐洲人來游者如馬可波羅之流。咸稱之爲全世界第一商埠。入明淸不替。道光後以廈門爲五口通商之一焉。

馬可波羅游記稱泉州爲塞登 Zayton。其書云『塞登爲外國商人入蠻子國』（元人稱南宋爲蠻子國）之大埠。凡外國貨物。必先至此。然後轉輸至他處。即胡椒一項。經塞登輸入中國者。與經亞歷山大輸入歐洲各國者。蓋爲百與一之比例。此埠實世界獨一無二之大商埠也。』案泉州稱爲塞登者。桑原氏考證爲「刺桐」之譯音。蓋宋時泉州亦稱刺桐城云。此外當時阿剌伯人稱刺桐城爲世界第一大市者尙多。具見桑原所引。

其三杭州——杭在北宋爲海船輻輳之區。故初置三舶司而杭與居一焉。

歐陽修杭州有美堂記『閩商海賈。風帆浪舶。出入於江濤浩渺煙雲杳靄之間。』可見其時杭州海舶之盛。

其後舶司或與明州合併。或獨立。

宋史食貨志『開寶四年。始置市舶司於廣州。後又於杭明置司。』據此似是杭明同時並置。然玉海卷一八六則云『後又置於杭。淳化中徙於明之定州。』然則先置於杭。後乃由杭徙明耳。徙明之年。玉海僅云『淳化中』不得其確年。乾道臨安志卷二云『提舉市舶衙舊在城中。淳化三年四月庚午。移杭州市舶司於明州定海縣。』則知在淳化三年。且月日皆可考矣。玉海又云『咸平中。杭明各置司。』文獻通考卷六十二云『「咸平二年九月庚子。令杭州明州各置市舶。聽蕃官從便。」據此。當是太祖開寶間置司杭州。太宗淳化三年廢杭司而移於明。眞宗咸平二年。乃杭明並置。』宋史混言之誤也。

南宋則杭爲行在所。乾道間曾罷舶司。未幾旋復。

宋史職官志云『乾道初。臣僚言兩浙市舶冗蠹。可罷。從之。』然淳祐臨安志卷七云『市舶務舊在保安門外。淳祐八年。撥歸戶部。於浙江湧水閘河岸新建牌曰行在市舶務』則淳祐間杭州明有市舶務。不知何年復置也。咸淳臨安志卷九亦有市舶務之記事。

據元代西域人所記載則宋元之間杭城蓋劃出二三市區專爲外國人居留之地。

有阿剌伯人伊般白都達 Ibn Batuta 於元順帝至正六年（一三四六）著有記南宋杭都事之書言『城內分六區。第二區爲猶太人。基督教徒及拜日教之突厥人所居第三區則回教徒所居其市場與回教國無異』（日本史學雜誌第二十七編第十號藤田豐八著「宋元時代杭州海港」篇所引）

中國故書所記亦多有景教回教摩尼教徒雜居之痕跡。

明田汝成西湖游覽志卷十六『舊十方寺在薦橋西元僧也里可溫建。』案也里可溫爲元代基督教徒之稱。

又卷十八云『眞教寺在文錦坊南回回大師阿老丁所建先是宋室徙蹕西域夷人安插者多從駕而南元時內附者又往往編管江浙閩廣之間而杭州尤夥』

又云『靈壽寺江浙行省左丞相達識帖睦爾建。本畏吾氏世族故稱爲畏吾寺俗訛爲義烏寺。』案此即白都達所謂拜日教之突厥人其寺實摩尼教寺也。

然自元以後杭州漸爲明州所掩。不復能占兩浙商業市第一流位置。

其四明州慶元——今之寧波在宋爲明州在元爲慶元當北宋初年曾移杭州舶司於此其後與杭並立。見前注入元則杭爲明絀矣。

元史食貨志『至元十四年立市舶司三於慶元上海澉浦。』而杭州不與焉。

杭屈於明之故。蓋因海岸變遷。杭漸不適於碇泊。明則恃內河轉運之便。灌輸內地。

宋姚寬西溪叢話卷上引無名氏之海潮說云『今觀浙江之口。起自纂風亭北望嘉興大山水闊二百餘里。故海商船舶畏避沙潬。不由大江。惟浮餘姚小江易舟而浮運河。達於杭越矣。』案據此知杭州商舶日少之故由於錢塘江所淤沙灘太大不適碇泊而寧波有餘姚小江。

接連運河可通杭州紹興各地也。

寧波以交通優便故元初浙江閒雖三市並立非久皆併於慶元。

元史食貨志『大德二年併上海澉浦入慶元市舶提擧司直隸中書省』

明則專爲日本通市之地。

明史食貨志『市舶司……洪武初……設於寧波泉州廣州。寧波通日本……日本叛服不常故獨限其期爲十年人數爲二百舟爲二艘。……』

嘉靖閒日人以爭互市眞僞鬨於長官遂引起倭寇之難於是寧波封鎖而全國海禁且緣之而起中國自唐宋以來皆獎勵互市晚近政策之變自茲始也。

明史食貨志『嘉靖二年日本使宗設朱素卿分道入貢互爭眞僞市舶中官賴恩納素卿賄右素卿宗設遂大掠寧波給事中夏言言倭患起於市舶遂罷之市舶既罷日本海賈往來自如海上姦豪與之交通法禁無所施轉爲寇賊二十六年倭寇百艘久泊寧台數千人登岸焚劫……乃嚴海禁毀餘皇……』

明淸之交浙東爲明守者有年淸康熙二十二年開海禁仍置浙海關於寧波道光二十二年遂爲五口通商之一。

其五溫州——南宋及元曾開市非久遂罷無得而詳述焉。

元史食貨志稱『至元三十年以溫州市舶司併入慶元』溫市何時創置無考想爲期甚暫。

其六澉浦——今海鹽也宋末開市(?)元因之非久亦併歸慶元。

明王樵檇李記『澉浦在海鹽之西宋元時通番舶之處』宋常棠澉水志『市舶場在鎭東海岸淳祐六年創市舶官十年置場』元史食貨志『至元三十年泉州上海澉浦溫州廣州慶元市舶司凡七所』元姚桐壽樂郊私語云『澉浦市舶司前代不設惟宋嘉定間置有騎

都尉監本鎮鹽課耳國朝至元三十年以留夢炎議置市舶司。』案以上各書所言互相違異據澉水志則宋已置司且能確指其年與地據樂部私語則云『前代不設。』且明述其創之年與建議之人而宋史亦絕不言有澉浦置司事兩說孰當更待考證又元史及續文獻通考皆言澉浦司置於至元十四年姚相壽云在三十年疑姚較可信

其七秀州上海——秀州在宋時領嘉興華亭海鹽崇德四縣屬兩浙路宣和中始置市舶務於華亭之青龍江浦實今日上海市場之嚆矢。

宋史食貨志『宣和元年秀州開青龍江浦舶船輻輳請復置監官先是政和中置務設官於華亭縣後江浦湮塞蕃舶鮮至止令縣官兼掌是復設官專領焉。』

華亭爲舊松江府附郭南宋時既爲通商名縣。

宋孫覿鴻慶居士集卷三十四朱公墓誌銘云『華泉據江瞰海富室大家蠻商舶賈交錯於水陸之道爲東南一大鎮……』

青龍江在城北七十里明隆慶間始卽其地分置青浦縣蓋宋時海舶出入之所

明一統志松江府條下『青龍江在府城北七十里上接松江下通滬瀆吳孫權造青龍戰艦於此故名』明隆慶六年分青龍鎮置青浦縣。

亦見明一統志。

然吳淞江爲大江入海尾閭之洩淤積最易故宣和元年青龍雖一度開濬及南宋淳熙開又復堙塞。

宋袁燮絜齋集卷十二羅公行狀云『華亭河流斷絕邑宰劉壁相視青龍江可通潮而湮廢已久集丁夫給官價不超五日濬七十餘里潮達縣市』案此文所記爲淳熙十四年事上距宣和元年僅六十八年。

今之上海本華亭屬舊名華亭海青龍湮後江岸南徙宋末已發展爲市及元而折置縣治歷明迄清至今遂爲國中第一市場。

明一統志『上海本華亭縣地居海之上洋舊曰華亭海宋時商販積聚名曰上海市元至元中置上海縣』明曹學佺松江志勝云按『按

永樂大典載郟亶水利考謂「松江南有大浦十八中有上海下海二浦」今縣治之左有大川曰黃浦亦曰上海浦縣之得名以此」案以上兩條記上海沿革及其名稱之由來甚明文獻通考卷六十二載宋乾道間臣僚言『市舶置司乃在華亭』疑卽指『華亭海』卽今上海地.

其八江陰——在北宋時亦爲賈船走集之所.

王荆公詩集卷三十四有一題云『予求守江陰未得酬昌叔憶江陰見及之作』詩云『黃田港北水如天萬里風檣看賈船海外珠犀常入市人間魚蟹不論錢』

南宋初嘗置市舶務蓋來者多高麗賈客云.

江陰市舶務宋史食貨志職官志皆未載不知設於何年惟文獻通考一言之(詳下條)袁燮絜齋集卷十七趙公墓誌銘云『擢隆興元年進士第……歷江陰縣……有市舶務公兼之高麗之至者初止一艘明年六七焉語人曰吾聞長官淸正所以來此』是袁燮時其官猶存也.

蓋南宋以都浙故浙中設官特多市舶之在兩浙路者凡五處江陰軍其一也.

宋史食貨志紀宋時市舶其在兩浙者僅及杭明秀三州職官志則言『福建廣南各置務於一州兩浙市舶乃分建於五所』所謂「五所」者宋嘗舉其名文獻通考卷六十二引乾道初臣僚言『兩浙惟臨安明州秀州溫州江陰軍凡五處有市舶』此足補宋史之闕矣.

其九太倉——蓋明太祖初起時互市之所未幾而廢.

明史食貨志『市舶司提舉官……洪武初設於太倉黃渡尋罷』

其十密州板橋鎭——今靑島也自晉以來卽爲中國與印度交通孔道.

法顯歸國時舟泊於長廣郡之勞山卽靑島也西域僧遵此路來朝者尚有數人見高僧傳今未及細檢容更補注.

北宋之初其地海上貿易已頗盛.

有蔡齊者。官密州。范仲淹爲作墓志銘。稱其『力請放海利以救東人。』（見范文正集卷十二）歐陽修爲作行狀。稱其『使民得買海易食以救飢。東人至今賴之。』（見歐陽文忠公集卷　）據此知前此密州有海禁。至仁宗時始由蔡齊解放。

至神宗元豐間。遂議置板橋市舶司。哲宗元祐間實行。徽宗政和間益趨繁盛。

宋史食貨志元豐五年。知密州范鍔言『板橋瀕海。東則二廣福建淮浙。西則京東河北河東三路。商賈所聚。海舶之利。顓於富家大姓。宜即本州置市舶司。板橋鎮置抽解務。……』元祐三年。鍔等復言。『……若板橋市舶法行。則海外諸貨物積於府庫者。必倍於杭明二州。……乃置板橋市舶司。』

楊時龜山集卷三十四陸僖墓志銘云。『乞監密州板橋鎮。鎮瀕海。海舶鱗至。多異國珍寶。……』案此蓋徽宗大觀政和間事。

密州所以勃興之故。蓋緣淮南一帶。既因唐末五代之亂而衰落。而北宋建都汴梁。北方宜有海港以爲灌注。恰値當時對高麗貿易正盛。故密爲其最適之地點焉。

萍洲可談卷二『元豐待高麗人最厚。沿路亭傳皆名高麗亭。高麗人泛海而至明州。則由二浙遡汴至都下。謂之南路。或至密州。則由京東陸行至京師。謂之東路。……』案此文敍汴梁與海岸交通狀況最明瞭。

南北海路交通在此時似亦已盛開。而北之密。南之明。即爲兩主要港。

姚寬西溪叢話『今自二浙至登州與密州。皆由北洋。水極險惡。然有自膠水鎮三日而抵明州定海者。』

宋南渡後。密州實爲宋金互市之要地。

宋史李全傳『膠西當寧海之衝。百貨輻輳。全使其兄福守之。爲窟宅計。時互市始通。北人尤重南貨。價增十倍。全誘商人至山陽。以舟浮其貨而中分之。自淮轉海。達於膠西。』

元行海運。此爲運河入海處。置海倉焉。

萊州府志『元至元時海運故道入海處。尙有海倉遺蹟。』

明初爲倭寇滋擾。逐漸衰落。海禁後益無可紀。直至近代。德日先後占領。迄今葛藤未絕焉。

山東通志云『黃島在膠州東南六十里海中。舊有居民。因倭寇遷避。遺址多存。』

以上十地。並前文所述之揚州龍編。可稱爲自唐以來中國沿海十二大都市。尤大者爲廣泉揚杭明秀六州。其他六地次之。最盛時期爲唐宋元。尙繼續保持。自明以迄清中葉。則爲中落時期。其原因。蓋緣波斯大食人在唐宋時。正爲全世界商業活動最主要之民族。其人無政治野心。壹惟以通商爲務。我國人亦以懷柔遠人之態度歡迎之。保護之。耦俱無猜焉。都市之繁榮。彼我皆利賴之。明清以還。波斯久衰。大食亦日以不競。葡萄牙荷蘭先後代興。其勢力未能大伸於遠東。故東西互市。頓呈中落之象。中間倭寇滋擾。幾與明祚相終始。國人厭惡外夷之心日益甚。馴至有海禁之設。清中葉後。英人橫行海上。馴至有「毒藥戰役」。我師熸焉。作城下盟。今之所謂通商口岸。非復昔所云矣。各市商業狀況。當於通商篇別述。今但刺取僑民掌故與市政有連者論次一二云。

外人除通商市外。是否可以雜居內地。唐以前法制無可考。

唐文宗太和八年詔書言『嶺南福建及揚州蕃客。任其來往通流。自爲交易。』似當時無雜居內地之禁。

宋初蓋僅聽在廣州居止。不得適他地。崇寧間。始由市舶司發給護照來往焉。

宋史食貨志『崇寧三年。令蕃商欲往他郡者。從舶司給券。毋雜禁物姦人。初廣南舶司言海外蕃商至廣州。聽其往還居止。而大食諸國商亦丐通入他州及京東販易。故有是詔。』

卽在通商市中。原則上亦只許居城外。

朱熹文公集卷九十八傳自得行狀云『化外人法不當城居。』可見南宋時法律上明有此規定。大抵自唐時已然矣。

外人所居地謂之「蕃坊」名義上頗類今租界矣。蓋起自唐時。宋後沿之。

朱彧萍洲可談云。『廣州蕃坊海外諸國人聚居。置蕃長一人。管勾蕃坊公事』彧書成於宋徽宗宣和元年（據直齋書錄解題）則北宋時確有蕃坊可知。然蕃坊恐不止起於宋。顧炎武天下郡國利病書卷一百四引投荒錄云『頃年在廣州蕃坊。獻食多用糖蜜腦麝。有魚俎。雖甘香而腥臭自若也』投荒錄爲唐文宗太和中房千里所著見新唐書藝文志則唐之中葉廣州既有蕃坊矣。

明則政府特建館舍以居之。

明史食貨志『永樂三年以諸蕃貢使益多。乃置驛於福建浙江廣東三市舶司以館之。福建曰來遠。浙江曰安遠。廣東曰懷遠』廣東通志卷一八〇引郝志云『置懷遠驛於廣州城蜆子步建屋一百二十間以居番人』據此知福建浙江兩驛亦必有建屋矣

清則牙商築室招待焉。

廣東通志卷一八〇『番舶來粵則勞以牛酒。牙行主之。所謂「十三行」也。皆起重樓臺榭爲番人居停之所』案十三行今爲西關街名。在城中極繁盛處蓋昔日番商租界遺址也。十三行招待番商。蓋鴉片戰役前尤然

宋時蕃坊所在廣泉杭三州尙約略可考。廣州蓋在城西南。

廣州蕃坊所在確地今難考。惟據廣東通志卷二一八引金志云『舊府學在西城蕃市通衢』則蕃市在城西可知。又引黃志云『明市舶提舉司署在府城外西南一里卽宋市舶亭海山樓故址』又云『海山樓建於嘉祐中……在鎭南門外。山川拱揖。百越偉觀此爲第一。樓下卽市舶亭』市舶亭計當與蕃坊相近也。又引郝志云『明懷遠廢驛在府城西』先輩或言今濠畔街爲懷遠驛故址。要之宋以來外僑皆居城西南。殆無可疑。昔時珠江江面必較今爲闊。故在城西南一里之海山樓卽臨大江。萍洲可談記其形勝云『廣州市舶亭枕水。有海山樓正對五洲。其下謂之小海』

泉州蓋在城南。

南宋趙汝适諸蕃錄卷上記。『大食巨商施那幃僑寓泉南。且在泉州城外東南作叢塚爲賈胡之公葬地。』又言。『南毘國蕃商時羅巴智力干父子住居泉南。』又言『天竺僧囉護哪在泉州城南建寶林院。』據此則當時泉州蕃坊在城南可知。

## 杭州蓋在城東清泰門內

西湖游覽志云『三太傅祠在薦橋東。舊十方寺基也。元僧也里可溫建。』又云『文錦坊在薦橋西。』又云『眞教寺在文錦坊南。元延祐間回回大師阿老丁所建。先是宋室徙蹕。西域夷人安插者多從駕而南。元時內附者又往往編管江浙閩廣之間。而杭州尤夥。……』陶宗儀輟耕錄卷二十八云。『杭州薦橋側首有高樓八間。俗謂之八間樓。皆富實回回所居。……』則薦橋一帶爲外僑所聚居甚明。薦橋在何地耶。游覽志云『清泰門在城東。宋名崇新門。俗稱薦橋門。』據此諸條。杭州蕃坊地可以略定矣。前文引伊般具都諦所言杭城第二第三市區。卽其地也。

輟耕錄又云。『聚景園回回墓塚在焉。』聚景園又在何處耶。徐逢吉清波小志卷上云。『聚景園在清波門外。孝宗致養之地。……此武林舊事所載。今則爲番回埋骨之地。……』嘉靖仁和縣志云。『舊城基南路有回回墳。』則宋聚景園故址入元爲回回墳者。明時在舊城基南。可知舊城基又在何處耶。游覽志又云『張士誠據兩浙。改築杭城。自艮山門清泰門展出三里。而絡市河於內。此其舊基也。』據此則清泰門內一帶地。卽所謂薦橋附近者。在張士誠以前。實爲城外。宋元蕃坊卽在此。

## 然所謂『化外人法不當城居』者。不過法律上有此規定云爾。事實上因禁網疏闊之故。城居者蓋亦少。

宋樓鑰攻媿集卷八十八汪大猷行狀云『蕃商雜處民間。』

顧炎武天下郡國利病書卷一〇四云『自唐設結好使於廣州。自是商人立戶。迄宋不絕。詭服殊音。多流寓海濱灣泊之地。築石聯城。以長子孫。……禁網疏闊。夷人隨商。翺翔城市。』

## 唐代蕃人雜居廣州事。前文已述。（看第卆葉）至宋時則有蒲姓之酋豪。世居廣州城中。實爲宋末賈國奴蒲壽庚之祖。

宋岳珂桯史卷十一『番禺有海獠雜居。其最豪者蒲姓。號曰番人。本占城之貴人也。旣浮海而遇風濤。憚於復反。乃請於其主。願留中國。以通往來之貨。主許焉。其家歲益久。定居城中。屋室侈靡踰制。使者以其非吾國人。不之問。』

## 蕃商在唐時則波斯最富。

波斯胡賈之豪奢。見於唐人筆記小說中者甚多。不可悉舉。李商隱雜纂卷上有「不相稱」一條。所列舉者一窮波斯。二病醫人。三瘦人相撰。四肥大新婦。波斯不宜有窮人。此段小滑稽語句。可代表晚唐時人感想。

在宋時則阿剌伯最富。

宋周去非嶺外代答卷三云。「諸蕃國之富盛多寶貨者。莫如大食國。」桯史卷十一所記豪商蒲姓者。即大食人也。岳珂記其人赴知州宴時豪侈之狀云。「其揮金如糞土。（賞犒）輿皁無遺。珠璣香貝。狼籍座上。」

其商人至能報効私財以修城池。

宋史外國傳大食國條下云。「熙寧中其使辛押陀羅進錢銀。助修廣州城。不許。」案使所云使者。蓋前此商人皆以貢使爲名。其實則僑商耳。蘇轍龍川略志（天下郡國利病書引）別有關於辛氏之紀事云。「番商辛押陀羅者。居廣州數十年矣。家資數百萬緡。」明楊思謙泉州府志卷四云。「嘉定四年。守鄒應龍以賈胡簿錄之貲。請於朝而大修之。城始固。」是熙寧中雖不許蕃商助修廣州城。嘉定間卻許其助修泉州城矣。

其僑民首領名曰蕃長。又有都蕃長。實爲後此領事總領事之濫觴。

萍洲可談卷二「廣州蕃坊。海外諸國人聚居。置蕃長一人。管勾蕃坊公事。專切招邀蕃商。」

唐會要卷一百「天祐元年六月。授福建道三佛齊國入朝進奉使都蕃長蒲訶粟爲寧遠將軍。」

亦名曰蕃首。或呼之爲番酋。

宋史大食傳記都蕃首蒲陀羅離慈事。唐劉恂嶺表錄異記在番酋家食棗事。

蕃長雖以蕃人爲之。但須經朝命。非如今領事官由彼國簡派也。

宋史大食傳云。「熙寧中其使辛押陀羅乞統察蕃長司公事。詔廣州裁度。」又云。「都蕃首保順郎將蒲陀婆離慈表令男麻勿奉貢物。乞以自代。詔但授麻勿郎將。」可見蕃長亦經政府任命。不輕授。且常須經廣州長吏察核保舉。

故其人實爲中國官吏。服中國之服。

萍洲可談卷二『蕃長用蕃官爲之，巾袍履笏如華人。』

其關於外人犯罪之裁判，據唐律疏議所規定。

『諸化外人同類自相犯者各依本俗法，異類相犯者以法律論。』卷六名例

此實爲領事裁判權之嚆矢。蓋守「因其風不易其俗」之訓，以寓「懷柔遠人」之意，純出於恩惠的特許，非有所脅而然也。

疏議云，『化外人謂蕃夷之國別立君長者，各有風俗，制法不同，其有同類自相犯者，須問其本國之制，依其俗法斷之，異類相犯者，若高麗之與百濟之類，皆以國家法律論定刑名』案此疏解釋律文甚明，例如英人與英人爭訟，則適用英國法律，英人與法人爭訟，則適用中國法律也，至英法人與中國人爭訟，須用中國法律，自無待言。

明律則改爲『凡化外人犯罪者並依律擬斷』，無復中外之別。

明律注云『化外人卽外夷來降之人及收捕夷寇散處各地方者皆是，』對於化外人之解釋與唐律疏議不同，恐非是，蓋來降人等已變成中國人，不必別立規定也，明代外人僑寓者視唐宋爲少，且不見有蕃長等官，則其一切受治於本國法律固宜。

依唐律本意，則中國法官審判外人罪犯時，『須問其本國之制，依其俗法斷之』云爾，原則上並不以審判權授諸外人也，然對於外國而一一調查其「俗法，」爲事頗繁難，故爲程序簡易起見，往往委蕃長以便宜從事，然亦限於輕微罪而已，罪稍重者仍付正式法庭。

萍洲可談卷二，『蕃人有罪，詣廣州鞫實，送蕃坊行遣，……徒以上罪則廣州決斷。』

然而官吏偷惰，奉行不善，時或放棄職權，委諸外人，甚至中外鬬訟之案，亦依蕃例。

樓鑰攻媿集卷八十八特進汪公（大猷）行狀云，『蕃商雜處民間，而舊法與郡人爭鬥，非至折傷，皆用其國俗。』

惟伉直守法之長吏，每當官而行，不稍假借。

宋史王渙之傳『渙之知福州，未至，復徙廣州。蕃客殺奴，市舶使據舊比，止送其長杖笞。渙之不可，論如法。』

又汪大猷傳『大猷知泉州。故事，蕃商與人爭鬥，非傷折罪，皆以牛贖。大猷曰「安有中國用島夷俗者，苟在吾境，當用吾法。」』

又張昷之傳『徙廣南路轉運使。夷人有罪，其酋長得自治，而多慘酷。昷之請一以漢法從事。』

其有濫用此特許的恩惠與惰力的習慣而認爲正當權利爲治外法權之要求者，實自明成化間之日本人始，論史者有餘恫焉耳。

明史日本傳云『成化四年十一月，使臣淸啓復來貢，傷人於市，有司請治其罪，詔付淸啓，奏言「犯法者當用本國之刑」，且自服不能鈐束之罪，帝俱赦之，自是使者益無忌。』案淸啓曲解唐律條文，不服裁判，而朝廷亦竟優容之，此領事裁判權痛史之第一幕也矣。

# 飲冰室專集之八十七

## 圖書大辭典簿錄之部

### 官錄及史志

#### 第一部　簿錄之部

目錄之書，漢以前無有也。自劉向父子校理祕文，肇造錄略，鄭荀王阮，繼軌有作，唐修隋志，乃創立簿錄一門以收之，得書三十部焉。（前此著錄有無此門不可考。現存書之記簿錄者以隋經籍志爲首）歷代編校，悉沿其例，清輯四庫提要，其目錄類經籍之屬著於錄者十一部，存目者亦十四部。宋明以降，版刻盛行，書之流布收集日益易，而其散佚淘汰亦日益速。公私庋藏，搜訪多有簿記，流略之學，以附庸蔚爲大國。近人有最錄書目之書者，所舉或數百種（如李氏之書目舉要）乃至千餘種（如邵氏等之書目長編）雖不免猥濫，然以吾所知見，此類書之現存者合單行本與各專書中之別出本，可得二三百種，其已佚或存佚不詳者亦百餘種。四庫提要所論列，蓋什未得其一二也。夫目錄之書，裨學有四：載籍浩博，決非一人之力所能盡藏，所能盡讀，流覽諸錄，可以周知古今著作之大凡，有解題者讀其解題，雖未睹原書，亦可知梗概，爲裨一也。書籍孳乳日出，亦散亡代謝，賴有遺錄，存彼蛻痕，雖器寶已淪，尚可識其名數，又某時代某類書寶始創作，或作者獨多，某類書在某時代已寥落罕聞，或散亡最劇，綜而校之，學風見焉，爲裨二也。稀見祕籍，識者知珍。孤微僅存流傳有緒。博稽諸家著錄。可以稱其展轉儲藏之所在。按圖索驥。或整理流通。或取裁述作。爲裨三也。學術分化發展。著述種類隨之而日趨繁賾。辨析流別。業成專門。類區分。或累代遞遷。或因人而異。博觀互較。得失斯見。循此以稱學海之派分淵匯。察藝林之孳坼條敷。知類通方。此其顯步爲裨四也。隋志撮簿錄類。以附史部之末。其時此類著述實稀。不能獨立成部。此如七略及漢志以史乘之書入六藝春秋家。附庸未能特達。位置宜爾也。今簿錄之書。存佚單附合計。數且盈千。泱泱乎一大邦矣。揆其性質。實總函四部而筦其鑰指。爲史籍枝屬。名實未安。故今別建一部。用冠羣籍。俾凡肄治任何部類之遺典者。皆於此問津焉。此部之書既已自滋。緣作者之地位及其性格識見等等區別。所成之書。其範圍與體裁自不能從同。故攬其異趣。大別爲五類。一曰官錄及史志。二曰跋釋及鑑別。三曰藏目及徵訪。四曰部分別錄。五曰載籍掌故。各類之中。或以時代。或以內容性質。復各釐爲若干子目焉。其分類之指意及標準。則於各類小敍中發其凡。某書之入某類或互見某類。其有疑問者。則於各本書條下附說之。書之主要者或特有其短長宜評騭者。則爲之解題。其普通者及未經眼者。蓋闕如也。

## 第一類　官錄及史志

官錄者。歷代中祕書之簿籍。其官署及官立學府所儲藏者附焉。史志者。各正史之藝文志經籍志。就原書裁篇別出以著於錄。其無志之史而近世學者補作者。亦各從其時代列次。古代名志若漢若隋。後儒往往爲之考證箋釋或補綴。則彙附於各志之後。其有私人著述爲各志先驅備甄采者。若阮孝緒七錄之於隋志。毋煚古今書錄之於唐志。黃虞稷千頃堂書目之於明志。雖非官書。亦悉附於各本志之前。官錄與史志體製多不同今合併爲一類不復分別者以歷代典籍淵萃在中祕中祕書集散之跡存於官錄官錄傳世絕稀僅恃史志葆其遺蛻官錄舍史志既無由考見而史志取材什九出官錄不敍述官錄則無以察其淵源所自及其去取之得失故本書通例凡佚書不載或間載則以附各類目之末獨本類官錄諸書不問存佚凡書名足徵者備搜之按其年代以雜廁於各史志之間（凡已佚之書低一格錄其闕本於目上加△符有輯本者目上加▲符）從性質類別上觀察雖不免稍瞀亂爲使讀者順按時代的觀歷史上載籍沿革之故實其便利亦差足相償也以朝代分六子目一曰漢附後漢三國二曰兩晉南北朝隋三曰唐附五代四曰宋附遼金元五曰明六曰清除清代外各以正史之志爲中樞而以官錄及補志等先後疏附乎其間讀者比而案之於二千年來典籍流傳代謝之故實略可睹記矣

## 第一目　漢　附後漢三國

簿錄學創自劉氏父子班氏因之成藝文志著錄萬三千二百六十九卷實西漢末官書總簿亦先秦以來典冊一大潴匯也累代宗尚誦習考釋校補之書且不少比而讀之益著光晶矣後漢文物駕軼前漢徒以范書無志袁志不傳載籍流傳之跡漶昧難稽焉三國雖在爭亂中學藝亦彬彬陳書闕志與范同憾近百年來補志之業盛行後漢三國之部作者數家後起益勝一代闕遺補苴略備矣今並附次班志使欲考歷史上第一期載籍掌故者比勘省覽焉

七略別錄二十卷　著者漢劉向字子政漢宗室成帝中（前32—7）奉詔錄奏隋唐志著錄已佚

▲又　輯本一卷　題曰劉向別錄輯者清洪頤煊字旌賢臨海人經典集林本　又輯者清馬國翰字竹吾歷城人玉函山房本　又輯者清顧觀光金山人北京圖書館藏鈔本

此書通行但稱別錄。此從隋志所標全名也。漢書藝文志云『成帝詔劉向校經傳諸子詩賦。任宏校兵書。尹咸校數術。李柱國校方技。每一書已。向輒條其篇目。撮其指意。錄而奏之。』隋書經籍志亦云『每一書就。向輒撰爲一錄。論其指歸。辨其訛謬。』此爲中國歷史上第一次整理藏書。其所撰錄卽中國第一部書目也。所謂「每一書撰爲一錄」者。今所傳戰國策山海經管子晏子列子鄧析子荀子說苑諸書卷首皆有劉向奏上一篇。蓋卽其文也。各錄本散附各書中。後乃集爲一編。故名別錄。此如清乾隆間四庫提要本散冠各書之首。後彙爲四冊總目以別行矣。後世書目之有解題者。其例本於此。此書及七略。唐人各經史注疏徵引甚多。太平御覽亦尚有其遺文。惟崇文總目已不著錄。似亡於北宋也。

**七略七卷** 著者漢劉歆字子駿向子哀帝中（前6—1）成書隋唐志著錄已佚

**▲又輯本一卷** 輯者洪頤煊經典集林本　又輯者馬國翰玉函山房本　又輯者顧觀光北京圖書館藏鈔本

漢志云『會向卒。哀帝復使向子歆卒父業。歆於是總羣書而奏其七略。故有輯略。有六藝略。有諸子略。有詩賦略。有兵書略。有數術略。有方技略。』此書殆將別錄中錄奏之文刪去。僅存書目以備觀覽。後世書目之但列書名者。其例本於此。此書亦亡於宋代。但其原型全部存於漢書藝文志中。將漢書中班固自注『出某家入某家』者校而剔之。所餘者什九皆七略原文。惟所謂輯略者今不可見。當是敍述其分類及去取之義例。或漢志中各類小序中有其原文之一部。

**漢書藝文志一卷** 著述者漢班固字孟堅安陵人注者唐顏師古原書卷三十〔別出〕八史經籍志本

全部採用劉氏七略。間有增刪移易則自注出。凡六藝一百三家三千一百二十三篇。分易、書、詩、禮、樂、春秋、論語、孝經、小學、共九種。諸子百八十九家。四千三百二十四篇。分儒、道、陰陽、法、名、墨、縱橫、雜、農、小說、共十種。詩賦百六家千三百十八篇。分五種。兵書五十三家七百九十篇。圖四十三卷。分權謀、形勢、陰陽、技巧、共四種。數術百九十家。二千五百二十八卷。分天文、歷譜、五行、蓍龜、雜占、形法、共六種。方技三十[illegible]家八百六十八卷。分醫經、經方、房中、神仙、共四種。大凡書六略三十八種五百九十六家萬三千二百六十九卷。此爲現存書目之最古者。欲考先秦學術淵源流別及古代書籍存佚眞僞。必以此志爲基本。後世書目之編製方法及分類。皆根據或損益此志。

又案班志祖述劉略。人所共知矣。然志序末句云『今刪其要以備篇籍』。是明有所刪訂。非直鈔舊文也。唐會要載司馬貞議稱七略有子夏傳。班氏不載。又史記管晏列傳正義引七略云『管子十八篇在法家』。今漢志管子八十六篇在道家。班志不盡同於劉略。卽此可見。子夏易傳之爲僞書。近人考證甚詳。班氏不載。足徵別裁有識。章宗源隋經籍志考證卷十三七略條下。列舉劉略班志異同。可供參考。

**漢書藝文志考證十卷** 著者宋王應麟字伯厚浚儀人　玉海本　單行本　四庫著錄

此書實補注體。蓋補顏注所未備也。對於原志著錄各書之內容多所論列。其年代眞僞亦時有辨證。又增補原志未著錄之書二十六部。但所補者多有僞書。四庫提要已辨之。

**漢書藝文志考誤一卷** 著者清李賡芸字生甫嘉定人錢大昕弟子　見國朝未刊遺書志稿本　存佚待考

**漢書藝文志疏證卷數未詳** 著者清沈欽韓字文起吳縣人　漢書疏證卷三十「別出」

**漢書藝文志補注一卷** 著者清王先謙字益吾長沙人　漢書補注卷三十「別出」

**漢書藝文志拾補六卷** 著者清姚振宗字海槎山陰人快閣師石山房叢書稿本　今藏浙江圖書館

**漢書藝文條理八卷** 同上　同上

**歷代載籍足徵錄一卷** 著者清莊述祖字葆琛武進人　珍藝宧叢書本

此書觀其命名。蓋造端甚宏大。但已成刻者僅漢志六藝之部。且僅至春秋而止。論語以下闕焉。蓋未成之稿也。其刻出之部分考證頗精詳。足供讀漢志之參考。故附錄於此。

**漢書藝文志諸子略考釋一卷** 著者今人梁啓超　未刻　末附諸子存佚眞僞表

漢書藝文志舉例一卷 著者今人孫德謙 孫隘庵所著書本

漢書藝文志講疏一卷 著者今人顧實 排印本

漢書藝文志注解七卷 著者今人姚明煇 排印本

蘭臺書部 著者漢班固傅毅等成書約在明帝章帝間（58—88）已佚

東觀新記 同上

仁壽闥（閣）新記 同上

右三書歷代簿錄家皆未著錄。故卷數無從考見。阮孝緒七錄序曰：『及後漢蘭臺。猶爲書部。又於東觀及仁壽闥撰集新記。校書郎班固傅毅並典祕籍。』隋書經籍志序云：『班固等於蘭臺東觀仁壽閣集新書。並依七略而爲書部。』據此知東漢時確有此三書。其體例及分類蓋全依七略也。三書似皆亡於董卓之亂。並王儉阮孝緒亦未得見也。

後漢書藝文志 著者謝沈袁山松已佚

案。范曄後漢書無志。司馬彪續漢書志亦無藝文。治簿錄者憾焉。考七錄序曰：『王儉七志條七略及二漢藝文志所闕之書。』然則王儉所見蓋有後漢書藝文志矣。其作者誰耶。七錄序曰又云：『其後有著述者袁山松亦錄在其書。』然則袁山松後漢書有藝文志明矣。王儉所據。殆卽此耶。又據劉昭注補續漢書八志序。知謝沈後漢書亦有藝文志（文繁不具引）沈年代在山松前。蓋山松所本。又蔡邕傳稱邕上書自陳奏其所著十意。（當時諱志故稱意）奏文有律歷意。禮意。樂意。郊祀意。天文意。朝會意。車服意。五行意。爲數僅八。尚缺其二。嚴可均疑是地理藝文。但無他證。不敢武斷。要之自後漢末迄晉宋間。著後漢書者將十家。其中藝文志必有數本。惜原書今皆亡佚矣。

皇覽目四卷 魏文帝時（220——229）編 隋志著錄已佚

魏志文帝紀云『帝好文學使諸儒撰集經傳。隨類相從。凡千餘篇。號曰皇覽。』魏志楊俊傳裴注引魏略云。『王象受詔撰皇覽。合四十餘部。部有數十篇。通合八百餘萬字。』案皇覽爲中國類書之祖。性質與七略之簿錄原書不同。惟中分四十餘部。各有子目。實當時書籍之總匯故荀勗著中經簿。其丙部特列皇覽簿一門。唐初修隋志時。皇覽雖佚。猶存其目。黃初間所存書。當具彼中矣。

## 魏中經簿

著者魏鄭默字思元著作年不詳大約在魏末已佚

隋書經籍志序云。『魏祕書郎鄭默始制中經。』初學記引王隱晉書云。『鄭默……除其浮穢。著魏中經簿。庾松謂默曰。今而後朱紫別矣。』案據此知此書著錄各書別裁頗嚴。

## 校定衆書錄

著者吳韋昭字弘嗣吳主孫休時已佚

吳志韋曜傳(魏諱昭改稱曜)云。『孫休踐阼。爲中書郎。命依劉向故事。校定衆書。』案。當有成書。但史文簡略不可考見耳。

## 補續漢書藝文志二卷

著者淸錢大昭字晦之嘉定人大昕弟積學齋叢書本廣雅叢書本不分卷有乾隆五十三年邵晉涵序

標題補續漢書者。范曄後漢書所志。劉昭作注時以司馬彪續漢書之志補之。而彪志亦闕藝文。此作欲以補彪之闕也。邵晉涵序謂其於一代著述。已搜採所遺。洋洋美備。但以後此侯氏姚氏所補較之。殊覺其儉陋矣。其所收書。上及西漢。下包三國。又時不免重複誤收之弊。恐是未定稿也。

## 補後漢藝文志卷數不詳

著者淸厲鶚字太鴻仁和人

文廷式補晉藝文志序稱有其書。存佚待考。

## 補後漢書藝文志一卷

著者淸洪飴孫字孟慈陽湖人亮吉子

授經堂書目著錄。存佚待考。

## 補後漢書藝文志卷數不詳

著者清勞頹字桃叔

錢泰吉甘泉鄉人稿曾記是書。蓋以錢大昭補本分部不古改從漢志。其所著錄書似未能比錢加博。今未見傳本。存佚待考。

## 補後漢書藝文志四卷

## 補三國藝文志四卷

右二書著者清侯康字君謨番禺人嶺南遺書本二書並有伍崇曜跋廣雅叢書本

原書無自序。亦未分卷。道光三十年伍氏刻入嶺南遺書時。二書皆依經史子集各區爲四卷。其著述體例。於首卷自注中發其凡云。『凡諸書見本傳及隋唐宋志釋文敍錄者皆不著所出。若采自他書或附傳者則著之。』又云。『諸書卷數互異。則從其多者著錄。蓋卷數之少。或是後人闕佚。非原本也。』其書有別裁。搜輯亦頗博備。補後漢之作。勝錢大昭。補三國則其所自創也。惜兩書所輯皆至子部小說家而止。而子部編目如兵家歷算五行醫方雜藝五類有錄無書。集部與佛道二錄則皆未措手。蓋仍是未成之稿本也。

侯氏尚有補晉書宋書齊書梁書陳書魏書北齊書周書藝文志。見番禺陳澧所撰傳。今未見傳本。想皆未成。

## 補後漢書藝文志二十七卷

著者清顧懷三字秋碧江寧人北京圖書館藏鈔本二十七卷小方壺齋叢書本卷數未詳金陵叢書十卷本

此書未見。以顧氏補五代志比推。恐體例不逮侯姚曾各書之善。

## 後漢藝文志四卷

著者清姚振宗字海槎山陰人光緒十五年成書卷首有自著敍錄適園叢書本

## 三國藝文志四卷

著者同上成書年同上卷首有自著敍例刻本同上卷末有張鈞衡跋並跋兩書

二書皆不冠以補字者。自敍云。『不自以爲補舊史之闕也。』二書體例同出一轍。其特色有五。一。著色事略。一一詳載。令讀者得考見其環境及學術淵源。二。著錄各書皆注出處。視侯康書加詳備。三。其書有近人輯本者皆舉列之。四。後人對於原書有批評者皆錄入。五。有疑問者附按語考證之。其分類大體依隋志。視當時書之有無略爲增減。釋道二家則附四部之末。其斷代極謹嚴。極少濫收闌入之弊。至搜羅之博。則此兩時代之著作。殆已全收無遺。清代補志之業。此其最精勤足稱者矣。惟過於嗜博求全。或有並非著書如弟子著籍朝議典簿等亦概收錄，是其小失。

## 侯康補後漢書藝文志補不盈卷

## 侯康補三國藝文志補不盈卷

右二書著者清陶憲曾 在靈華館叢稿卷四

## 補後漢書藝文志一卷考十卷

著者今人曾樸字孟樸常熟人光緒二十一年成書有自敍敍錄凡例家刻本

本書與姚志並時先後屬稿，各不相知，互無蹈襲。其志一卷，純仿各史志，僅列書名撰人及卷數，亦可謂爲全書之目錄。其考十卷，則仿王伯厚漢志考證之體而自爲注也。本書最用心處在其分類——著者以爲荀勗之四部非後漢時所有，而向歆之六略後漢亦已不適用，乃參酌劉荀王阮別創部門，命爲七志：一曰六藝，二曰記傳，三曰子兵，四曰文翰，五曰數術，六曰方伎，七曰道佛。前六志爲內篇，後一志爲外篇。外篇後附前錄（紀新莽時人）後錄（紀三國時人卒於延康前者）存疑三篇焉。其敍錄具說建立七志及各書分隸之理由，蓋承鄭樵焦竑學風，銳意辨析流略者。然茲事實難，因與創皆易生違失。例如本書以五經總義入論語，以爾雅入孝經，以石經入小學，雖前有所承，終未見其安。而張道陵魏伯陽諸書，一部分入方伎，一部分入道佛，實無確定界限可指。此類瑕玼未易枚舉也。其所收書亦不如姚志之富，半分七志，而六藝志殆占全書之半，得非以朱氏經義考有所憑藉，故搜羅較易耶？惟各書考證獨到之見甚多，或爲姚所不逮。書末附存疑一錄，尤見矜慎。其多引佚文，似非簿錄體所宜，蓋踵章氏考證隋志之成法也。

又案：後漢補志吾所知見者凡家，在諸朝中最爲大備。創始艱辛推錢侯，蒐錄賅核推姚曾，而姚尤美備矣。今綜四家所著錄，製一表，以示東京一代著作可考者之成數焉。（所表者部數也，卷數省略之。）

| | 錢志 | 侯志 | 姚志 | 曾志 |
|---|---|---|---|---|
| 經部 | 二〇七 | 二〇三 | 二四七 | 二一一 |
| 史部 | 八五 | 一一二 | 一九六 | 一一七 |

| | | | | |
|---|---|---|---|---|
| 子部 | 九四 | 八九 | 二二八 | 一二九 |
| 集部 | 八六 | ○ | 一一八 | 八六 |
| 道佛 | ○ | ○ | 三一八 | 八七 |
| 總計 | 五○五 | 四○四 | 一一○九 | 五九○ |

(右表曾志之子部係原書子兵數術方伎三志合計)

又三國著作可考者據侯姚兩志製表如下(亦表部數)

| | | | | | | | |
|---|---|---|---|---|---|---|---|
| 侯志 | 經一七一 | 史一一二 | 子一○八 | | | | 總計三九一 |
| 姚志 | 經一六八 | 史一八四 | 子一七七 | 集九一 | 佛一一八 | 道九一 | 總計八二九 |

## 第二目　兩晉南北朝隋

自晉迄隋中間南北分立三百年屢經喪亂書頻厄亡一交承平輒復蒐聚其整理祕籍之績見於史冊者頗足稱述西晉荀勖之制中經新簿其一也東晉初李充之重定甲乙四部其二也宋王儉之別撰七志其三也梁任昉之文德殿校列衆書華林園總集釋典其四也梁阮孝緒之私撰七錄其五也魏盧昶撰甲乙新錄其六也隋牛弘之新集四部其七也大抵梁武帝時致力最勤隋文帝時次之宋文帝時又次之自餘各代循故事而已南北相較則北朝頗樸僿魏齊周三代官錄可紀者甚寥落也歷代藏書數額隋志序及王氏玉海藝文馬氏經籍考記載頗詳最少者爲晉南渡初之三千卷最多者爲隋大業初之三十七萬餘卷其間簿錄事業之最足屬目者在部類分列之變遷蓋自三國六朝以降著述方嚮日變後起之書與向歆父子時範圍絕異不能不別建部居由漢志之六略到隋志之四部中間幾經沿革

此四五百年內簿錄家苦心商榷排比之跡。尚可察見也。晉宋齊梁陳魏齊周書及南北史皆不志藝文。其遺蹟僅賴隋書以傳。故今以隋志爲會歸而先隋羣錄可考者備舉其目以覘中古校理祕文之概略云爾。清儒補志惟晉書有數家。南北尙闕。如錄其成書。則知待補者正多矣。

**晉中經新簿十四卷** 著者荀勗成書年不詳當在晉初隋兩唐皆著錄隋志作晉中經舊唐志作中經簿新唐志作晉中經簿

隋書經籍志序云『祕書監荀勗又因(鄭默)中經。更著新簿。分爲四部。總括羣書。一曰甲部。紀六藝及小學等書。二曰乙部。有古諸子家、近世子家、兵書、兵家、術數。三曰丙部。有史記、舊事、皇覽簿、雜事。四曰丁部。有詩賦、圖讚、汲冢書。但錄題。至於作者之意。無所論述。』此爲書分四部之始。但乙爲子部。丙爲史部。與後世異。其書無解題。異於劉錄。

**晉元帝書目** 撰人名及成書年不詳見七錄序目

隋經籍志序云『東晉之初。漸更鳩聚。著作郎李充以荀勗舊簿校之。但以甲乙爲次。』案充所新校。必有書目。隋志以下皆不見其名。或即此書耶。

**義熙四年祕閣四部目錄** 同上

**晉義熙已來新集目錄三卷** 著者丘深之成書年不詳隋唐兩志並著錄

**補晉書藝文志四卷補遺一卷** 著者清丁國鈞字秉衡常熟人卷首有自著例略又附有刊誤題丁辰述錄廣雅叢書本

晉書舊著十八家。及唐太宗御撰本書而舊本但廢。十八家中有無志藝文者不可考矣。唐初修晉書時。荀勗中經簿尙存。不據以作志。致司馬一代存簿無稽。甚可惜也。丁氏此書。斷代謹嚴。搜羅豐富。所錄資隋唐志者十之六。凡一千七十餘種。據羣籍者十之四。凡六百八十餘種。皆注明出處。加以考證。頗極精審。釋道二家附四部之末。但錄撰本。不錄譯本。具見別裁。其附錄一卷分存疑。黜僞二類。撰人及成書年代有疑問者入存疑確知爲僞書者入黜僞此其特創之義例深可取法。

**補晉書藝文志六卷** 著者淸文廷式字道希萍鄉人宣統己酉湖南排印本

**補晉書經籍志四卷** 著者今人吳士鑑字絅齋錢塘人光緒三十年自刻本

**宋祕書閣四部書目四十卷** 著者殷淳成書年不詳見宋書本傳

此書卷帙繁重疑有解題但隋志已不著錄恐是爲王志阮錄所掩六朝時已佚矣。

**宋元嘉八年(431)四部目錄** 著者謝靈運見隋志序

**宋元徽元年(473)四部書目錄四卷** 著者王儉隋志著錄

**今書七志七十卷** 著者王儉成書年不詳隋唐志著錄唐志注云「賀縱補」南史本傳云四十卷似誤

隋志序云『儉又別撰七志一曰經典志紀六藝小學史記雜傳二曰諸子志紀今古諸子三曰文翰志紀詩賦四曰軍書志紀兵書五曰陰陽志紀陰陽圖緯六曰術藝志紀方伎七曰圖譜志紀地域及圖書其道佛附見合九條然亦不述作者之意但於書名之下每立一傳』案儉既編官書目又別撰此書也四部之分荀勗以來久已通行故元徽官書目沿用之其所私撰則志在復古自序云『采公曾之中經刊弘度之四部依劉歆七略更撰七志』(見玉海引本集)今案七志之前六志即七略之後六略內容次第皆全同特增圖譜一志及附道佛二家耳隋志既言其書名下每立一傳又言不述作者之意不知各傳中所言何事其卷數多至七十當必有解題矣此書崇文總目已不著錄疑佚於唐代。

**齊四部書目** 永明中(483—493)著者王亮謝朏見隋志序

**梁四部書錄** 著者任昉成書年不詳當在梁初見隋志序

梁天監四年（505）書目四卷 著者丘賓卿兩唐志著錄隋志無

梁天監六年（507）四部書目錄四卷 著者殷鈞隋志著錄兩唐志無與前書不知是一是二

梁東宮四部目錄四卷 著者劉遵成書年不詳隋志新唐志著錄

梁文德殿四部目錄四卷 著者劉孝標隋志著錄兩唐志皆無

案隋志序云『又文德殿目錄其術數之書更爲一部使奉朝請祖暅撰故梁有五部目錄』據此知此書當另有一卷別行也別術數於四部外卽阮孝緒所本

又案此書與任昉之四部目錄是一是二尚待考證因隋志序言任昉於文德殿內列藏衆書躬加部集而志中本文不著錄任書孝標書明著志中冠以文德殿字樣而序中不及其事或昉總攬而孝標主撰共成此書未可知也

▲七錄十二卷 著者梁阮孝緒普通中（520—529）成書隋唐志俱著錄闕存一卷

隋志序云『處士阮孝緒博采宋齊已來王公之家凡有書記參校官簿更爲七錄一曰經典錄紀六藝二曰紀傳錄紀史傳三曰子兵錄記子書兵書四曰文集錄紀詩賦五曰術技錄紀數術六曰佛錄七曰道錄其分部題目頗有次序』案此書與王儉七志爲向歆錄略以後兩大名著皆私撰也此書前四錄卽經史子集四部其排列先史而後子遂永爲後世簿錄程式文集之名亦創於此惟術技錄不以入子部蓋采用文德殿目之分類參用七略之分設數術也佛道別爲兩錄則參采七志也其分類頗近科學的視前後諸家皆優長

此書今存序目一卷在廣弘明集中餘皆佚但佚於何時則難確指尤袤遂初堂書目尚著錄知南宋時全書猶存矣此書雖佚但全部似已收入隋書經籍志中一如漢志之抄存七略試將隋志中正文所著錄之梁以前全行錄出再錄其注中所云『梁有某書』或『某書梁幾卷』而注云『亡』或『闕』者分別細校之卽可推得七錄所著錄之書名但其分類既與隋志不同某書入某錄某類則無從確考矣

**甲乙新錄** 著者魏祕書丞盧昶字叔達范陽人成書年不詳見北史孫惠蔚傳

**魏闕書目錄一卷** 成書年不詳隋志著錄

北史孫惠蔚傳『遷祕書丞見典籍新故雜糅首尾不全請依前丞盧昶所撰甲乙新錄裨殘補闕損併有無以爲定本其省先無本者廣加推尋搜求令足』據此知後魏時有盧昶此錄實官書簿錄一大成績隋志失載未免漏略矣闕書目一卷或即惠蔚建議「無本者廣加推尋」時特著此目以備按照搜求也

**陳祕閣圖書法書目錄一卷**

**陳天嘉六年(565)四部目錄四卷**

**陳德教殿四部目錄四卷**

**陳承香殿五經史記目錄二卷** 以上兩種皆隋志著錄兩唐志惟著陳天嘉目一種餘皆無

**隋開皇四年(584)四部目錄四卷** 隋志著錄無撰人名兩唐志題牛弘撰

**開皇八年(588)四部書目錄四卷** 隋志著錄兩唐志無

右二書年代相距不遠疑出一人手考牛弘以開皇三年上書言書有五厄請開獻書之路時弘爲祕書監其繼續在職幾何年待考要之此二目當與弘關係最深也

**香廚四部目錄四卷** 隋志著錄兩唐志無

**七林** 著者隋許善心字務本高陽人見本傳隋志失載

隋書本傳『開皇十七年除祕書丞於時祕藏圖籍尚多淆亂善心放阮孝緒七錄更製七林各爲總序冠於篇首又於部錄之下明作者之

意區分其類例焉。』是此書有解題。當爲隋代一巨製。

### 隋開皇二十年(600)書目四卷 兩唐志著錄 隋志無

### 隋大業(605—616)正御書目錄九卷 隋志著錄 兩唐志無

北史(玉海引)『隋西京嘉則殿有書三十七萬卷。煬帝命祕書監都顧言等詮次。除其重複猥雜。得正御本三萬七千餘卷。納於江都修文殿。又寫五十副本。簡爲三品。分置西京東都宮省官府。其正御書皆裝翦華綺。寶軸錦標。』案隋志所著錄之正御書目錄。卽專紀修文殿所貯者。示異於嘉則殿舊藏及所寫副本也。

### 隋書經籍志四卷 唐貞觀中長孫無忌等奉勅撰 本書主撰者魏徵 原書卷三十二至卷三十五〔別出〕

隋書十志。在各正史志中最稱精審。唐太宗命儒臣纂修梁陳齊周隋五史。並撰十志。而五史先成專行。十志後出。以其通括五代。隋居於末。篇帙遂編入隋書。雖隋專其名。猶通稱「五代史志」不改也。案此知隋書中各志言南北朝以來掌故之總匯。不僅隋代三十餘年間之紀載而已。經籍志出魏徵手編。徵以貞觀二年任祕書監。本傳稱其『引諸儒校集祕書。國家圖籍粲然全整。』蓋徵於簿錄之學。夙所精擘。所居職又能有所憑藉。以盡其長。故本志美善。又爲十志冠也。志首總序歷述漢劉向以來各代整理祕籍之經過。於其間重要著作如荀王阮等各撮括其內容而加以精允之短評。序末自標其著述旨趣云『今考見存。分爲四部。合條爲一萬四千四百六十六部。有八萬九千六百六十六卷。其舊錄所取。文義淺俗。無益教理者。並刪去之。其舊志所遺。辭義可采。有所弘益者。並附入之。遠覽馬史班書。近觀王阮志錄。挹其風流體制。削其浮雜鄙俚……』其搜羅之博。鑒別之嚴。編制體裁之斟酌周洽。可以概見。其分四部。及以醫方術數隸子家。本荀勗。移史部於子部之前。則本阮孝緒。經史子集爲甲乙丙丁四部。遂成千餘年來簿錄不刊之程式。其經部除易書詩禮樂春秋孝經論語小說九種。依漢志原次外。益以圖緯(次小學前)爲十種。史部分正史、古史、雜史、霸史、起居注、舊事、職官、儀注、刑法、雜傳、地理、譜系、簿錄爲十三種。子部分儒、道、法、名、墨、縱橫、雜、農、小說、兵、天文、厤數、五行、醫方爲十四種。集部分楚辭、別集、總集爲三種。附以佛經、道經。其分類及排列法。自宋代晁陳以下迄清四庫目皆沿用之。雖小有增損而大體無以易其所收書大率因王志阮錄及陳隋諸舊錄記其見存者而佚闕者亦分別注出。唐初所傳中古書籍以爲總匯。

**隋經籍志考證十三卷** 著者清章宗源字逢之山陰人乾隆丙午舉人嘉慶五年卒　武昌叢書本

章宗源與章學誠其謀輯史籍考。而宗源擔任漢晉六朝佚史一部份。先從隋志著錄者着手以成此書。故所考證者僅屬史部。其他三部尙闕焉。其所最注重者在輯各書佚文。故僅史部而卷數已多至十三也。各書著者略歷及著述淵源卷數存佚等考證亦頗詳。原志不著錄之書引據他書以補目者亦不少。實研究中古史學之一良著也。

**隋書經籍志考證五十二卷** 著者清姚振宗快閣師石山房叢書稿本今藏浙江圖書館

張鈞衡跋振宗所著後漢三國藝文志敍及此書云足訂逢之之失。

**隋書經籍志補二卷** 著者清張鵬一富平人光緒甲辰成書　有自序排印本

隋經籍志在諸史志中稱最精善。惟大體以阮錄爲根據。故詳於南朝。略於北朝。此書從魏書北齊書周書北史各傳及唐志搜集元魏高齊宇文周三朝著作。凡得經說九十二部史錄六十部子類五十五部專集七十二家雜文三十篇。依隋志分類補入各書皆注明出處。有論證者悉爲寫入著者籍貫仕履一一注明。誠隋志功臣也。

**隋代藝文志一卷** 著者今人李正奮未刻　北海圖書館藏抄本

**隋代經籍志現存書目一卷** 著者今人潘令華未刻

### 第三目　唐　附五代

唐代官書之整理。以開元中最著成績。羣書四部錄古今書錄。其鉅觀也。前乎此者。貞觀初魏徵嘗從事焉。虞世南顏師古繼之。但未有成書。（唐書崔行功傳云「太宗命祕書監魏徵寫四部羣書。置讎正二十員。書工百員。徵從職。又詔世南、師古蹕領。功不就。顯慶中。罷讎正員」以魏虞顏一代碩學而此業不就。甚可慨惋也）後乎此者。惟貞元新錄之名見於柳集。而史志不敍焉。雖史有闕文。抑其簿錄之勤。亦視宋梁隋有間矣。宋修唐書。因陋就簡。僅逡寫開元錄。罕所摎補。治唐代文獻者憾焉。今錄新舊兩志而以官書簿錄可考者先之。略備一代掌故。五季宇內分崩。文物陵夷。雖西蜀南唐。雅尚典籍。而簿錄無足徵者。僅得佚目及近人補志各一種而已。

**麗正殿四庫書目錄**（褚無量馬懷素等奉勅編　玄宗開元七年（719）成）

唐會要云。『開元七年九月敕令麗正殿寫四庫書各於本庫每部別爲目錄。』案。四庫之名始此。

**續七志**（褚無量馬懷素等奉勅編）

會要又云。『有與四庫書名不類者。依劉歆七略排爲七志。』唐書馬懷素傳云。『懷素建言自齊以前舊籍。王儉七志已詳。請採近書篇目及前志遺者續儉志以藏祕府。詔可。』案。此知當時於四庫目錄外尚有續七志。但兩書似皆未成定本。後乃合併以成羣書四部錄。故兩唐志及宋志於此兩書皆不著錄也。

**羣書四部錄二百卷**（殷踐猷等奉勅修　元行冲奏上　開元九年（721）成書　兩唐志著錄）

資治通鑑。『開元五年。祕書監馬懷素奏省中書散亂訛缺。請選學術之士二十人整比校補。從之。於是搜訪逸書。選吏繕寫。命國子博士尹知章、桑泉尉韋述等同刊正。九年十一月。國子祭酒元行冲上羣書四錄。凡書四萬八千一百六十九卷。』唐書馬懷素傳云。『……詔懷素與尹知章、韋述等二十一人分部撰次。……然懷素不善著述。未能緒別。會卒。詔祕書官幷號修書學士。草定四部。人人意自出。無所統一。踰年不成。又詔右常侍褚無量、大理卿元行冲考絀不應選者。乃令毋煚、韋述、余欽總輯部分。殷踐猷、王愜治經。述、欽治史。毋煚、劉彥直治子。王灣劉仲丘治集八年四錄成上之。』綜合諸史傳所紀載。大約此書創修於開元三年（舊唐經籍志及唐會要說）或五年。（馬懷素傳及通鑑說）成於開元八年（馬懷素傳說）或九年。（舊志通鑑會要說）——據舊志序所錄毋煚序文有首尾三年語則此書殆開元五年建議創修六七八三年修成。九年乃奏上。其言開元三年創修者。三字或五字之訛也。——總持者屢更其人。體例亦數變。初以四庫分目。中間以歸類困難。欲依王儉七志而爲之續。最後卒無以易魏徵隋志之部類。仍分錄四部以爲定本。其敍例爲韋述所撰（見會要）此書爲唐代整理官書最大努力之結果。卷數多至二百。浩瀚亦爲前此所無。實簿錄學中最值得紀念之作品也。崇文總目已不著錄。其書似佚於唐末之亂矣。

## 古今書錄四十卷　著者唐毋煚　新唐志宋志著錄

煚爲羣書四部錄總纂三人中之一人。且專任子部。蓋當時簿錄學家一鉅子也。四部錄成於衆手。煚雖爲主持之重要人物。然意終不愜。嗣乃私撰此書。重加刪訂。舊唐書經籍志錄其自序。略謂『曩之所修。禮有未愜。追怨良深。』次乃舉其所謂「未愜」者五事。末云『竊思追雪。積思潛心。釐正舊疑。詳開新制。』大抵四部錄所采。僅貞觀以前書。此錄則廣收至神龍時。四部錄無空張闕目。此錄以檢獲現存者爲限。改舊傳之失者三百餘條。加新書之目者六十餘卷。都三千六十部。五萬一千八百五十二卷。』王應麟謂其詞簡事具。當是確評。劉昫等修唐書。其經籍志卽全部迻錄煚書。惟刪其小序及注釋耳。

此書佚於何時。今難確考。郡齋讀書志於崇文總目條下云『國史謂書錄自劉向至毋煚所著皆不存。由是古書難考。故此書多所謬誤。』據此似北宋時已佚。惟舊新兩唐志皆著錄。則似劉昫宋祁時尙存。崇文目有開元四庫書目四十卷。不著撰人名氏。按年代與卷數。舍此別無他書。其卽爲本書無疑。紹興本崇文目於本書下注一闕字。祕書省續編闕書目亦然。然則佚於南渡之際矣。然尤袤遂初堂書目仍著錄。又似南宋猶存。或官庫雖佚。而民間尙有傳本也。宋藝文志亦著錄。托克托等修宋史時是否曾見原本。未敢武斷。

## 集賢書目一卷　著者唐韋述　新唐志著錄

**天寶三載四庫更造書目**

**天寶十四載四庫續寫書目** 右二書皆見唐會要新舊唐志俱失載

**貞元御府羣書新錄** 著者唐陳京見柳宗元集陳京行狀新舊唐志及他書皆失載

**唐祕書閣書目四卷** 見崇文總目撰人及年代皆不詳

**唐新撰書目錄一卷** 見祕書省續編闕書目撰人及年代不詳

案此書題新撰書。當係專收中晚唐人所著爲某舊錄中——如古今書錄之類所未及收者。原書久佚。其內容無從懸斷也。

案唐代簿籍官書之業。開元尙矣。其後天寶貞元長慶開成。尙數次賡續。貞元新錄當不失爲毋煚後一名著。長慶開成計亦有專目。而新舊兩唐志非惟不著錄其書。（書成已佚。不著錄尙不足咎。）乃並其事之始末亦不於序中一及之。其疏略實可驚。舊志目錄類列十八部。其屬於唐人著作者僅羣書四部錄一種耳。新志雖有唐人目錄書十三種。率非整理官書者。內中吳兢西齋書目一卷。杜信東齋籍二十卷。或是記載當時國子監所藏書。性質既無從確斷。今並略之。

**舊唐志經籍志二卷** 五代劉昫等奉敕撰原書卷四十六至卷四十七「別出」

此志全部迻寫毋煚之古今書錄。總序述之甚明。序文云『今錄開元盛時四部諸書。以表藝文之盛。』又云『後出之書在開元四部之外者不欲雜其本部。今據所聞附撰人等傳。其諸公文集亦見本傳。此並不錄。』據此則開元錄不載之書皆不以入志也。開元錄成於開元八九年間。其所收書至永徽神龍而止。開元著作已不錄。天寶以後更無論。毋煚之修書錄。上距魏徵之修隋書經籍志。不及九十年。中間未經喪亂。典籍存佚。數量不懸。故欲考知唐以前著作之存於開元間者。雖微此志。但讀隋書已可略睹矣。宋人修唐書之最大責任。謂宜將唐人著作全部網羅入志。庶使一代文獻得所總匯。開元以後。唐祚尙三百年。爲中國歷史文化最盛時代。著述之富。足與自漢迄隋六七百年間數量相埒。今史臣怠於搜訪，乃輕輕以『不欲雜其本部。此並不錄』兩語自文，將盛唐以降三百年學術成績一概抹殺。吾輩今日讀唐志，將以考唐以前古籍耶。則隋志已備，此不過其重儓，毫無足取。將以考唐籍耶。則所可考見者殆不及百之一二。則謂諸史志中體例尤窳劣者無過本志，亦不爲過耳。

## 唐書藝文志四卷

著者宋祁歐陽修等奉敕主撰者歐陽修嘉祐五年（1060）成書本書卷四十七至卷五十〔別出〕烏程張氏擇是居叢書景宋單行本八史經籍志本

本志每部類下皆注『不著錄者若干部若干卷』。其不著錄者約當著錄者之半，皆唐人著述也。所謂「不著錄」者，當是指其所根據之舊錄，但不能確知爲何書。恐即開元四部錄、古今書錄耳。本志所收唐人著述，視舊志增多數倍，是其優點。惟搜羅尚未備，以崇文總目及太平御覽引書目較之可見。總序云『今著於篇有其名而亡其書者十蓋五六』，可知其著錄並不以修志時現存目覩之書爲限。然隋志凡亡書及闕卷皆注「亡」字或「卷亡」字於書目下，本志不注，無從知所謂「十亡五六」者之爲何書。此則舊新兩唐志共同之惡例也。

## 新唐書藝文志考證四卷

擬撰者今人羅振玉

據羅氏自刻陸庵所著書目有此書，但詢諸著者，謂並無刻本，且原稿亦已佚。其曾否屬稿，蓋未可知。吾常感諸史藝文志以兩唐書缺憾爲多，清代學者於各史多有補志或考證，獨唐闕如，甚可怪。後有好古者能試從事焉，實一不朽之業也。

## 澄心堂書目

亦名建業文房書目（？）南唐官書撰人不詳已佚

後山談叢云『澄心堂，南唐烈祖節度金陵之燕居也。趙彥若家有澄心堂書目，才三千餘卷，有建業文房印。』又云『建業文房書目三千餘卷，有金陵圖書院印。』兩書蓋實只一書，五代官錄可考者僅此。

又案文獻通考云『自諸國分據，皆聚典籍，惟吳蜀爲多，而江左頗爲精眞，亦多修述。』又云『開寶八年平江南，籍其圖書得二萬餘卷。』考江南爲當時文化最盛之區，其官庫藏書決不止三千卷。澄心堂目或專錄眞精之本，如清代之天祿琳琅目耳。

〔附記〕宋祕書省闕書目載有『僞蜀王建書目一卷』入目錄類。下注闕字。陳鱣續唐書經籍志著錄『書目一卷。蜀主王衍撰。』想所據卽闕書目也。然彼目雜史類別有『僞蜀王建書四十卷。』此一卷或卽彼四十卷之目。是否爲蜀宮藏書目錄。蓋難定。姑附載於此。

## 補五代史記藝文考三卷

著者清徐炯字章仲崑山人乾學子官直隸巡道原書卷二十二至二十四〔別出〕原書凡二十四卷適園叢書本

歐史只有司天職方兩考。章仲補八篇。以藝文殿焉。成書稍後於倪闇公。蓋淸代補藝文志之第二部也。五代年祚短促。其人物多上混晚唐。下跨初宋。斷代本極困難。此書所收。未必皆正確。然蒐採抑甚勤矣。各書下凡晁志陳錄馬考之解題及羣籍中有足資考證者皆備錄。且悉注出處。此體在乾嘉後各補志固所習用。淸初作者尙以此書爲創例也。陳顧二家雖後起。反不逮其精善。益見此書之難能可貴矣。

## 續唐書經籍志一卷

著者清陳鱣字仲魚號簡莊海寧人原書卷十九〔別出〕原書凡七十卷書雅叢書本

本書實別撰五代史也。以後唐南唐爲正統。故稱續唐書云。仲魚爲乾嘉間驟藏大家。經籍一志。固宜持其擅長。惜資料太少。不足供回旋耳。

## 補五代史藝文志一卷

著者清顧懷三略歷見前金陵叢刊本金陵叢書本仰鶴齋叢書本廣雅叢書本

此書錯謬不少。例如總集類列『古今書錄四十卷。毋昭裔撰。』此明爲唐開元間毋煚之書。乃以嫁名於三百年後之蜀相。深可駭笑。且以此入總集。亦太不倫矣。其他歸類失當者尤多。如花間集入子部樂類。十九代史目入總集類。皆是。

右三書作者時代先後閱二百年。然後出者皆未見前書。無所蹈襲。亦以不能相資。故後無以勝於前焉。計徐書著錄一百六十六種。陳書五百六十種。顧書七百三十三種。陳顧較博備矣。然上之則羅隱杜荀鶴貫休齊已諸集。下之則劉昫唐書。二徐說文。贊寧高僧傳。聶崇義三禮圖等皆收入焉。以嚴格的斷代著錄繩之。恐所存者又不過什之五六而已。

又案。五代右文之業。惟後唐雕板九經及孟蜀石經最足稱述。三書皆言之特詳。陳書所紀最有條理。

又案。三家皆不免漏略。例如澄心堂書目。可決爲南唐時書。三家皆失載。

## 第四目　宋　附遼金元

宋代整理官書。歷世不怠。其用力最勤者。北宋則仁宗徽宗兩朝。南宋則高宗寧宗兩朝。慶歷崇文一目。爲現存簿錄最古之籍。雖頗闕佚。然規模爲後所宗焉。嘉祐政和乾道淳熙嘉定代有鉅著。惜皆不可見。元修宋史。荒率簡陋。考當時載籍者。寧取私家著述。晁志陳錄馬考之屬。謂優於正史也。遼金元史皆不志藝文。其整理官書之業。亦無甚足述。僅錄倪氏金氏錢氏補志備缺遺云。

乾德史館書目四卷　太祖乾德六年即開寶元年(968)編見玉海引國史志已佚

咸平館閣圖籍目錄　眞宗咸平三年(1000)朱昂等奉勅編見玉海已佚

景德太淸樓四部書目　眞宗景德四年(1007)編見玉海已佚

祥符龍圖閣四部書目　眞宗大中祥符六年(1013)編見玉海已佚

崇文總目六十六卷　仁宗景祐元年(1034)至慶曆元年(1041)王堯臣歐陽修等奉勅編原本已佚宋志著錄通志藝文略中興館閣書目卷數同續通鑑長編及玉海俱作六十卷郡齋讀書志文獻通考俱作六十四卷皇宋事實類苑作六十七卷玉海引國史志六十六卷外復有序錄一卷

又　紹興改定本一卷　高宗紹興十二年(1142)頒行郡齋讀書志直齋書錄解題俱著錄現存天一閣舊鈔本江南圖書館藏傳鈔本

又　輯本十二卷　四庫著錄本從永樂大典輯出武英殿聚珍版本

又　輯釋本五卷　輯釋者淸錢東垣字既勤錢繹字以成錢侗字同人秦鑑字照若俱嘉定人金錫鬯字秬和桐鄉人卷首有小引卷末有補遺及附錄皆錢侗撰汗筠齋叢書本粵雅堂叢書本後知不足齋叢書本

此書爲宋代整理祕籍之主要成績。又爲現存官錄最古之一部。其編纂歷史及內容價值。四庫提要論列頗詳允。今不具引。惟原書存佚及卷數等問題極複雜。茲分別考證如下。

(一)原本闕佚之部分及其闕佚時代　直齋書錄解題著錄一卷。解云『景祐初王堯臣等撰定。凡六十六卷。諸儒皆有論議。歐陽文集頗見數條。今此惟六十六卷之目耳。題云紹興改定。』據此則陳振孫所見只一卷。似原書南宋時已佚。然玉海藝文及文獻通考經籍考尙錄本書解題多條。王應麟馬端臨年代皆在陳振孫後。猶見原書。知原書在宋末元初猶存矣。惟王馬所引皆屬經史兩部之文。集部全缺。子部亦甚希。則似後半部在宋末已佚也。四庫從永樂大典所輯本。其文無出通考外者。似明初編大典時已不見原本。僅從通考摭拾殘文。則原本殆佚於元代矣。惟方以智通雅引崇文總目敍數語。爲大典本及今存傳鈔本所無。不知所據何本。玉海引宋國史稱本書別有敍錄一卷。方氏所引或即其文。豈明末尙有此敍錄孤本在人間耶。

(二)原本卷數異同問題　本書爲宋代烜赫之官書。而宋人記載或作六十卷。或作六十四卷。或作六十六卷。或作六十七卷。參悟迷離。殊足怪詫。今案作六十七卷者。當係合敍錄一卷言之。其餘六十卷六十四卷等。四庫提要謂『南宋諸家或不見其原書。故記卷數各異』。理或然歟。又或南宋時有多數闕本。各家各據其所見之本著錄也。

(三)六十六卷本與一卷本　直齋解題稱一卷本爲『紹興改定』。朱彝尊謂紹興中用鄭樵之言。改定此書。去其敍釋。六十六卷本之亡。實由於此。四庫提要采其說。杭世駿駁朱說。謂王應麟馬端臨尙引原書。知宋時原未有闕。後世傳鈔者畏其繁重。乃率意刪去。朱說固非。然如杭說。則一卷本乃傳鈔殘缺偶然之結果。斯其不然也。考郡齋讀書志於此書既著錄六十四卷本。又著錄一卷本。是晁氏所見。明有兩本同時並存矣。一卷本之由來。宋會要記載甚明。據云『紹興十二年。權發遣盱眙軍向子堅言。乞下本省以唐藝文志及崇文總目所闕之書注闕字於其下。付諸州軍照應搜訪。』今所傳一卷本(即天一閣鈔本)各書下往往注「闕」字。正紹興頒諸州搜訪之本。有目無釋。取便尋檢耳。固非改定爲一卷本以擢棄六十六卷本。又非南宋時別無一卷本而後人傳鈔殘缺成此結果也。

(四)六十六卷本現在存佚問題　南宋時兩本並行。入元而六十六卷之足本已佚。綜前文所臚舉之事實。略無疑義矣。乃徧閱清代藏目則有大可異者——天一閣目載有六十五卷鈔本。孝慈堂目結一廬目善本書室志江南圖書館目俱載六十六卷鈔本。皕宋樓志靜嘉堂目俱載六十二卷鈔本。據此。似六十餘卷之原本。巋然尚在人間。且傳鈔不止一部。甚可怪也。考清代此書之流傳。以范氏天一閣爲祖本。其最初傳鈔者則爲朱竹垞。朱氏原跋。存曝書亭集中。所謂六十六卷本求之四十年不獲。聞范氏有藏本。託黃岡張學使傳鈔展轉讀之。有目無釋者也。此本即後此嘉定錢氏所據以編輯者。其爲紹興改定一卷本而非六十六卷之原本既已甚明。天一祖本今不知流落何所。朱鈔本則展轉歸歸安陸氏。今已流入日本。皕宋樓藏書志之六十二卷本明題「竹垞舊藏」可證也。（靜嘉堂目全鈔皕宋志原文）王蓮經孝慈堂目題六十六卷。而注云『一册鈔一百十一番』。全書僅一册百紙。爲原本耶。爲紹興本耶。不俟辨矣。蓮涇書不詳淵源所自。據葉德輝跋稱其與朱竹垞交。每得祕籍。必互相借鈔。然則此本殆亦鈔自朱氏耳。丁氏善本書室本亦未言傳鈔所自。今其書歸江南圖書館。彼館書目亦題六十六卷而僅一册。蓮涇藏書什九爲黃蕘圃所得。而丁氏所藏。多得諸黃氏。今江南館本或即蓮涇本。則亦范本或朱本之化身也。以上諸本既分別解決。所餘者爲朱氏結一廬本之問題——結一廬目著錄崇文總目六十六卷。下注云『共十本明鈔本。每條均有解題千頃堂藏書』。據此。明明是范藏之外。別有一本。而此一本者。實爲晁陳王馬所未睹。或未全睹。六百年間。孤存天壤。而既有此金甌無缺之原本。則四庫館臣與錢氏昆弟之摭拾叢殘。存什一於千百者。眞可憐無益費精神矣。獨怪黃俞邰在當時聲氣甚廣。錢牧齋朱竹垞輩皆常相往還。何以迄無一人曾見此祕笈。自俞邰迄朱修伯。中間閱百餘年。此本潛藏何處。其間嗜古搜奇之學者最衆。何以諸家題跋無一字道及。更無論錄副傳布也。又結一廬目有兩本。其別出之鈔本（民國戊午葉氏所刊）乃不列此目。亦一奇也。朱氏藏書後歸豐潤張氏。辛亥燬於金陵者什而七八。此本存否。末由踪跡。恐此問題終成爲簿錄界不可解之謎而已。

又宋人記此書卷數。只有六十。六十四。六十六。六十七之異同。無所謂六十二或六十五卷者。清代諸目何以忽出此異卷亦可怪也。

（五）大典本與錢輯本　玉海及通考既徵引總目敍釋文多條。歐陽修集卷一百三復有修所撰經史子三部原敍。朱彝尊嘗欲彙鈔爲一本以復舊觀。因年耄未及從事。乾隆修四庫書。乃從永樂大典輯出。釐爲十二卷。亦竟無出通考所引外者。提要謂『得十之三四較勝於無』耳。錢輯本本私自輯撰成書後復借鈔四庫本互勘所徵引者除歐集通考外網羅宋人撰述尙十餘種共得原敍三十篇原釋九百八十條。引證四百二十條。其原釋無從考見者則爲之補釋又有羣書所引而今本(天一閣本)無其目者別爲補遺附卷後四庫提要稱道大典本之善謂『數千年著作之目總匯於斯百世而下藉以驗存佚辨眞僞核同異不失爲册府之驪淵藝林之玉圃』今錢輯所采佚文既加增考證亦更精審倘朱氏結一廬本不足信或已佚者則錢輯固當爲此書第一善本矣。

**皇祐祕閣書目　皇祐史館書目** 仁宗皇祐中(1049—1053)編遂初堂書目著錄俱佚

**嘉祐館閣書目** 仁宗嘉祐六年(1061)歐陽修等奉勑編見玉海已佚

此書編製始末玉海記載頗詳其編校者有趙彥若竇卞曾鞏錢藻孫誅孫思恭張次立諸人其目的似在修補崇文總目體例殆亦同彼書。各書蓋皆有解題曾鞏元豐類稿載有新序目錄序迄鮑溶詩目錄序等十一篇蓋即鞏任編校時所分撰之成績也今本北齊書文襄記卷末有跋稱『臣等云云』似亦此書中解題之一。

**嘉祐搜訪闕書目一卷** 嘉祐六年編見玉海引中興書目已佚紹興秘書省續編闕書目目錄類有嘉求書詔一卷祐又遂初堂目著錄嘉祐永遺書目疑即此書

**熙寧國子監書目一卷** 神宗熙寧七年(1074)編見玉海引中興書目已佚

**元祐祕閣書目** 哲宗元祐二年(1087)編見玉海已佚

**政和祕書總目** 徽宗政和七年(1117)編見玉海及宋志已佚

此書爲重訂崇文總目而作比崇文增書數百種內容無甚區別惟易其名遂初堂目著錄祕閣四庫書目疑即此書。

**祕書省續編到四庫闕書目二卷** 高宗紹興初(1131……)編現存京師圖書館江南圖書館皆藏鈔本

**又　考證本二卷四册** 考證及校刊者近人葉德輝字奐彬長沙人觀古堂叢刻本

宋南渡後汴京圖籍悉被金廷輦以北行。臨安行在草創。載籍儉陋。故首據崇文總目。購求遺失。即今所傳舊鈔一卷本之崇文目各書下或注闕字者是也。尋復於崇文目外廣搜更編此目頒下各州軍按索。故名曰『續編到』。此目當時有浙漕司刻本。明清以來傳世幾絕。惟丁氏遲雲樓有舊鈔。近人葉德輝據以刻之。且仿錢氏昆戚輯釋崇文目之例。廣爲考證。頗極詳贍。欲研究古籍在南宋時存佚狀況。此最可信據也。

（附記）玉海云『紹興十七年鄭樵按祕書省所頒闕書目錄集爲求書闕記七卷。』今已佚。不知其內容何如。然樵向不主張有解題。度無甚發明。或有所闕目視官本稍增耳。

**乾道祕府羣書新錄八十三卷** 著者唐仲友字悅齋金華人孝宗乾道中（1164—1173）編已佚

仲友以乾道中典校祕書。撰次所校書以爲此錄。蓋卽後此中興館閣書目之藍本也。其書有八十三卷之多。想極贍博。乃宋史及玉海通考等書絕無道及者。豈因仲友與朱子搆怨。晚宋諸儒故抑沒其述作耶。幸而蘇伯衡悅齋文粹序記書名及卷數。後人得考知崖略。恰如唐陳京之貞元御府羣書新錄僅賴柳宗元一文以傳其名也。

**中興館閣書目七十卷序例一卷** 孝宗淳熙四年（1177）陳騤等奉詔編已佚 宋志及遂初堂目直齋書錄解題俱著錄

此書有解題。引見玉海者頗多。考證評論皆有價值。不在崇文總目下也。

**中興館閣續書目三十卷** 寧宗嘉定十三年（1220）張攀奉詔編 已佚宋志及直齋書錄解題俱著錄

此書續陳騤之作。當亦有解題。但遺文傳者已極稀。

**三朝藝文志　兩朝藝文志　四朝藝文志　中興藝文志　續中興藝文志**

以上五書。其目見於文獻通考及宋志序。編著姓名及年代皆無考。蓋當時國史稿也。宋人著述中所稱國史藝文志或國史兩朝藝文志國史中興藝文志等。蓋卽是書。三朝志太祖太宗眞宗三朝藏書。蓋仁宗時所編。以崇文總目爲藍本。兩朝志記仁宗英宗兩朝續收書。蓋神宗時所編四朝志記神宗哲宗徽宗欽宗四朝續收書蓋徽宗時所編而南渡後追題者以政和祕書總目爲藍本中興志記高宗南渡初補收書蓋孝宗時所編以中興館閣目爲藍本續中興志記孝宗寧宗兩朝續收書蓋寧宗時所編以中興館閣續目爲藍本宋志序云『三朝三千三百二十七部三萬九千一百四十二卷兩朝一千四百七十二部八千四百四十六卷四朝一千九百六部二萬六千二百八十九卷三朝所錄則兩朝不復登載而錄其所未有者四朝於兩朝亦然最其當時之目爲部六千七百有五爲卷七萬三千八百七十有七』此北宋末年祕府藏書總數也又云『高宗移蹕臨安建祕書省當時類次書目約四萬四千四百八十六卷至寧宗時續書目又得一萬四千九百四十三卷』此南宋中葉祕府藏書總數也

## 宋史藝文志八卷

元脫脫等奉敕編至正五年（1345）成書原書二〇二至二〇九〔別出〕八史經籍志本

志首總序云『舊史自太祖至寧宗爲書凡四志藝文者前後部帙有亡增損互有異同今刪其重復合爲一志益以寧宗以後史所未錄者……』案此知當時所據爲三朝藝文迄中興藝文諸志也惟舊志有五此僅言四是爲倂中興兩志爲一不可深考本志每類末小結一行多有小注『不著錄若干部若干卷』字樣蓋即元初史官所補增所謂『益以寧宗以後史所未錄』者即此也四庫提要云『宋史藝文志紕漏顛倒瑕隙百出於諸史志中最爲叢脞』（見崇文總目條下）斯固然矣然以較舊唐經籍志尙覺此善於彼蓋舊唐志既不能代表有唐四百年所保存古書之全部又不能代表全唐人之著作宋志於此兩端的尙差近所最缺憾者咸淳以後善述補增未備耳至其編次及歸類之淩亂舛謬似半皆踵襲舊志而元初史官學識又不足以是正之未足深責也欲知宋代所成舊籍及增加新著之實況在北宋初當以太平御覽引書目爲主在南宋末當以馬氏經籍考爲主參以清初倪黄諸家所補則本志罅漏亦略可補苴矣

## 宋史藝文志補一卷

著者清倪燦字闇公上元人訂校者清盧文弨字召弓仁和人羣書拾補本金陵叢刻本八史經籍志本廣雅叢書本

闇公當康熙初年創修明史時在史館任職著有明史藝文志稿其體例欲仿隋書之兼五代史志遼金元三史無藝文志則新撰集宋史有志而未備則補之合四代著作而並麗於明史焉清儒補史志之業此其嚆矢也乾隆間盧抱經得其稿本合以吳兎牀所鈔校將宋史之部

分與遼金元史之部分析而爲二編中所有案語言『入某書』或『舊有某書今不錄』者當卽盧氏所訂正也。其補遼金元志盧訂之例亦同。

## 宋史藝文志卷數不詳　著者清朱文藻字朗齋仁和人　清吟閣藏鈔本十六册未見

朗齋生乾嘉盛時與鮑淥飲吳兎牀陳仲魚等日夕從事於搜書校書之業。此書稿本多至十六册。博備可想。但未見刻本。傳鈔亦希。不知遺稿尚在人間否也。

（附記）宋人著簿錄書現存者。除本類所列崇文總目祕書省闕書外。尚有鄭樵之通志藝文略。晁公武之郡齋讀書志。尤袤之遂初堂書目。陳振孫之直齋書錄解題。王應麟之玉海藝文。馬端臨之經籍考。都凡八種。除崇文目爲北宋書外。餘七種皆南宋書。以鄭晁諸家皆非官錄。故分別隸於第二第三類。此不復著。內中晁志陳錄尤目所載皆手藏目覩之書。研究宋代載籍者當視爲主要資料。視史志尤足重也。

## 元西湖書院重整書目不分卷　石刻在杭州府學　松鄰叢書刻本有附錄

西湖書院爲宋太學故址。舊有書版。元至元二十八年改爲書院。加建尊經閣。收拾宋學舊版。設司書掌之。刻石以紀其事。所列書目百二十二種。皆南宋監板也。故云重整書目。專記板刻者以此爲嚆矢。吳氏松鄰叢書旣將石本鋟本。復附以至正二年西湖書院刻本元文類之看詳一則。俾擎治刊梓源流者有考焉。

又案西湖書院雖非中祕。然實承宗太學之舊。故以列官錄。

## 元祕書監志書目二卷　著者王士點字繼志東平人商企翁字繼伯曹州人原書卷五卷六（別出）　原書十一卷錢氏元志及四庫俱著錄江南圖書館藏鈔本廣倉學宭叢書本

此目無書名及卷數。僅分載在庫者先次送庫書後次發下書續發下書各若干部若干册。其分類經史子集外。別標道書、醫書、方書、類書、小學、志書、陰陽志書、兵書、法帖等。續文獻通考卷一百四十一遂錄其文。

## 黃山書院藏書目錄　撰人不詳

史館購書目錄　至正中危素撰

上都分學書目　至正中毛文在撰右三書俱見錢氏元志已佚

補遼金元藝文志一卷　著者倪燦訂校者盧文弨羣書拾補本金陵叢刻本八史經籍志本廣雅叢書本

此書爲倪氏原稿盧氏訂校其關係已詳補宋志條下近人編書目者往往倪盧兩志並列一若各自成書者然大誤也

補遼金元三史藝文志一卷　著者清金門詔字東山江都人東山集本八史經籍志本廣雅叢書本

此書著述在錢大昕之前約與倪燦同時但著者似未見倪書其元史之部搜羅不逮倪錢之富遼金兩部似視倪本爲備惟所著錄有單篇文字——如完顏勖東狩射虎賦劉炳便宜十事書等有單幅圖畫——如遼義宗射騎圖令徒單克寧圖像等皆非成書不免濫收

補遼史經籍志不分卷　著者清厲鶚字太鴻錢塘人遼史拾遺卷十六〔別出〕

著者未見倪金兩氏書然所收書亦有爲彼兩志所無者

補遼史藝文志一卷　著者今人黃任恒民國十四年石印本

元史藝文志補卷數不詳　著者清張錦雲字繼才海寧人已佚

抱經堂本補遼金元藝文志卷末附一行記述此書蓋盧召弓訂校倪志時曾見其稿有所采釋

元史藝文志四卷　著者清錢大昕字辛楣號竹汀嘉定人單行本潛研堂全集本八史經籍志本廣雅叢書本

據卷首嘉慶五年自序著者曾見吾江黃氏（千頃堂書目）上元倪氏（見前）書未甚滿意乃別爲編次或刪或補嗣又得見黃蕘圃（丕烈）所藏書相與賞析乃寫爲定本每卷末皆有『後學吳縣黃丕烈校』一條知蕘圃於此書參訂頗致力矣竹汀一代通儒且爲近世治元史學之先驅者其書價值之高自不待言惟所著錄非皆出目覩（據自序所言）而於未見或疑佚者不注出處今後學艱於追索此在倪氏金

氏不足責備。獨於竹汀不能無觖望耳。周中孚鄭堂讀書記云『今取倪黃兩本合是編考之。大部詳略各異。欲考遼金元藝文。當合三書求之。庶無掛漏之失。』其言甚公允。鄭堂似未見金東山書。大抵倪黃金錢四家皆不可偏廢也。

又案此書雖標名元史所著錄。實兼遼金兩代。率倪氏之舊也。然名已稍嫌不正矣。

又案此書於小學類後列譯語一類。著錄契丹語譯書四種。女眞語譯書十八種。蒙古語譯書十四種。此爲倪著所失載者。金著有之。分隸各類下。然不及此書之備。惟釋道類所錄必闌納識理譯佛經六種。就本書體例論。當入譯語類耳。

(附記)魏源著新元史有藝文一志。全錄錢書而不著所出。柯劭忞新元史則並不爲藝文作志。此彼二書之缺點也。附記於此。

## 第五目　明

明代整理官書專業。了無足述。永樂大典。網羅博富。然編類書非整簿錄也。正德萬曆兩次點檢閣籍。遺目儼存。實不過官司典守之帳簿。於校理流略。概乎未有聞焉。惟南雍一志。詳紀監板。足備掌故。末葉擬修經籍志。暫作旋輟。續用不就。其書亦不爲通人所許。用是請修明史。無所憑藉。僅黃氏千頃一目。以私人著述爲史館唯一之藍本。可謂千餘年來史志之變例矣。今列舉官目及明史所備采者若干種。以明志終焉。

**文淵閣書目四卷**　正統六年(1441)楊士奇等編　四庫著錄

**又　二十卷**　清鮑廷博以塾藏本校官本析卷別刊　讀書齋叢書本

此書以千字文分號。起天字。迄往字。凡二十號。每號復分廚。自一廚至五廚不等。天地字號御製御定諸書。地字玄字號經部。黃字號四書及性理經濟。宇字宙字號史部。洪字荒字號子部。日字月字號集部。盈字號類書。昃字號韻書及姓氏。辰字號法帖畫譜。宿字號政書刑書兵法。

算法。列字號陰陽。醫書。農圃。張字號道書。寒字號佛書。來字號古今志。暑字號舊志。往字號新志。原書不分卷。千頃堂目題十四卷。四庫提要嫌其無據。釐爲四卷。鮑本依原號數析爲二十卷。四庫本日字第三廚缺宋朝文集院二百餘種。鮑氏以家藏塾本補之。塾本以完全殘缺分三等。鮑氏一一據以分注。實校四庫本爲便讀。惟編首原有正統六年楊士奇題本一道。述此書編纂原委。鮑本乃删去。不可解也。朱彝尊云『文淵閣藏書。乃合宋金元所儲而匯於一。加以明永樂間南都所運百櫃。正統編定目錄。凡四萬三千二百餘册。縹緗之富。古所未有。』四庫提要云。『此目本當時閣中存記册籍。故所載書多不著撰人姓氏。又有册數而無卷數……士奇等承詔編錄。不能考訂撰次。勒爲成書。而徒草率以塞責。……惟藉此編之存。尙得略見一代祕書之名數。』其評騭此書價值最得當矣。

（附記）內閣藏書目錄卷末著錄舊書目二册。注云『國初祕閣所藏書目也。縱橫三尺餘。細書記其卷數。不下十萬有奇。』此似是官書在楊士奇編目以前者。楊目不著錄。

## 內閣藏書目錄八卷

萬歷三十三年（1605）孫能傳張萱等奉中堂諭校理纂釋　四庫未收　適園叢書據人月雙漪館抄本刻

此書編者姓名。據原書末葉所列以大理寺副孫能傳居首。次爲中書舍人張萱及秦焜郭安民吳大山。千頃堂目則專題張萱。又著錄萱之閣藏家錄四卷。想是萱主撰也。卷一聖製部典制部卷二經史子三部卷三集部卷四總集部類錄部金石部圖經部卷五樂律部字學部理學部奏疏部。卷六傳記部技藝部。卷七志乘部。卷八雜部。各錄皆有册數無卷數。略注撰人姓名官職。同一書而有數部者皆複列之。或全或闕詳記。然而分部不明。流別歸類動多錯迕。弊亦正與正統楊目同也。自正統六年至萬曆三十三年閱年已一百六十四。始爲第二次之校理。明廷之怠於此業可想。而正統目所載此目已十不存一。祕籍散亡之速。可慨也。王士禎古夫于亭雜錄云國初曹貞吉爲內閣典籍。文淵閣錄散失殆盡。貞吉檢閱見宋槧歐陽修居士集八部無一完者。』張鈞衡本書跋云。『宣統己酉內閣修葺大庫。發出閣錄舊藏二萬餘册。書本完缺與茲目尙堪印證。歐集宋本八部同。無一全者亦同。如國初及修四庫全書時能卽通體檢查。當不至缺爛若此。』

案。今京師圖書館藏書。其大部分卽宣統己酉由內閣大庫發出者。以現存目校正統萬歷兩目。觀其次第散亡之跡。足發無限感慨。大抵集部書亡者最多。志乘亡者較少。其爲累代典守者選擇盜取。證跡顯然。又數年前有閣庫舊檔册一大堆。政府官吏認爲廢紙。欲予摧燒。旋經羅氏李氏展轉購得者。其中宋元板書殘本不少。持以與京師圖書館善本書目對勘。尚可配補多種。此由明淸以來閣吏弁髦官物。淩亂棄置。致宋金元明淸五代遞傳祕笈蕩析一至於此。眞足痛歎。因著錄楊張兩目。輒將最近所睹聞之掌故與此目有連者略記如右。

又案。書目舉要不別著此目。而以附楊目下。不當也。兩書雖同系統。實不相蒙。

又案。亡友王靜安嘗據商丘宋氏藏此目舊鈔本以校適園本。又以楊張兩目對勘。最爲精審。

## 祕閣書目無卷數

著者明錢溥字原溥華亭人
四庫存目未見

據提要所錄自序。溥入東閣爲史官。日閱中祕書。因錄其目。藏以待考。及致仕歸里後。其子自京回。又錄未收書目。芟其重複。併爲一集。大抵多與文淵閣書目相出入。案所謂又錄未收書者。不知是否正統以後所續收。抑祕閣以外之本。此書若尚在人間。取以與楊張二目對勘。則明代中祕書集散之跡更可明白也。

(附記)千頃堂目有祕閣書目二卷。題馬愉撰。別有內閣書目一卷。題溥撰。提要疑黃虞稷誤以溥書題愉名。案或溥愉各有成書。名偶同耳。愉書自黃目後無著錄者。想已佚。附見其目於此。

## 南雍志經籍考二卷

編校者明梅鷟原書二十四卷嘉靖二十三年刊吳氏松鄰叢書葉氏觀古堂叢刊先後將原書卷十七十八抽印別行吳本板心卽題南雍志葉本題明南雍經籍考又羅氏刻本一卷題明太學經籍志
未見未知是否卽此書

南雍志者。記南京國子監掌故之書也。舊有十八卷本之景泰舊志。此二十四卷本爲嘉靖間祭酒黃佐所修。內經籍考二卷。原卷十八小序云。『今委助敎梅鷟盤校。……鷟以己見附焉。』案鷟爲古文尚書考異之著者。首攻僞孔經傳爲閻惠先導。其學識在明儒中洵爲絕倫。此考分上下篇。上篇題官書本末。紀天順年間監中所貯官書。下篇題梓刻始末。備載南監前後板刻書籍凡三百零一種。其書有板若干面。或全或缺。其板或完好或破壞或模糊。具列焉。書目記板刻者。最古爲元西湖書院目。次卽此志(後此此類書亦甚稀)而此志尤爲詳整有法。

明監本書多從宋元板補修。近代藏家頗珍之。欲考知其刻藏掌故。舍本志無自矣。朱緒曾開有益齋讀書志。列舉其中孤本及宋元舊刻。足資考證。各書下有解題者約十之二三。即所謂『竊以己見附』者。所敍釋多精審。價值不在晁志陳錄下。原書在清末惟北京國子監僅存孤本(現在存何處待考)葉吳兩氏傳鈔抽印以廣其傳。藝林勝事也。

(附記)　千頃堂目有南雍總目一卷。絳雲述古兩目皆有南雍書目一卷。不知與此志詳略異同若何。邵懿辰云『南雍書目一卷。自南雍志輯出。』或明末早有別出本耶。千頃目又有國子監書目一卷。又御書樓書目一卷。下注北京國子監。此則記北雍書者。以上四書。清中葉以降藏家皆未道及。想已佚。

## 行人司書目二卷續書目一卷

見千頃堂目絳雲樓目有此書無卷數邵目云「瞿氏有行人司書目一册」但鐵琴銅劍樓目未著錄書目長編云有刊本未見

案明制行人司行人每奉使外出。歸京時例須攜書籍一種以上。爲司中所未有者。繳進本司書庫(此制直至永歷時猶不廢)故行人司藏書獨富。其目若猶存人間。中或有祕笈也。

(附記)　千頃絳雲兩目皆有都察院書目。不著卷數。又內閣庫存殘目有天都閣藏書目二十五卷。明程兆洛撰。想亦明代官錄也。

## 內版經書紀略一卷

著者明宦官劉若愚酌中志卷十八〔別出〕原書有單行本有海山仙館叢書本松鄰叢書將此卷單抽印

此書記司禮監經廠庫內所藏書板。其書百五十五種。每種詳記幾本幾葉。附錄佛經道經各一藏。每藏除記函數葉數外。尚詳記用某種某種紙若干張。某色某色絹若干匹。黑墨白麵明礬若干斤等等。研究明代板裝刻潢者。頗重要之參考品也。

## 經廠書目一卷

四庫存目未見

提要云『經廠即內繙經廠。明世以宦官主之。書籍刊板皆貯於此。所列書一百十四部。册數頁數紙幅多寡一一詳載。蓋當時通行則例。好事者錄而傳之。』案此書所載書板比酌中志少四十一部。或是明中葉所藏板。而劉若愚所記則晚明續添者。若愚書成於崇禎末年也。

## 古今書刻二卷

著者明周弘祖麻城人觀古堂叢刻本麗樓叢書本又日本島田氏古文舊書考所刻僅上卷

此書分上下編。上編紀書板。下編紀石刻。皆以直省分載。著者爲嘉靖三十八年進士。其書蓋於嘉靖隆慶間者。傳本甚希。明志及各家藏目皆不著錄。四庫未收。亦未存目。蓋館臣亦未之見也。惟日本島田翰氏藏有一本。葉奂彬借鈔影刻之。有光緒三十二年自序。書中所載內府書板八十四部（道藏佛藏在內）約僅酌中志所載之半。所載南京國子監板書二百八十部。比南雍志少二十一部。但亦有此所著錄而彼兩書無之者。要之明代專紀版片之書。僅此三種。研究明板者所當寶也。

又案。此書雖非官書。然明人刻書事業。究以京外官署及藩府占重要位置。此書所著錄。亦官刻藩刻居什之八九。故類列於此。

右明代官錄及準官錄之書凡八種。確知已佚者不錄。

**國史經籍志六卷附糾繆一卷** 著者明焦竑字弱侯江寧人四庫存目明萬歷庚寅金陵刊本錢唐徐氏曼山館刊本粵雅堂叢書本

萬歷間大學士陳于陛建議修國史。引竑專領其事。乃先撰經籍志。其他率無所撰。館亦尋罷。事見明史竑本傳。四庫提要謂『其書叢鈔舊目。無所考核。不論存亡。率爾濫載。古來目錄。惟此書最不足憑』。今案竑之學風。私淑鄭樵。此書最用心者。乃在各類目後之總論及所附糾繆一卷。意在辨正疏略。整理類別。雖學識不無偏駁。要亦自有創見。故章學誠校讎通義既駁正其誤校漢志十五條。然仍許其『整齊有法。有可節取』。洵持平之論也。雖以著述義例論。凡自標宗旨而據以條駁前人。惟私著專書爲宜。此書既題曰「國史志」。此種體裁實不適用。既以志明史藝文爲職志。則其責任在網羅明代著述及調查明以前書在明代存佚之狀況者。忠實臚載之。竑於此點絕不注意。惟雜采歷代史志書目以爲批評之資。殊乖史體。無怪淸修明史於此書一無所採。而後之讀者亦多致不滿也。

**明書經籍志三卷** 著者淸傅維鱗字掌雷靈壽人原書卷七十五至七十七〔別出〕原書有畿輔叢書本

淸人私撰明史。全部成書。而其書現存有刻本者。惟傅書爲最先。然全書疏略蕪雜。經籍志尤儉陋不足觀。內分兩部分。第二部分爲內府經籍板。照鈔酌中志而有省略。第一部分壁殿閣皇史宬內通籍庫藏書。似摘鈔文淵閣目而僅得十之六七者。明人著作一部不見。

**明藝文志五卷** 著者淸尤侗字展成長洲人四庫存目未見鄭堂讀書記著錄原稿本刻本有無及原稿存佚待考

展成以康熙己未鴻博與修明史。此書卽其在史館時所擬志稿也。專載有明一代著作。其前史所載者皆不錄。此例爲後此明史定本之所採。惟既標此例。而篇中誤收宋元以上人書乃多至數十種。（四庫提要列舉之）又如黃省曾刻荀悅漢紀袁宏後漢紀。乃標目爲「黃省曾兩漢紀。」趙用賢刻管韓二子。乃標目爲「趙用賢管子韓子。」諸如此類。不一而足。良可笑訝。且所收掛漏殊多。又往往不載卷數及撰人姓名。故提要譏其『蕪雜荒謬又出宋志之下』也。後展成自刻西堂全集。止載分纂列傳及外國列傳而不及是志。殆亦自悔其妄作矣。

## 千頃堂書目三十二卷

著者淸黃虞稷字俞邰上元人原籍晉江　四庫著錄　張氏適園叢書據十萬卷樓漢唐齋兩鈔本互補校刻　皕宋樓藏舊鈔十六卷有自序適園本無之

俞邰之父名居中。字明立。有千頃齋集。齋中藏書甚富。黃梨洲天一閣藏書記云。『千頃齋之書。余宗兄比部明立所聚。自庚午訖辛巳。余往南中。未嘗不借觀其書。』俞邰世其家學。值南都傾覆。天府之寶藏。故家之插架。盡力搜羅以益之。撰爲此目。卽以其家舊齋之名名焉。自序云。『明初修元史者。藝文不爲特志。明文淵閣書目僅及元季三百年作者闕焉。故更其例。記一朝之著述。元史既無藝文。宋志咸淳以後多闕。今並取二季以補其後。而附以遼金之僅存者萃爲一編。』（此序刻本失載。據開有益齋讀書志引）觀此。則其著述宗旨及體例可概見。蓋純爲明史藝文志稿本。與倪闇公尤西堂之書目同性質。而非如葉氏菉竹堂目陳氏世善堂目之簿錄家藏書也。四庫提要謂。『考明一代著作。以此書爲最可據。』誠然。但又云。『每類之末。各附以宋金元人之書。既不賅備。又不及於五代以前。其體例特異不可解。』此殆未見原序。不察其著書之旨趣耳。杭世駿錢大昕皆言俞邰與修明史。而某氏（偶忘出何書待檢。）謂其爲倪闇公辟以自佐耳。未知孰是。周中孚謂其竊取闇公底本而稍增訂之。（見鄭堂讀書記三十二）不知何據。恐未必然也。又朱緒曾金陵朱氏家集序稱『其先人南仲公（朱廷佐）手寫古今書目。爲黃俞邰龔蘅圃所得。千頃堂目參取南仲公目而成。』此或可信。蓋此書之浩博。恐非成於一人之手。俞邰有所憑藉。亦意中事也。惟俞邰收藏雖富。所著錄者似非皆出手藏目睹。內中不著卷數者。大約是未見原書。故此書雖爲記載明代著述唯一之要錄。然逕據所著錄者謂淸初皆有傳本。恐未免過計也。後此王鴻緒采其書入明史稿。官修明史因之。然則此書與明史藝文志之關係。殆如七略之於漢志。古今書錄之於唐志矣。

又案此書因舊無刻本諸家傳鈔頗多異同盧抱經所見本已云『爲坊賈鈔胥紛亂删落』亡友王靜安嘗據烏程蔣氏所藏陳仲魚舊藏鈔本以校適園本多得百數條又取蔣氏密韵樓所藏明人著述勘其書名卷數之異同正其訛謬得此批校本則有明三百年述作之林益可疎證矣。

（附記）倪公之補宋遼金元志其書原名實爲明史藝文志有序一篇題曰「明史藝文志序」今羣書拾補所載倪書闕明人著述之部不知爲未有稿本耶有而失去耶抑盧氏置不錄耶附記於此。

**明史稿藝文志四卷** 著者清王鴻緒字季友華亭人原書卷九十三至九十六〔別出〕

鴻緒史稿以剽竊爲能事萬季野稿既無表志而其藝文一志卽全竊黃俞邰書將所補宋遼金元之部分删去其他亦略有删節但補充者甚希。

## 右明志備采書凡五種

**明史藝文志四卷** 清乾隆四年（1739）張廷玉等奉勅撰進呈原書卷七十二至卷七十五〔別出〕又八史經籍志本

劉子元謂正史藝文宜以當代人著述爲限其說是非參半然自唐以來迄未有采之者有之自明志始清修明志時其可取之途徑有三其一依唐宋志成例備錄當時所存古今典籍其二倣隋志兼五代志之例將無志之遼金元與明代合併爲一時代綜紀四朝著述以補彼三史之闕其三則純用劉說以明人著述爲限也康熙創設史館時第一說未聞有主之者第二說最有力上元倪氏晉江黃氏皆嚮此鵠以從事也第三說則長洲尤氏倡焉而勢實孤微中間館事惰弛三四十年雍末乾初督促殺青正値實學最衰落之時代館臣無復能精擘義例者全書大部分惟采王鴻緒史稿王稿藝文志其著錄範圍依尤氏而資料內容則襲黃氏惟删其補宋遼金元之部分失康熙初葉草創此志諸人之本意矣然劉氏所倡新說歷千年而竟實現遂爲史志開一創例其長處在劃淸界限成一代著作之總簿不與前期相蒙其短處則古書在此時代中存佚狀況無從考見也。

## 第六目　清

遜清右文。度越近古。四庫一目。規製淵閎。以方宋之崇文。殆猶過之。他無論已。雖然。此二百八十年中整理中祕書之業實遠遜唐宋最可稱者惟乾隆修四庫一役耳。嚴格論之。四庫全書實一部官編之叢書。提要則一專書之敍目。其性與劉略荀簿王志阮錄因自不同。今且勿論此。自四庫書成後。自謂千秋絕業。無以復加。後此百餘年間。竟不復聞，有求闕增藏之事。以視唐之貞元開成。宋之淳熙嘉泰。累代賡續搜求校理者。何其遠耶。蓋清制所謂中祕者。與前朝有異。宮中瑯嬛委宛諸藏。專供宸覽。筦守責諸內侍。儒臣罕得窺焉。其文淵閣武英殿等雖設官董理。所職不過看守一部鈔本書及若干版片。以視前代置祕書監丞。司采訪校理。苟得其人。克舉其職，則能有所貢獻者。其制度迥不侔矣。尤有一事足致遺憾者。清人愛古薄今。上下同揆。四庫於當代著述。收錄已稀。此外公署。欲求如明行人司之專務采集新書者且不可得。私家藏目。亦少注重此點。以致遞年新撰諸書。無總籍之可稽。吾儕欲草古今書錄。時代逾近而愈感困難。可爲太息也。今述清代官錄。以四庫目爲中心。其經進各目及禁書目附焉。性質本非從同。聊取備數而已。清史藝文志有無成書未敢知。姑列其目以作批評之資也。

**圖書集成經籍典五百卷**　康熙勅撰雍正三年（1725）成書原書卷六千九百四十八至卷七千四百四十八〔別出〕

圖書集成不過一類書耳。其體例且爲類書中之最濫劣者。內中經籍一典。其性質與列朝官錄全異。因其爲官撰書而與簿錄有連。始附其目於此。此書於清初書籍存亡狀況。無足資考證者。因其大部分乃迻錄舊史或專書之全文。無組織。無別擇。所列之目並非現存。現存之書而前人無述者則並不搜錄也。每類之書。率分彙考總論藝文紀事雜錄五目。所引書間有希見本。且宋元明人筆記文集中資料爲近人不甚注意者往往採入最錄。是其一節可取者。然因編纂體例淩亂。檢查亦殊不易也。

## 天祿琳琅書目十卷 乾隆四十年（1775）于敏中等奉勅編 四庫著錄 光緒十年長沙王氏刊本

此書乾隆九年已成初稿。四十年重爲補輯寫定。所著錄皆清宮珍祕藏在昭仁殿者。其中一小部分殆宋金元明累代中祕舊藏。一大部分則康雍乾三朝次第蒐集之本也。列名編校者爲于敏中、王際華、梁國治、王杰、彭元瑞、董誥、曹文埴、沈初、金士松、陳孝泳。內中以鑒藏名家者推彭元瑞。想什九爲元瑞手編也。有凡例八則。述編纂旨趣及體製。極見精裁。簡明目錄云。『此目以經史子集爲綱。書則以宋金元明刊板朝代爲次。其一書而載數本。用遂初堂書目例。詳其題跋姓名收藏印記。兼用鐵網珊瑚例。』王先謙後跋云。『於刊印流傳之時地。鑒賞採擇之源流。並收藏家生平事略。圖記眞僞。研討弗遺。』此數語於本書內容特色。槩括盡矣。卷一至卷三爲宋板。凡七十一種。附金板一種。卷四爲影宋鈔。凡三十種。卷五卷六爲元板。凡八十六種。卷七至卷十爲明板。凡二百五十一種。通計四百二十九種。考書目記板本者。始尤延之（卽遂初目）。然明以前初未特珍舊槧也。自清初兩錢（謙益曾）。以宋板相矜尙。世漸趨之。及此書以鑒藏書畫之體製編書目。書籍及成爲「古董化」或「美術欣賞品」。爲簿錄界別開一派。後此孫氏祠堂善本目等十數家。皆躡其緒也。別詳第二類鑒別目中。

## 天祿琳琅書目後編二十卷 嘉慶三年（1798）彭元瑞等奉勅編 王氏刊本與前編合刊

卷首有元瑞識語云。體例紀載。一依前帙。而規模拓而愈大。析而彌精。前編書四百部。後編則六百六十三部。萬有二千二百五十八册。視四庫全書踰二之一。前編宋元明外僅金刻一種。後編則宋遼金元明五朝俱全。凡皆宛委瑯函。鄉嬛寶簡。前人評跋。名家印記。確有可證。絕無翻雕贋刻爲坊肆書賈及好事家所僞託者。』案此目前後編著錄各書。皆天壤間珍祕。流傳有緒。無俟贊揚。惟閒亦頗有一二。當時鑒別未審。以魚目作珠者。所謂『絕無僞託』。未易爲全稱肯定也。合兩編所載天府祕籍。雖已什得八九。然今故宮「宛委別藏」中間尙有爲目中失收之善本不少。或是嘉慶三年後續得本也。文目中各書。在辛亥前大致保存未損。末帝在宮中。當民國七八九年間。以賞賜乃弟溥傑名義盜出者頗多。其間所謂「供奉南齋」之遺老。巧取偸換。時復不免。今所殘留已損其舊。故盼故宮圖書館詳愼點檢。重編一目。結此公案也。

又案此目前編補輯定本成書雖稍後於四庫。然初稿實遠在三十年前。且四庫已著錄其書。故以列四庫目前。後編晚出。亦類次於此便省覽。

## 四庫全書總目二百卷

省稱四庫總目或四庫提要 乾隆三十八年(1773)紀昀等奉勅撰 湖州先刻小本 武英殿聚珍板大字本 閩聚珍板覆本 粵聚珍板覆本 南昌謝氏刻本 揚州本 廣州小字本 上海排印本

四庫全書編纂原委及其得失別詳叢書類。今專從簿錄學上的見地略評總目提要——

(一)著錄與存目　全書都凡一萬二百三十一種十七萬一千三卷(內三百九十一種無卷數)著錄三千四百四十八種。七萬八千七百六十二卷。存目六千七百八十三種。九萬三千二百四十一卷。著錄者寫爲定本貯諸文淵閣者也。存目者其書屏不收錄。惟附見其書者也。存書之範圍大略有二。一認其書爲有疵纇。辭而闢之者。二其書無咎無譽。而流傳既久。未便摧棄者。著錄外別設存目。爲向來簿錄之所無。自有此例以各書本身價值爲標準(所估價值當否又當別論)既示別裁。不使濫劣之書與名著駢列。致讀者淆視聽而敝精神。亦不致第二流以下之書並其名而湮沒。可謂兩全之道。惟存目各書閣中並無儲本。迄今欲按目以索。已什不得四五。頗爲可惜耳。

(二)類屬之釐訂　分類大致祖隋書經籍志而多所增省。(例如經部併論語於四書。史部創立紀事本末及政書兩類)各類下或更分子目名之爲屬(例如目錄類分經籍之屬金石之屬)　每類前各冠小序述其分併旨趣。其某書某隸某部類與前此簿錄家有異同者。輒於解題後附案語說明改隸之故。蓋遠師劉歆輯略成法。而參以鄭樵校讎焦竑糾繆之意。雖其分類繫屬之當否可商榷者正多。(此問題太浩大複雜。當別爲專篇論之此不及)　然其述作義例之周備。實已爲崇文總目以下所莫能逮。其關於類隸所提供之意見。亦多足爲後人討論此問題憑藉之資也。

(三)時代之排列及著作板刻歷史之考敘　本書於此兩點特爲注意。各類屬所收之書。皆以著者(或注者纂者)年代先後爲次。其年代則以歷官或科第可考者依次排列．無考者附於每朝之末．其著者里居事歷．除烜赫閙人簡單敍述外．愈隱僻者考證愈詳．板刻之先後異同完闕精觕．凡有問題者輒爲論列．實一部系統整齊之著述．他書莫能媲其完善也．

**四庫全書簡明目錄二十卷**乾隆三十九年（1774）紀昀等奉勅撰趙懷玉鮑廷博乾隆四十七年刻本南昌謝氏刻本揚州小字本廣東小字本

# 中國圖書大辭典金石門叢帖類初稿

漢隋唐志不著錄碑帖。蓋帖非唐以前所有。即記載碑版之籍。亦自宋代歐趙始啓其緒。則前此之無述宜也。宋史藝文志有清勤堂法帖等四家。實爲史志中叢帖著錄之始。前乎此者直齋書錄題錄法帖刊誤絳帖評法帖要錄武岡法帖等帖數種釋文明清以降。公私書目不下數百種。而叢帖率付闕如。夫勒石之與槧木。氈搨之與刷印。爲事等耳。屏帖刻於載籍以外。爲說實不能自完。況石經及鐘鼎款識。目錄家競相傳述。惟恐或遺。帖刻性質。與彼全同。一去一取。陳義安在。宋志創列此類。其於編述義例。吾無間然矣。獨怪有宋一代。自淳化元祐大觀淳熙四官帖以逮私家之潭絳汝越鴻製巨帙。以百十計。宋志既創此一目。乃於此等烜赫盛行之刻。悉從舍棄。而僅錄清勤臨汝等劣窳之本以充數。爲事至不可解。豈脩史時僅據中祕所有。而諸名帖乃竟無一拓片入史官之目耶。昔人詆宋史蕪猥疏漏。此亦其一端矣。今裒錄宋明清三朝帖刻及關於帖之考釋等著作。都爲一卷。在目錄學中實爲創造。搜資料於羣籍。頗散碎不易理。目睹之刻既不富。記載多漏略。明清兩朝尤甚。存此初稿。俟海內博洽君子增其遺闕。訂其訛謬爾。

凡例

一標題爲叢帖。專指彙刻數帖以上者。其單刻一帖。如蘭亭黃庭十三行爭坐位之類。皆不錄。惟十七帖實爲彙刻王書者。後此保大淳化實仿其義例。故以之冠首。

一全卷分二大屬。一帖刻本之屬。二帖考釋之屬。第二屬爲普通書籍。第一屬則專記載搨本。第一屬以時代爲次。第二屬以書之性質爲次。

一第一屬中特詳宋代。先以帖刻性質分類。每類中再分時代先後。俾閱者得以考知其源流系統。明代亦略分性質。清代則除首列官帖外。餘皆以刻年先後排次。

一帖刻存佚界限極難定。蓋以原石論。則宋石存者百不得一。即明清存石亦殊寥寥。以拓本論。雖極稀罕者而藏家或有其殘卷斷片。便未可目爲全佚。故今於存佚皆不確標。惟將其難得之存本可考見者間注於各條下。其原石確知爲現存者則著其所在地。

一鐘鼎款識法帖。宋志以入帖類。南村帖考等書從之。惟關於金文之著述。清中葉以來。附庸蔚爲大國。本書已另闢一門專記之。故此卷不復甄錄。

一第二屬中略分專帖釋文專帖考證羣帖總述之三目。但各書性質有不甚分明者。只得從其所重。

一第二屬中蘭亭考等類書。雖非叢帖。但既不能以入碑版類。則姑附於此。

## 叢帖一　帖刻本之屬

以前代或當代法書名蹟鉤摹或重摹上石或鋟木者。謂之帖。所收不止一種。謂之叢帖。

**十七帖** 書者晉王羲之。唐刻本。五代南唐澄心堂本。宋大觀中太清樓本。

十七帖長丈有二尺。凡百七行。九百四十三字。集王右軍信札十餘通。彙刻而成。以第一札首有十七日字樣。故名十七帖。張彥遠法書要錄所謂逸少草書中最烜赫著名帖也。黃伯思東觀餘論謂有勅字本者爲光唐石刻。後世目爲貞觀原石本。實叢帖之初祖。又南唐後主得唐賀知章臨寫本勒石，實澄心堂。宋太清樓帖二十二卷中亦收此刻。宋明私家覆刻甚多。

**保大帖** 南唐保大七年勅倉曹參軍王文炳摹勒已佚

見陶宗儀輟耕錄引劉跂暇日記。跂宋徽宗時人也。據言『國朝下江南得此帖，淳化中太宗令將書館所有增作十卷爲板本。』然則此帖實淳化閣帖之前身也。

**僞昇元帖四卷** 舊題南唐昇元二年三月刻

見孫承澤閒者軒帖考謂『爲淳化閣帖之祖』又言『今只見宋人翻本，上有賈秋壑印。』然兩宋人著述從未道及，程文榮南邨帖考以入僞帖中，當矣。所謂有秋壑印之本，恐亦明人僞造。

**僞澄清堂帖** 舊題南唐刻

明董其昌藏有五卷，皆王羲之書，云是唐賀鑑手摹而唐上石。清翁方綱詳辨其僞，謂是南宋末年坊賈取官私雜帖翻刻欺人者。見復初齋文集卷二十八。明邢侗周生楨各有覆刻澄清堂帖。

**僞澄心堂帖** 舊題南唐刻

此又因僞澄清堂而更附會作僞者。搨本流傳極少。王士禛居易錄言姜宸英曾見六冊，稱爲眞祖搨。南邨帖考已明辨其僞。

**卓明帖** 後梁朱溫之子所刻 見閒者軒帖考。已佚

## 以上唐五代刻本附僞刻

**淳化閣帖十卷** 一名祕閣前帖。宋淳化三年奉勅刻。編次模勒者翰林院侍書王著。板在汴京御書院

每卷末題記云『奉聖旨模勒上石』，其實棗木板也。凡一百八十四板，二千二百八十七行。其後板裂，以銀錠束之。元祐間拓本有木橫裂

紋。更後者有銀鋌印痕。汴京淪陷後。此板本之下落。諸書皆無記載。或燬於靖康之難矣。

據歐陽修集古錄言『帖刻成後。每大臣登進二府。則賜一本。其後不賜。故人間尤以官帖爲難得。』是當仁宗時拓本已稀見。黃庭堅言『元祐時親賢宅借搨百本分遺宮僚。』以後不聞再有傳搨。故眞本流傳極少。清初沈闇先著淳化閣帖跋言『明時天下相傳只有二本。』其言雖不必絕對正確。要之傳本絕少。可斷言也。

以後法帖。如大觀絳潭臨汝等。無一不從淳化孳乳而來。但其中分爲兩類。一重摹或重編者。二翻刻原帖者。今將第二類低一格彙附於本帖之下。其第一類則別著之。其有翻本者亦各分附於彼帖下。

**紹興國子帖十卷** 南宋紹興中以御府所藏淳化舊帖重刻板。寘國子監。見法帖譜系。今不見傳本。

**淳熙修內司帖十卷** 南宋淳熙十二年翻刻淳化原帖。見石刻鋪敘及法帖譜系。清中葉尚有傳本。見後初齋文集。

**賈刻閣帖十卷** 刻者賈似道。南宋末官丞相。摹勒者王用和。此帖爲賈秋壑用所藏淳化祖本重摹。帖首悅生胡盧印。帖末有曲脚長字印。摹手極精。明代諸翻刻本多由此重摹。原拓本極難得。

**絳帖二十卷** 刻者宋潘師旦。字舜臣。仁宗時人。石在絳州。

案此帖著錄於歐陽脩集古錄跋尾文曰『近時有尙書郎潘師旦。以官帖私自摹刻於家。爲別本以行於世。』師旦名不見史傳。據魏泰東軒筆錄。曾記其與蘇子美交際事。蓋仁宗時人也。實爲最初翻刻閣帖者。而有增損。石刻鋪敘具列絳閣異同目錄。但有謬誤。南邨帖考據曾槃絳帖釋文及姜夔絳帖平寫其全文。可持與閣帖對勘也。

此帖拓本流傳極少。嘉道間南海吳榮光得殘本七卷。世稱鴻寶。今尙存粵中。

此帖刻者之名頗有異說。曹士冕法帖譜系云『此帖世稱爲潘駙馬帖。或又稱絳帖。』曾宏父石刻鋪敘治之。則云。相傳駙馬潘正夫以閣帖增損翻刊。然不見跋尾。無自稽考。』又云『潘尙哲宗第四女秦國公主。』按宋史公主傳正夫卒於紹興二十二年。在歐公作跋尾後八十餘年。則師旦與正夫決非一人可知。曹曾兩氏亦僅作傳疑之辭。乃淸初孫承澤著閒者軒帖考。不加考證。竟合二人爲一。謂師旦尙秦國公主。遂令黠賈影射。造出有駙馬潘師旦題跋之僞絳帖。今坊間所流傳者是也。別詳僞絳條下。

絳帖以民間私刻。故當時拓本視官本流傳較廣。故兩宋翻刻最多。復有別本及僞本今彙述之。

## 東庫本絳帖二十卷 後十卷爲絳州郡守所補刻補刻時代無考但在南渡前

法帖譜系云。『世傳潘氏析居。帖石分而爲二。其後絳州公庫乃得其一。於是補刻餘帖。是名東庫本。』其與原石不同之點。在逐卷逐段備分字號。以「日月光天德山河壯帝居太平何以報願上登封書」二十字爲別。又絳州淪陷金境後之拓本。帖中庾亮書。避金主諱剗去亮字。是爲亮字不全本。

## 新絳帖二十卷 翻刻東庫本刻年不詳

## 武岡帖二十卷附釋文 翻刻新絳刻者汪立中南宋嘉定間知武岡軍直齋書錄解題著錄

## 武岡新帖二十卷 翻刻武岡刻年不詳

## 彭州帖二十卷 翻刻新絳刻年不詳

## 資州帖十卷 翻刻新絳前十卷刻年不詳又另有木板前十卷兩種　右六種俱法帖譜系著錄

## 上蔡帖十卷 翻刻前十卷刻年不詳　右一種見趙希鵠洞天淸錄

## 單刻絳帖二十卷附辨證 翻刻原拓刻者宋單炳文刻年不詳石在襄州

## 曹刻絳帖二十卷 翻刻單炳文本刻者曹士冕南宋末人　右兩種見法帖譜系雜說絳本舊帖條下

## 賈刻絳帖二十卷 翻刻原拓刻者賈似道南宋末官丞相　右一種見周密志雅堂雜鈔

## 別本絳帖十二卷 刻者金高汝礪崇慶初爲絳州節度使其帖目與舊本迥不同內增宋人書多種　右一種見王佐格古要論

僞絳帖十二卷（即今坊間流傳之絳帖既非潘氏原本亦非高氏別本蓋清初帖估依傍孫氏閒者軒帖著而僞造者末有兩跋題「駙馬都尉潘師且記」字樣翁方綱復初齋文集及程文榮南村帖考辨之甚詳）

潭帖十卷（亦名慶歷長沙帖刻者宋劉沅以丞相出知潭州摹勒者錢希白慶歷五年至八年刻成石在潭州郡齋）

案此爲淳化閣帖北宋□刻第二本。時代略與絳帖相先後。視閣帖加增數帖。蘇軾曾題跋其第二第六第九卷。謂希白所摹比淳化之王蓉為勝。此帖宋代翻刻之多。亞於絳帖。今彙錄如下。

劉丞相私第本十卷（刻者宋劉沆沆阮刻帖置郡齋旋翻前本以歸私第）

長沙碑匠家本十卷（刻年不詳）

長沙新帖十卷（舊刻燬於火南渡後依原拓本刻新石刻年不詳刻手拙劣）

三山帖十卷（翻潭帖原本用木板刻年不詳）

黔江帖十卷（翻潭帖原本刻者宋秦子明摹者潭人湯正臣黃山谷集有題記蓋元祐間刻成）

廬陵帖十卷（翻潭帖原本刻者宋蕭汝器汝智兄弟皇祐中刻成　右六種法帖譜系著錄）

臨江帖十卷附釋文十卷（亦名戲魚堂帖亦名清江帖翻淳化原本刻者宋劉次莊元祐七年刻成）

案此爲淳化閣帖北宋翻刻第三本。閣帖有釋文始此。

利州帖十卷附釋文（翻刻臨江刻者南宋權安節官四川總領慶元中刻成石在益昌官舍）

法帖譜系著錄。

以上淳化閣帖原本。及其直接翻刻本。又北宋時。增減淳化而別衍之絳潭臨三帖。及其翻刻本別本僞本等。共二十六種。

## 元祐祕閣續法帖十卷

亦名續閣帖亦名祕閣續帖亦名建中靖國續帖亦名後帖宋元祐五年奉勅刻建中靖國元年刻成編次者祕閣修撰劉燾模寫者待邵彰石在汴京禁中大觀中遷太清樓

案此爲宋代祕閣第二次刻帖。其性質純爲續補淳化。故所收帖與淳化相避。無一重複者。帖後歲月題記具載寶刻叢編第卷中。文曰『元祐五年四月十三日。祕書省請以祕閣所藏墨蹟未經太宗朝摹刻者刊於石。有旨從之。至建中靖國元年四月二十三日內出緡錢十五萬趣其工。以八月旦日畢。釐爲十卷。』此帖後編入太清樓帖中。名爲後帖。說詳太清條下。

## 祕閣續帖越州本十卷

南宋翻刻石在會稽州學見寶刻叢編及洞天清錄

此帖在兩宋翻刻者似止此一本。

## 大觀帖十卷

宋大觀三年奉勅刻編次題記者丞相魯國公蔡京

案此爲宋代祕閣第三次刻帖。其性質純爲改造淳化。故所收帖全與淳化同。不過次第略有訂正耳。石刻跋敍云。『大觀初。徽宗視淳化帖石（案當作板）已皴裂。且王著標題多誤。詔出墨蹟更定彙次。較淳化所刻。非若絳帖他有去取增減。祇併武帝一帖合於西晉武帝帖後。擇七卷右軍帖內誤入智永書列在第五卷。今古帖三段併而歸一。及躋晉宣於晉武上之類。使先後次序不紊。迨名臣帖亦然。俾蔡京書口及卷首末。刊石太清樓下。此正國朝盛時。典章文物燦然具備。百工技藝咸精其能。視淳化草創之始。自然不同。且當時盡出元藏眞帖臨摹。定其舛誤。非若外方但因石刻翻刊。京雖驕吝。字學恐出王著右。是大觀之本。愈於淳化明矣。靖康虜禍。新舊二刻莫知存亡。』案此文記載大觀帖歷史及內容。及其與淳化絳潭諸帖之價值比較。可謂詳明公允。惜刻成後不久。遽遭虜禍。當時拓本既希。入金後更少。故終宋之世。絕無翻刻。而拓本傳世亦希如星鳳。南宋時。莆田方楷曾以百萬購之不得。清初高士奇積多年之力。湊得全帖十卷。此外似更無第二本。今高本存佚亦不詳。

明代帖賈翻刻僞大觀帖甚多。皆勦斂他帖。影射而成。並非如淳化等帖據原拓精翻者。故皆不錄。

**太淸樓帖二十二卷**

案此乃大觀帖十卷元祐祕閣續帖十卷之總題附以孫過庭書譜一卷重刻貞觀十七帖一卷共二十二卷非於大觀元祐兩帖外別有所謂太淸也故法帖譜系不載元祐大觀之目而總標爲「大觀太淸樓帖」

**淳熙祕閣續法帖十卷** 南宋淳熙十二年奉勅刻

案此爲宋代祕閣第四次刻帖所刻皆南渡後續得晉唐遺墨與淳化元祐無複重　此帖年代在汝帖等之後以其爲官帖類列於此

**賜書堂帖** 刻者宋宋綬謚文獻宋史有傳

洞天淸祿集云『宋宣獻公刻賜書堂帖於山陽金鄉首載古鐘鼎款識文絕妙但二王帖詮擇未精今石不存』

**汝帖十二卷目錄一卷** 刻者宋王寀字輔道官汝州守大觀三年刻成石在汝州今存(?)

案此帖以淳化元祐兩閣爲主而參以雜帖及鐘鼎文字北宋私刻諸帖純屬淳化苗裔參用元祐實始此帖蓋當時續帖新出也初刻成置於郡齋之坐嘯堂明初郡樓燬瘞馬廐中成化間掘出明末寇亂殘缺淸順治七年巡道范承祖廣爲搜訪移置道署賓館有汝帖房三間又增十三十四兩卷淸末原石猶存(見北平黃氏中州金石記)今不知何如若尙無恙則宋帖現存惟一之石矣黃長睿東觀餘論極詆此帖之去取失當在當時諸石林立此帖固宜見棄於識者今則古刻日亡卽此已至可寶也

**蘭亭續帖六卷** 刻者及刻年皆無考石在越州學目見寶刻叢編及明文淵閣書目

是帖刻年無考黃長睿汝州新刻諸帖辨已載之則當刻於政和初年也其拓本淸初猶有存者王鐸擬山園帖有與戴巖犖書云『細觀蘭亭續帖皆本汝帖較汝刻精細』案石刻鋪敍汝帖條下言會稽有翻本則此帖當卽是所翻汝帖也

**武陵帖二十二卷** 亦名鼎帖刻者宋張斛官武陵郡守紹興十一年刻成木板

石刻鋪敍云。『集祕閣法帖。合潭絳臨江汝海諸帖。參校有無。補其遺闕以成此書。』法帖譜系云。『武陵郡齋板本較諸帖增益最多。博而不精。』

**烏鎮帖** 刻者宋湖州烏鎮張氏以絳閣二帖鋟木家塾見法帖譜系刻年未詳

**福清帖** 刻者宋福州福清縣民所刻爲絳閣二帖及急就章雁塔題名見法帖譜系刻年未詳

**豫章帖四卷** 刻者宋龍學字世將崇寧間人石在豫章郡齋目見宋書錄

**臨汝帖三卷** 目見宋史藝文志不著編刻者名氏

**汝越帖** 目見顏魯公送劉太冲序石刻

**澧陽帖十卷** 目見法帖譜系

**越州石氏博古堂帖** 刻者宋石邦哲會稽人紹興三年官大理評事帖蓋刻於南宋初

案。寶刻叢編著錄越州石氏所刻歷代名帖而不題博古堂閒者軒帖考著錄博古堂帖而不言爲石氏刻。翁方綱遂謂有二帖。至洪頤煊平津館讀碑再續日始題爲越州石氏博古堂帖。南邨帖考據嘉泰會稽志。始信洪氏標題之當。

此帖拓本傳世頗多文氏停雲館帖有多種從此帖重摹。

**清勤堂法帖六卷** 刻者宋羅點撫州人淳熙三年進士宋史有傳帖目見宋史藝文志

**星鳳樓帖十卷** 刻者宋曹彥約其子士冕續成之刻年約在南宋淳祐寶祐間石在鄱陽久佚今坊間所傳者僞刻也

案。此帖宋元明清四代鑒藏家多記載。然刻者姓名及刻年異說紛紛。刻者或言趙彥約。或言曹彥約。或言曹士冕。刻年或言在北宋或言在南宋。南村帖考博考諸書定爲南宋末曹氏父子所刻。今從之。士冕印石刻鋪敍之著者也。趙希鵠洞天清祿集評此帖云『雖以衆刻重摹。而精善不苟。並無今人書。』陳繹曾翰林要訣評云。『工緻有餘。清而不濃。亞於太清續帖。』據此則原刻之佳可想見。明時豐坊曾藏一本。

見范大澈碑帖紀證而董其昌在明季已云不見此帖（容臺別集卷三）則拓本殆已絕跡矣。現坊間星鳳拓本充斥，皆明末或清代帖估僞造也。

**羣玉堂帖十卷** 刻者宋韓侂胄 摹勒者向若水

案此帖乃韓平原以家藏墨蹟入石。第一卷宋帝后書，第二至第四卷晉隋唐人書，第五卷以下宋人書。其性質與諸官帖從原蹟直接摹勒者略同（所異者多收當代人書）而與譚絳諸帖從官帖間接重摹者異。其帖本名閱古堂帖，開禧末韓以罪死籍沒，嘉定元年取入中書省，以著作東廊屋三間爲庫，榜曰羣玉堂。當時重視等於官帖。

此帖傳本甚稀。明時有天順八年重刻羣玉堂帖懷素千文，見葉盛菉竹堂碑目。清孔繼涑刻摹古法帖，其第七卷即全刊羣玉堂之第五卷。又蔣昌煕曾重摹羣玉第八卷。

**彭氏博古堂帖** 刻者宋彭大雅鄱陽人淳祐三年守重慶石在渝州

**甲秀堂帖** 刻者宋廬江李氏刻年未詳目見閒者軒帖考原刻久佚今坊間流布者南村帖考已定爲僞本

**玉麟堂帖十卷** 刻者宋吳琚刻年未詳目見閒者軒帖考

**清江二王帖三卷附釋文一卷** 刻者宋許開刻年未詳約在南宋末

石刻鋪敍以此帖附著於清江帖（即戲魚堂帖）之後。閒者軒帖考遂指爲劉次莊刻。南村帖考據趙希弁讀書附志辨正爲許開所刻。原石已佚，明嘉靖間吳興湯世賢有翻刻本。開年代不詳，惟據釋文中所引諸帖有閱古堂帖，知其當在韓侂胄後，蓋南宋末葉矣。

**世綵堂帖** 刻者宋賈似道摹勒者廖瑩中目見閒者軒帖考

右自淳化閣帖至世綵堂帖凡五十種。有宋一代官私所彙刻前人法帖見於記載者略具矣。內除豫章帖、羣玉堂帖二種外，其餘皆不收宋人書。除淳化、元祐、大觀、淳熙四官帖及羣玉係由墨蹟摹勒外，其餘什九皆展轉重摹。除汝帖一種外。原石今皆佚。除淳化及汝帖外。今皆無原石。足本之全部搨本。其中搨本全佚者居大半。絳帖甲秀堂帖星鳳樓帖有坊刻僞本。不惟非原石。並非翻刻。與原帖內容全別。

**北宋九朝御書法帖**十卷　南宋淳熙十一年奉勅刻成見中興館閣續錄

淸末仁和縣學壁尙存殘石數段

**觀鳳堂帖**　石在豫章漕廨目見宋書錄刻年不詳

宋書錄稱所刻有林逋法帖二卷。韓琦芍藥詩一卷。蔡襄雜書一卷。殆皆宋人書。

**宋法帖**　刻者宋陸游所刻爲家藏前賢筆札乾道九年刻成石在嘉州荔枝樓見愛日齋叢鈔

**秀峯隱居法帖**　刻年無考所在地無考

南邨帖考。據歐陽公書簡中周益公跋。知有三簡見秀峯隱居法帖。又據平園續稿。知有黃魯直貸宅手約見不秀峯帖。兩帖或同一。當是專刻宋賢墨蹟。

**曲江帖五卷後帖一卷**　刻人刻年不詳

趙希弁讀書附志題跋云『右二蘇劉元城鄒道卿黃山谷王金陵曾文淸韓呂諸公之帖也。』據此知所收皆北宋人書。

**鳳墅帖二十卷畫帖二卷續帖二十卷**　刻者南宋曾宏父嘉熙淳祐間次第刻成石在吉州鳳山書院

宏父著石刻鋪敍。自敍其所刻鳳墅帖特詳。蓋全取兩宋帝王宸翰及名賢手蹟彙刻之。自謂『欲類吾宋三百年間書法。自成一家。以傳無窮。蓋視古帖猶續通鑑云。』其志願及規模可想見。各卷目錄具見鋪敍中。誠不愧有宋一代書史也。惜石久佚。拓本亦至稀。藏書或收殘卷一二。已爲鴻寶矣。

右六種爲彙刻宋人書者。原石皆佚。除鳳墅尚傳殘卷外。餘拓本皆不見。

**至道御書法帖十二卷** 書者宋太宗。至道元年敕刻。即淳化閣帖刻成後之三年也。

**寶晉齋法帖十卷** 臨摹。者及書者宋米芾刻者宋米芾崇寧間續刻者宋曹之格寶祐間石在無爲州

此帖大部分米臨晉代王謝諸人書。其小部分爲米自書手札。米守無爲時。刻一部分置官舍。其後曹氏通判無爲。復取所藏米蹟。續刻之。爲十卷。題曰寶晉帖。故陳繹曾陶宗儀等皆以此帖爲曹氏刻。據岳珂法書贊知芾在世時。無爲固已有刻矣。

**御臨法帖十卷** 書者宋高宗所臨者爲王著摹本之淳化秦檜刻石置私第鄂州有重刻本見宋書錄及讀書附志

**米元章帖十卷** 亦名紹興米帖書者宋米芾篆隸眞行草書俱備紹興辛酉奉勅刻見宋書錄及清容集

王澍謂「此石明時猶藏內府。順治初廢爲階砌。今所存只一片有半。」

**黃山谷帖十卷** 書者宋黃庭堅刻者宋高宗見圭美堂集

**東坡先生帖三十卷** 書者宋蘇軾刻者宋汪應辰乾道間刻成讀書附志著錄

**六一先生帖** 書者宋歐陽修刻者宋周必大淳熙間刻成

**忠義堂帖十卷** 書者唐顏眞卿刻者宋劉元剛嘉定乙亥續刻者宋翠嶸嘉定丁丑清初尚有拓本見庚子銷夏記

**黃文節公帖十卷** 書者宋黃庭堅刻者南宋劉氏石在蜀中目見平園續稿

**山谷先生帖五卷** 書者宋黃庭堅目見讀書附志云有張孝祥跋刻人刻年不詳

**集古錄跋尾石本** 書者宋歐陽修刻者宋王鬷方崧卿鄭寅目見石刻鋪敍讀書附志

**松村堂帖** 書者宋米芾刻者宋米巨容米芾曾孫淳祐八年刻石在廬山考盤詳見南村帖考

英光堂帖 書者宋米芾刻者宋岳珂刻年及卷數不詳拓本清中葉尙存復初齋文集有跋四篇

右十三種爲專刻一人書者。除忠義堂外書者皆宋人。

以上兩宋刻本附僞刻

晉江馬蹄帖十卷 元大德五年翻刻淳化閣帖石在泉州鐵函齋書跋云「閩人謂晉江帖本宋時內府石帝昺攜至泉州將浮海埋之地下或曰賈師憲攜至木棉二說未知孰是」案帝昺播遷賈似道罪竄斷難攜此重笨之石明清人見馬蹄拓本者甚多以與淳化原拓及賈刻校皆不類故以元翻刻說爲可信元刻帖傳世者僅此

以上元刻帖一種

泉帖十卷 明洪武四年泉州知府常性以閣帖原拓本翻刻附劉次莊釋文石在郡學宣德中命取入內府或言此帖即馬蹄帖非也

肅府本閣帖十卷 明肅憲王朱紳堯以閣帖原拓本翻刻天啓元年刻成崇禎十一年王鐸有題跋刻於帖末其無王跋者爲初拓本石在蘭州學宮清末葉猶在但有殘缺補刻者

潘本閣帖十卷 翻刻者明潘九亮上海人

顧本閣帖十卷 翻刻者明顧從義上海人附自撰釋文及考異右兩種皆從賈似道本重摹皆崇禎間刻成顧本較肥潘本較瘦

不知名本閣帖十卷 明代翻閣帖者甚多除泉肅潘顧四本最烜赫外其餘多不著刻者姓名清儀閣題跋載有一本考定爲從賈本重摹者然神韻在泉肅諸本上今錄之以覘當時刻帖風尙之盛

又余家有一本舊題南宋丞相游似所藏棗末原拓今考定實明人翻本然穠厚揣可亦有諸本所不及處啓超記

邢刻澄清堂帖 翻刻者邢侗宋子愿

吳刻澄清堂帖 翻刻者吳楨字周生從邢本再翻按澄清堂帖號稱南唐刻實南宋坊賈僞託考證已見前然邢吳摹本極精清初藏家尙寶之

右七種爲明翻宋帖。直翻原本無加減者其坊賈射利翻本尙多。不備錄。

東書堂帖十卷 刻者明周憲王朱有燉以閣帖爲主增入蘭亭敍及宋元人墨蹟

寶賢堂帖十二卷後帖五卷　刻者明晉靖王朱奇源以新絳寶晉諸帖爲主益以所藏宋元明人墨蹟弘治二年刻成帖首有孝宗墨勅云『晉定王以絳帖石刻年久損壞乃命世子（即靖王奇源）搜揀舊藏以古今名書摹集成帙』據此知大部分摹自絳帖矣原石至清初有闕泐康熙十九年陽曲令戴夢熊屬段縡摹補凡五十三石置晉陽書院傅山曾爲之跋石不齊至今尙存否清代藏家有得此帖前十卷指爲大觀帖者復初齋文集曾爲考正

右二種爲明翻宋帖有增減者。

眞賞齋帖三卷　刻者明華夏字中甫嘉靖間刻成此帖稱明帖中第一前三卷皆用家藏唐摹鍾王眞蹟精摹入石刻成卽遭倭亂石燬嗣更從眞蹟再摹精工不讓前本而續有加增至今鑒藏家以火前本爲尤貴前三卷原蹟淸初入內府乾隆時刻入三希堂帖中

餘淸齋帖十二卷續帖十二卷　刻者明吳廷字用卿嘉靖間刻成木板此帖亦以家藏晉唐劇蹟摹勒評家謂在眞賞之下停雲之上

停雲館帖十二卷續帖四卷　刻者明文徵明字徵仲及其子文彭字壽承文嘉字休承此帖性質與眞賞餘淸略同者待詔父子既精賞鑑復善鐫刻此帖乃兩代手選手刻佐之者爲章簡甫備極精能原石入淸後歸寒山趙氏繼分藏武進劉氏常熟錢氏嘉慶中鎭洋畢氏購集全份咸同間歸桐鄉馮氏今存佚不詳

小停雲館帖　刻者明文徵明項元汴帖錄於停雲帖外別著錄此帖謂刻內多本朝名人筆跡

鬱岡齋帖十卷　刻者明王肯堂字損庵帖材半木半石中多名蹟

玉煙堂帖六卷　刻者明陳元瑞

來禽館帖　刻者明邢侗

墨池堂帖　刻者明章仲玉

戲鴻堂帖　刻者明董其昌字玄宰摹勒者沈弘嘉此爲晚明諸帖中最佳者

晉唐宋諸大家帖　刻者明蔣如奇見書史會要

快雪堂帖 刻者明馮盛涿州人以家藏王右軍快雪時晴帖墨蹟冠首故以名其堂並名其帖最初拓者稱涿拓本清初其子鈐移石入閩稱建拓本後由銓子源濟將原石貢入內府清高宗特建快雪堂於北海以石嵌兩壁此後爲內拓本石今在北海公園松坡圖書館內

右十種明人以家藏晉唐宋摹蹟及原墨蹟摹刻者。

國朝名賢遺墨 刻者明王世貞皆明人書

賜閒堂帖 刻者明申時行皆明人書有申自書

晴山堂帖 刻者明徐宏祖字霞客崇禎中刻成多同時題贈名蹟亦有家藏明初人手蹟

右三種皆明人彙刻當代人書。此外單刻帖甚多以非叢帖性質不備錄。

以上明代刻帖。就所知見者著錄。凡二十二種。遺漏尚多。容續蒐補。

清內府本閣帖十卷 乾隆三十四年據畢士安賜本翻刻原拓第九第十卷俱有淳化四年四月二十八日畢士安自跋蓋帖刻成後之次年受賜者實淳化最初拓也清初高士奇得之珍若球璧旋貢入內府重摹上石在傳世閣帖諸刻中稱爲上品

三希堂法帖三十二卷 乾隆十二年奉勅刻內府藏王羲之快雪帖王珣伯遠帖王獻之中秋帖墨蹟目爲希世之珍故以三希名堂帖刻以此三種冠首故以堂名名帖所刻皆內藏晉唐宋元明名蹟在現存諸帖中最爲大觀然中收僞跡亦不少刻手亦非甚精石在北海漪瀾堂西

詒晉齋帖 書者清成親王永瑆自刻

擬山園帖 書者清王鐸自刻

琅華館帖 書者清王鐸自刻小楷精絕

知止閣米帖 書者宋米芾刻者清孫承澤

秋碧堂法帖 刻者清梁清標
甌香館帖 書者明遺民惲格清代袁刻
式古堂法帖 刻者清汴永譽
夢墨樓帖 書者陳弈禧內府刻
予寧堂帖 書者同上刻者于準
玉虹樓帖 刻者清張照
孔氏百一帖 書者清張照刻者清孔繼涑
時晴齋法帖 刻者清汪由敦
紫竹山房法帖 刻者清陳兆崙
褉蘭堂法帖 刻者清希曾
清愛堂帖 刻者清劉墉
曙海樓帖 刻者同上
劉文清手蹟 書者清劉墉
瓣香樓帖 書者清梁同書刻者清陳銑
靑霞館帖 書者同上刻者清陳修
經訓堂法帖 刻者清畢沅

心農帖書者清汪穀刻者清王文治

玉煙堂帖刻者清孔繼涑

玉虹鑑眞刻者同上

摹古法帖刻者同上

淸華齋帖書者元趙孟頫刻者清英和

人帖刻者清鐵保

惟淸齋帖刻者同上

聽雨樓法帖刻者清周立崖

小淸閟閣帖刻者清錢泳

漢唐碑縮本刻者同上

友石齋帖刻者清蔣攸銛

壽石齋集帖刻者清孫銓

名人尺牘帖刻者清吳修

江海連珠帖刻者同上

望雲樓帖十卷刻者清謝若農

前明忠賢字蹟彙刻刻者同上

筠清館法帖　刻者清吳榮光

以上清代刻帖就所知見者著錄凡三十九種。遺漏尚多。容續蒐補。

## 叢帖二　帖考釋之屬

淳化閣帖釋文十卷　著者宋劉次莊戲魚堂帖石刻原本已佚百川學海本

法帖釋文刊誤一卷　著者宋陳與義墨藪附刊本此書糾正劉次莊釋文之誤後有淳熙七年周必大跋稱其爲侍從時奉勅所譔者

法帖釋文附考異十本　著者明顧從義顧翻閣帖石刻原本抄本明露香園刻大字本

閣帖釋考十卷十七帖釋文一卷　著者明孫楨嘉慶十八年聽松閣刻本

法帖釋文十卷　著者清羅森自刻本

校正淳化閣帖釋文十卷　清乾隆三十四年勅編武英殿本乾隆三十八年吳省蘭重刻本

閣帖釋文二卷　著者清沈宗騫道光十八年俞氏刻本

淳化帖釋文十卷　著者清徐朝弼西泠印社刻本

閣帖釋文十卷　著者清朱家標家刻本

絳帖釋文二十卷　著者宋曾槃抄本

絳帖釋文附說一卷　著者宋榮芑莫友芝云昭文張氏有傳鈔本邵懿辰云陳子準有舊鈔本

絳帖字鑑二卷　著者宋曹士冕已佚目見法帖譜系及絳帖平序

武岡法帖釋文二十卷 著者宋汪立中文獻通考作十卷武岡帖石刻原本已佚直齋書錄題著錄

案武岡係翻印絳帖此亦卽絳帖釋文也

鳳墅法帖釋文二卷 著者清錢大昕貸園叢書本

鳳墅法帖釋文六卷 著者清姚晏恩進齋叢書本

羣玉堂帖釋文十卷 著者明杜大綬

三希堂法帖釋文六十六卷 奉勅著者清梁詩正汪由敦武英殿本鴻寶齋石印本

以上專帖釋文

法帖題跋一卷 著者宋米芾全集本書畫苑本最初對於淳化所收僞帖加以辨正者

法帖刊誤二卷 著者宋黃伯思百川學海本書畫苑本續考淳化僞帖精善過於米書

淳化辨記十卷 著者宋汪逵已佚目見陶九成輟耕錄

淳化閣帖考正十卷附錄二卷 著者清王澍乾隆三十三年冰壺閣初刻本道光戊申海虞俞氏重刻本承米黃之緒再加辨證其釋文亦多校正前人舛誤實爲辨釋淳化最精審之書

淳化閣帖跋一卷 著者清沈蘭先昭代叢書本

絳帖辨證 著者宋單炳文石刻本已佚目見法帖譜系及宋書錄

絳帖平六卷 著者宋姜夔福建刊本原書二十卷已佚泰半清初朱彝尊搜訪四十年始得六卷抄存之（見曝書亭集四十三）今所傳當卽此本其書釋文兼考證朱氏謂「一一別其僞眞察及苗髮」

蘭亭考十二卷 著者宋桑世昌知不足齋本案直齋書錄解題尙有蘭亭博議十五卷卽此書原本此書曾經高似孫改定

蘭亭續考二卷 著者宋俞松知不足齋本

禊帖綜聞十五卷　著者清胡世安傳抄本見八千卷樓目浙江採集遺書總錄云倦圃藏有刊本

四庫作一卷

蘇米齋蘭亭考八卷　著者翁方綱蘇齋叢書本粵雅堂叢書本

樂毅論考一卷　著者清翁方綱貽安堂刻本

以上專帖考證　蘭亭考以下五種雖非叢帖但所考證者帖而非碑也故附錄於此

法帖譜系二卷　著者宋曹士冕即刻星鳳樓帖者百川學海本書畫苑本

此爲言法帖源流派別最初之書。後之治帖學者皆祖之。

石刻鋪敍二卷　著者宋曾宏父即刻鳳墅帖者知不足齋叢書本貸園叢書本翁方綱手校影印本曹著加以修正系統更明晰且含有重要的資料不少

書錄三卷　著者宋董更知不足齋叢書本此書大部分雖泛論書法然關於法帖之紀載亦甚多故互見於此

法帖評六卷　著者宋劉次莊稿建刊本聚珍版本廣雅叢書本

玄牘記一卷　著者明盛時泰抄本此書品題古今名帖

帖錄一卷　著者明項元汴學海類編本

法帖神品目一卷　著者明楊慎函海本

閒者軒考一卷　著者清孫承澤知不足齋本檢討叢書本此書損益法帖譜系而成頗清晰但舛誤處亦不少

淳化閣帖源流考一卷　著者清周行仁昭代叢書本此書雖專以淳化標題然實雜記諸帖性質與法帖譜系等同蓋諸帖莫非淳化所派衍也但其記載明代翻刻諸閣帖較他本爲詳

帖考　著者清陳奕禧未見蘇齋題跋稱引

法帖考 著者清徐澄齋未見古今法帖考稱引

古今法帖考一卷 著者清王澍閣帖考正附錄本體例略同閒者軒考證較精要

惜抱軒法帖題跋三卷 著者清姚鼐惜抱軒十種本閣帖一部分之釋文及考證無甚特色

法帖類考 著者清瞿中溶未見南村帖考徵引

帖鏡十二卷 著者清吳榮光抄本此當爲研治帖學最重要之書惜未得見

南村帖考四冊不分卷 著者清程文榮篆學軒叢書本民國八年印鑄局排印本此書爲帖學最精審之名著對於曹會孫王各書之譌舛處糾正甚多著錄論列者四十三種皆宋刻惜元明以下尚闕如蓋未成之作也故不分卷據書中知所著尚有僞帖考一書未見傳本想未脫稿耶

復初齋文集卷二十八 著者清翁方綱此卷全屬各帖題跋

蘇齋題跋 著者同上

清儀閣金石題識卷四 著者清張廷濟此卷上半皆帖跋右三種全書已別著錄因卷中論帖有重要資料附見於此

以上羣帖總述

（完）